Dominique Webb
Das Geheimwissen des
Albertus Magnus

Dominique Webb

DAS GEHEIMWISSEN DES ALBERTUS MAGNUS

Übersetzt von
Ulla Schuler

Ariston Verlag · Genf / München

CIP-Titelaufnahme der Deutschen Bibliothek

Webb, Dominique:
Das Geheimwissen des Albertus Magnus /
Dominique Webb. Übers. von Ulla Schuler. – Erstaufl. –
Genf; München: Ariston Verlag, 1989
Einheitssacht.: Les secrets du Grand Albert ‹dt.›
ISBN 3-7205-1529-X

Die Übersetzerin dankt Jörg Lehrke
für seine unermüdliche Pannenhilfe am Computer.

Gestaltung des Schutzumschlages:
H. + C. Waldvogel, Grafik Design, Zürich
Satz: Uhl + Massopust, Aalen
Gesamtherstellung: Wiener Verlag, Himberg bei Wien

Erstauflage: März 1989
Printed in Austria 1989

ISBN 3-7205-1529-X

Inhalt

Einführung 9

Erstes Buch
Das magische Wissen des Albertus Magnus 19
1. Kapitel Alberts Jugend 19
2. Kapitel Erste Wunder 22
3. Kapitel Albertus in Rom und in Paris 24
4. Kapitel Albert der Zauberer 27
5. Kapitel Frühling im Januar 29
6. Kapitel Lebensdaten des Albertus Magnus 31

Zweites Buch
Die wundersamen und merkwürdigen Geheimnisse
des Albertus Magnus und anderer gelehrter Männer 34
Die Warnung des Meisters Albert 37
1. Kapitel Die Physiognomie 39
2. Kapitel Die Geheimnisse der Liebe 57
3. Kapitel Glückstage und Unglückstage 63

Drittes Buch
Die wundersamen und merkwürdigen Geheimnisse des Albertus Magnus und anderer gelehrter Männer 68
1. Kapitel Bewährte Geheimrezepte, um künstlich Gold zu machen 68
2. Kapitel Goldene und silberne Farbe zu fertigen und Blei in Gold zu wandeln 76

Viertes Buch
Die wundersamen und merkwürdigen Geheimnisse des Albertus Magnus und anderer gelehrter Männer 79
1. Kapitel Die Tugenden etlichen edlen Gesteins 79
2. Kapitel Die Macht der Talismane 90

Fünftes Buch
Von den Kräften der Natur, der Magie und der Kabbala ... 110
1. Kapitel Mandragora oder Alraune 110
2. Kapitel Rezepte aus Magie und Natur 115

Sechstes Buch
Die wundersamen und merkwürdigen Geheimnisse des Albertus Magnus und anderer gelehrter Männer 127
1. Kapitel Die Macht der Duftstoffe 127
2. Kapitel Weitere Duftstoffe 132
3. Kapitel Geheime Schönheitsrezepte 135

Siebtes Buch
Die wundersamen und merkwürdigen Geheimnisse des Albertus Magnus und anderer gelehrter Männer 139
1. Kapitel Die wahren Schätze des Lebens in der Natur . 139
2. Kapitel Geheimnisse der Tiere 144
3. Kapitel Für ertragreichen Ackerbau 153
4. Kapitel Von den Tugenden etlicher Tiere 159

Achtes Buch
Die wundersamen und merkwürdigen Geheimnisse
des Albertus Magnus und anderer gelehrter Männer 164
1. Kapitel Geheime Rezepte für das Hauswesen 164
2. Kapitel Wider die Verderbnis der Speisen 174

Neuntes Buch
Die wundersamen und merkwürdigen Geheimnisse
des Albertus Magnus und anderer gelehrter Männer 179
1. Kapitel Traktat über die Gesundheit 179
2. Kapitel Andere heilkräftige Arzneien 199

Anhang
Magische Rezepte (gesammelt von Dominique Webb) 207

I. Nichts ist magischer als die Liebe 209
Aphrodisische Gaumenfreuden 209
Buffet für eine kulinarische Orgie 220
Liebeselixiere, Arzneien, Salben
und andere Aphrodisiaka 225
Weitere Liebeselixiere 232
Getränke für eine heiße Nacht 235

II. Bewährte Naturheilmittel, andere magische Hilfsmittel
und Lebenselixiere 237
Bewährte Naturheilmittel 237
Andere magische Hilfsmittel 243
Lebenselixiere 253

III. Magische Pflanzen und ihre Wirkungen 266

IV. Magische Pflanzen: Indikationen auf einen Blick 287

Literaturhinweise 295

Einführung

Dieses Werk ist kein gewöhnliches Buch, sondern ein Zauberbuch; es ist voller Geheimnisse. Jeder Beruf hat die seinen: die des Know-how, der Tricks des jeweiligen Handwerks. So auch der des Illusionisten. Die Magie aber beginnt da, wo die Illusion aufhört. Wenn ein Magier jedoch Priester, Arzt und Gelehrter zugleich ist, begegnet man in ihm einem wahrhaft erleuchteten Zeitgenossen.

Im dreizehnten Jahrhundert ist dies ein Dominikaner, dessen Schriften legendären Ruhm erwerben sollten: Albertus Magnus oder Albert der Grosse, Doctor universalis. Seine Abhandlungen über Zauberei und Magie entdecken uns die überraschendsten Rezepte: wie man gesund, geliebt, reich oder glücklich wird und sogar – das ist das allergrößte Geheimnis – wie man aus unedlem Metall reines Gold macht.

Dieser hervorragende Gelehrte kennt die Lehren und die Geheimnisse der antiken Philosophen: der Chaldäer, Hebräer, Griechen, Römer und Araber. »Philosoph kann nur der sein, der Schüler von Platon und Aristoteles zugleich ist.« Welch erstaunliche Persönlichkeit ist dieser Albertus, von dessen Schriften manche bis ins achtzehnte Jahrhundert hinein verboten bleiben sollten, der aber 1931 von Papst Pius XI. heiliggesprochen wurde!

Ich habe den Geheimnissen des großen Albertus und anderer Philosophen, Zauberer und Magier nachgespürt. Ich fand die Quellen in den Werken von Galenus, Cornelius Agrippa, Serenus

LES
ADMIRABLES
SECRETS
D'ALBERT
LE
GRAND.

Sammonicus, Benedictus Canutus, Plinius dem Älteren, Paracelsus und anderen, deren Identität ich Ihnen vorenthalten muß.

Manche der hier gelüfteten Geheimnisse sind nicht ungefährlich, und deswegen sollten Sie sich ihnen nur mit äußerster Vorsicht nähern. Andere wiederum sind ziemlich unbedenklich und leicht in die Praxis umzusetzen. Überdies bietet dieses Buch auch eine Sammlung von kulinarischen Aphrodisiaka sowie köstlichen Rezepten und bewährten Elixieren. Schon wieder? Aber nein! Dieses Buch ist völlig anders als die zahllosen Abhandlungen über dieses Thema und vielleicht das erste überhaupt, das es unter rein magischem Aspekt behandelt. Ich habe aus der Tradition der Zauberkunst, des Okkultismus und der Magie der Pflanzen und Gesteine Rezepte zusammengetragen, die hervorragend wirken, gleichwohl aber vollkommen natürlich sind. Es ist eine heilige Handlung, unserem Körper das Seine zu geben, denn eben dies erhält ihn lebendig. In der Tat ist unser Körper ein Wunderwerk alchimistischer Wirkungsweisen, bei denen aufgenommene tote pflanzliche und tierische Materie wieder in lebendige Zellen unseres Körpers umgewandelt wird. Der Organismus stirbt, wenn man ihm Speise und Trank verwehrt. Ein schlecht ernährter Organismus wird krank und leidet an den verschiedensten Übeln. Unzweifelhaft hängen gute Ernährung und körperliche sowie geistig-seelische Gesundheit eng zusammen.

Diese Überzeugung wird heute auf zahlreichen Gebieten der modernen Wissenschaften vertreten. Ich beabsichtige nicht, dem noch etwas hinzuzufügen, sondern will vielmehr zu den Quellen zurückkehren. Und man täusche sich nicht: Ohne daß die Wissenschaft es zugäbe, greift sie doch oft genug auf den alten Wissensschatz, die Magie, zurück, soweit sie die Zielrichtung der durch wissenschaftliche Forschungsmethoden zu gewinnenden und zu erhärtenden Erkenntnisse doch den ahnungsvollen Einsichten uralten Menschheitswissens verdankt. Ich habe das Privileg, in viele dieser Geheimnisse eingeweiht zu sein, bin aber auch und vor allem Praktiker. Ich habe Zugang zu den seltensten Zauberbüchern, besitze einige sogar selbst, aber vor allem habe ich Erfahrung. Die mündliche Überlieferung hat sich mir erschlossen, und ich bin eng mit dem Astralen verbunden. Ich sehe mich als Bewahrer dieses Wissens.

Nichts von dem, was Sie in diesem Buch finden werden, ist von mir erfunden. Manche der Rezepte sind hier zum ersten Mal schriftlich niedergelegt; denn traditionell werden sie seit jeher von den Eingeweihten nur mündlich weitergegeben. Auf diese Weise hat sich das Ritual magischer Handlungen fortgepflanzt. Das Rezept ist die besondere Weise, ein Werk zu vollenden – welches es auch sei. Es ist eine Frage der Harmonie.

Die Harmonie hat ihre Gesetze. Wenn man ein bestimmtes Gericht kochen will, muß man eine gewisse Anzahl von Zutaten so kunstvoll vereinen, daß der Gaumen gekitzelt wird und damit in der Folge der Gesundheit gedient ist. Ob einem ein Cocktail gelingt, hängt von der richtigen Wahl und Dosierung der verschiedenen Zutaten ab. Ein gelungener einfacher Kräutertee oder, genauer, ein Teeaufguß aus Heilkräutern soll gewisse Wirkungen im Körper entfalten. Sexuelle Lust, Liebe, Glück, Erfolg, Reichtum folgen in allen ihren Aspekten universal gültigen Gesetzen. Auch der sogenannte glückliche Zufall. Ohne es zu erklären, begründen wir mit »Zufall« alles, was wir nicht begreifen.

Der Mensch ignoriert allzu häufig die Regeln der Kunst und nimmt alle Möglichkeiten wahr, sich zu täuschen. Der köstlichste Cocktail wird ungenießbar und kann sogar Übelkeit hervorrufen, wenn die Zutaten nicht stimmen. Manche Heilkräutertees fördern den Schlaf, können aber überdosiert das Gegenteil bewirken. Ähnlich verhält es sich mit der Farbwahl und Farbenkomposition bei einem Gemälde, mit der Gestaltung einer Wohnung oder auch mit der Anordnung der Noten in einer Partitur und mit dem Wort in der Dichtkunst.

Alles ist Gleichgewicht. Es gibt Menschen, die wissen das intuitiv. Diese Gabe ist schwer zu erklären. Es ist eine Frage der kosmischen Resonanz. Der Mensch erfindet nichts: Alles ist bereits in der Unendlichkeit in Form von Schwingungen vorhanden, die der Mensch einfangen kann, sofern er auf der richtigen Wellenlänge ist und sich den Informationen öffnet, die von außerhalb einwirken. Der Forscher ruft plötzlich »Heureka!« und beeilt sich, die Formel aufzuschreiben, die ihm einfällt, wenn er es am allerwenigsten erwartet. Der Komponist »hört« die Melodie seines nächsten Hits, während er whiskyschlürfend faul in der Sonne liegt. Der Körper des Hellsehers scheint zu schlafen, während sein Geist in eine andere zeitliche Phase des Alls wandert.

Alles spielt sich so ab, als wäre das Unterbewußtsein des schöpferischen Menschen ein überaus feiner Empfänger für Schwingungen aus dem Kosmos, die eigentlich jedes Gehirn auffangen kann, die jedoch nur von wenigen dechiffriert, adaptiert, exakt reguliert und in Töne und Bilder umgesetzt werden. Diese Wahrnehmungsfähigkeit des Gehirns nennen wir Intuition, da uns kein anderer Begriff dafür einfiel. Menschen, die derartige Kontakte herstellen, sind Erfinder, Weise, Schriftsteller, Komponisten, Maler, Dichter, Wahrsager, Propheten. Sie sind Erleuchtete, Initiierte. Der Teil, der aus diesem Wissen ans Licht tritt, wird analysiert und läßt Techniken, Verfahren und andere Formen des Gewußt-wie entstehen, mit deren Hilfe bestimmte Wirkungen nach festgelegten Kriterien reproduziert werden können.

Mündliche Überlieferungen, Mythen, Legenden, die Schöpfungsgeschichte, das Alte Testament, ja die ganze Bibel mit den Evangelien und der Offenbarung, die Veden, in Stein gehauene Inschriften, Papyrusrollen, Zauberbücher, die in Bibliotheken angehäuften Schätze ebenso wie die Gedächtnischromosomen des Menschen haben diese Botschaften übermittelt. Manche gingen verloren, andere haben mehr oder weniger entstellt die Zeiten überdauert. So sind im Laufe der Jahrtausende die Naturgesetze entschlüsselt worden. Lange Zeit haben die Gelehrten ihr Wissen nur an andere Eingeweihte weitergegeben und das Volk in Unwissenheit gehalten. Auf diese Weise erklärt sich die esoterische Sprache, hinter der sich in alter Zeit das Wissen verbirgt.

Alles Erkennen war, bevor es wissenschaftlich wurde, ursprünglich magisch. Dies war die Zeit der Naturmagie und der Philosophen. Das Wissen um die Geheimnisse der Natur war eine geheiligte Kunst. Als erste beschworen ORPHEUS *und* HOMER *die Zauberkraft von Duftstoffen und Elixieren, von Steinen wie dem Amethyst, der seinen Träger vor Trunkenheit schützt. Ein nützlicher Stein fürwahr, wenn man bedenkt, daß man in jenen Zeiten bei einer einzigen Mahlzeit einen Ochsen verspeiste und entsprechend riesige Weinmengen dazu trank.*

Bei dem römischen Schriftsteller Apuleius lesen wir, daß der furchtbaren Zauberin Meroe nichts unmöglich war: Sie konnte den Himmel zur Erde senken, Berge in Meere und Meere in Felsen verwandeln und die Sterne verfinstern. Mit ihrer Zauberkunst hatte sie ihren Gemahl in einen Biber und einen Anwalt, der vor Gericht gegen sie gesprochen hatte, in einen Widder verwandelt. Die Zauberin Pamphyle lebte inmitten von aromatischen Pflanzen, Gefäßen mit Honigwasser und Feuerstellen, auf denen sie geheimnisvolle Mixturen braute. Pamphyle rieb sich mit einer Salbe ein, die sie in einen Vogel verwandelte, und begab sich in dieser Gestalt zu ihrem Geliebten. Eines Tages nutzte ein Mann namens Lucius die Abwesenheit der Zauberin und stahl ihr einen Topf Salbe, um auch sich in einen Bewohner der Lüfte zu verwandeln – leider griff er nach der falschen Salbe und wurde in einen Esel verwandelt.

In jenen Zeiten wurden auch unfehlbare Liebeszauber hergestellt, Elixiere, mit denen man in die Zukunft sehen oder alle möglichen Übel heilen konnte, unter anderen das Altern. Man wußte eine magische Salbe herzustellen, die den Menschen seiner leiblichen Hülle entledigt und ihm die wundersame Fähigkeit verleiht, durch die Luft zu fliegen, und ihn in wenigen Augenblicken mitten hinein in die ausschweifendsten Szenen eines Hexensabbats versetzt. Selbstverständlich sind diese Geschichten zum Teil erfunden. Die Philosophen haben es so gewollt und die ganz realen Kräfte der Alchimie absichtsvoll mit dem Unwahrscheinlichen verbrämt.

Heute ist es übrigens noch genauso. Kommen uns nicht manche glücklichen Begebenheiten ganz phantastisch vor? Gibt es nicht wie im Märchen auch im Leben den Prinzen, der verrückt vor Liebe eine bürgerliche kleine Verkäuferin heiratet? Oder ein armes Mädchen gewinnt beim Glücksspiel ein Vermögen. Oder ein Todkranker, den die Ärzte bereits aufgegeben haben, wird von heute auf morgen plötzlich wieder gesund. Oder der Liftboy macht Karriere und wird Besitzer des Imperiums, dessen kleinstes Rädchen er einst war . . .

Und dennoch sind diese unwahrscheinlichen Geschichten wahr! Die Hauptpersonen darin sind weder in bessere Verhältnisse geboren noch schöner oder unbedingt gescheiter als Sie oder ich. Aber wieso haben sie dieses unerhörte, unvorstellbare Glück? Welches Wunder machte das norwegische Dienstmädchen MARIE RASMUSSEN *zur Gattin von* STEVEN ROCKEFELLER? *Welcher glückliche Umstand bewirkte, daß* HELEN BONFILS, *eine der reichsten Frauen der Welt, ihren Chauffeur heiratete?*

Oder denken Sie an FRANCIS BOUYGUES, *jenen jungen Mann aus der Auvergne, der sich 1952 von seinem Vater und einigen Freunden 12000 Francs lieh, um mit dieser bescheidenen Summe seinen Traum – ein Konstruktionsbüro – zu verwirklichen. Es hätte durchaus schiefgehen können, doch er hatte Glück. Bereits nach drei Monaten stellte er einhundertundfünfzig Arbeiter ein, um eine Fabrik für IBM zu bauen. Seitdem ist sein Unternehmen erfolgreich, und er baute und baut Wohnhäuser, aber auch Straßen, Sportstadien, Universitäten, den Flughafen Roissy II, den Parc des Princes, die Kongreßhalle in Paris, das Forum der Pariser Markthallen. Sein neuestes, fünfzig Milliarden Francs teures Projekt ist der Tunnel, der unter dem Ärmelkanal hindurch Frankreich mit England verbinden soll, und beiläufig hat er sich auch noch im französischen Privatfernsehen TF1 engagiert.*

Oder denken Sie an die italienische Schauspielerin PIA ZADORA: *Manche behaupten zwar, sie sei durchaus keine Schönheit und ihre Filme seien seicht, aber anscheinend haben manche Männer eine Schwäche für irgend etwas an ihr. Wohl wirkt die Dame optisch ein bißchen wie eine* BRIGITTE BARDOT, *die aus Versehen in den Müllschlucker fiel ... Doch immerhin gelang es ihr,* MESHULAM RIKLUS *so zu betören, daß er ihr seine Brieftasche öffnete. Er heiratete sie und finanziert seither mit riesigem Aufwand alle ihre Filme. Diese Produktionen sind nicht einmal Achtungserfolge, was jedoch Pia Zadora nicht hinderte, den »Golden Globe« »für den neuen Stern, der am Filmhimmel aufgegangen ist«, zu erringen.*

Das Geheimnis des Erfolgs des Playboys PORFIRIO RUBIROSA *kennen wir inzwischen. Er hatte bei den reichen Vertreterinnen des weiblichen Geschlechts einen bemerkenswerten Ruf als der »beste Liebhaber«. Sein Geheimnis ist, daß er die ägyptische Liebestechnik »im-sak« beherrscht, bei der sich der Mann zurückhält, bis seine Partnerin zum Höhepunkt gekommen ist, und sich erst dann den Gipfel der Lust gestattet. Böse Zungen behaupten, der Playboy verdanke sein riesiges Vermögen weniger seiner Ausdauer als der geschickten Auswahl seiner reichen Partnerinnen.*

Ohne diese wenigen Beispiele im geringsten als Beweis heranziehen zu wollen, darf man sich doch fragen, ob der Unterschied zwischen erfolgreichen und erfolglosen Menschen nicht im Bereich eines bestimmten, mehr oder weniger genutzten Wissens liegt, mit dem freilich die Mehrzahl der Sterblichen nicht umzugehen weiß. Dieses geheime Wissen soll schon immer im Besitz der Eingeweihten gewesen sein.

Heute wissen wir insbesondere auch, daß der Schlüssel zum Geheimnis des Erfolges in uns selbst, in den unerschöpflichen Möglichkeiten unseres Geistes liegt. »Die Macht Ihres Unterbewußtseins« (so der Titel des berühmten Buches von DR. JOSEPH MURPHY, *erschienen im Ariston Verlag, Genf/München) ist jene Kraft, die wie der Glaube Berge zu versetzen imstande ist und die Erfüllung von Lebenswünschen bewirken kann.*

Es gibt aber auch bekannte und erprobte Rezepte, um jemanden aus der Ferne zu beeinflussen, um Liebe zu wecken, um reich oder berühmt zu werden. Der arme ABBÉ SAULNIÈRE *restaurierte eines Tages unter großem Kostenaufwand seine total vergammelte Kirche. Es ging die Rede, er habe den Schatz des Templerordens gefunden, der in Rennes-le-Château vergraben war. Dafür gab es keinerlei Beweis. Wären Teile dieses sagenhaften Schatzes im Antiquitätenhandel jemals aufgetaucht, dann hätte dies unweigerlich die Fachwelt aufmerksam gemacht. Tatsächlich aber verfügte der wackere Priester von heute auf morgen über eine beträchtliche Summe. Was er jedoch entdeckt haben mochte und was kostbarer als Gold sein dürfte, war vielleicht das Geheimnis der Templer. Diese Annahme ist natürlich reine Spekulation.*

Alles im Universum unterliegt dem Gesetz des Wandels: Alles was beginnt, hat auch ein Ende. Die Alchimie ist die Chemie des Mittelalters, die das Allheilmittel suchte und sich mit der Verwandlung der Metalle befaßte. In der Alchimie ist Umwandlung das Vermögen, ein chemisches Element in ein anderes überzuführen, insbesondere unedles Metall in reines Gold zu verwandeln. Vor einigen Jahren behauptete der Gatte der Sängerin DALIDA, *ein perfekter Playboy, er sei der unsterbliche* GRAF VON SAINT-GERMAIN. *Der Legende zufolge soll dieser den Stein der Weisen besessen haben, und entsprechend soll es Dalidas Mann gelungen sein, vor den Augen von Journalisten Blei in pures Gold zu verwandeln . . .*

Heute haben wir die Macht, unser Leben zu verwandeln: Vor aller Augen wird Schwieriges leicht, aus Unglück wird Glück, aus Armut wird Reichtum, Krankheit weicht der Gesundheit, aus Häßlichkeit wird Schönheit.

Mein Leben, das nicht der finsteren und negativen Schwarzen Magie, sondern im edelsten Sinn der positiven natürlichen und kosmischen Magie geweiht ist, gestattet es mir, in diesem Buch den Verständigen die Rezepte und Geheimnisse eines schönen Lebens zu offenbaren. Mögen Sie davon profitieren!

Dominique Webb

Im Hauptteil dieses Buches sind die Textpassagen, die von mir stammen, *kursiv*, also in *Schrägschrift*, gesetzt. Originale Textdokumente aus Schriften des ALBERTUS MAGNUS und anderen authentischen historischen Quellen sind in normaler gerader Schrift gesetzt.

D. W.

Erstes Buch
Das magische Wissen des Albertus Magnus

1. Kapitel
Alberts Jugend

Wenige historische oder legendäre Persönlichkeiten haben einen so hohen Bekanntheitsgrad wie ALBERT VON LAUINGEN, Graf von Bollstädt, der für gewöhnlich MEISTER ALBERTUS, BRUDER ALBERT oder ALBERTUS MAGNUS, ALBERT DER GROSSE, genannt wird. In der langen Zeitspanne seit seinem Ableben wurden vor allem in ländlichen Regionen die absurdesten, angeblich von ihm verfaßten Schriften veröffentlicht. Obwohl sein philosophisches und wissenschaftliches Werk nicht weniger als zwanzig Foliobände umfaßt, schreckte man nicht davor zurück, ihm darüber hinaus noch die Urheberschaft an zahlreichen weiteren Werken zuzuschreiben, die lächerliche Rezepte und vorgebliche Geheimnisse der Zauberkunst enthalten, tatsächlich aber nur schlichte Gemüter auf den Leim führen und Aberglauben und Schrecken in ihnen wecken können.

Auch wenn viele sich noch so sehr darauf versteifen: Albertus Magnus war kein Zauberer! Er war ganz einfach ein Gelehrter. Er lebte heiligmäßig und zurückgezogen, unaufhörlich seinen Studien und dem Gebet hingegeben, und er ist in viele Geheimnisse eingedrungen, die uns längst erschlossen sind, die aber seinen Zeitgenos-

sen höchst wundersam, unglaublich und mitunter teuflisch vorkommen mußten. Es ist daher angebracht, die Vita dieses berühmten Mannes vom Rankenwerk der Legenden zu befreien und ihn so darzustellen, wie er wirklich war, soweit es in Zeugnissen überliefert ist.

Wer war eigentlich Albertus Magnus? Er wurde 1193 im bayerischen Lauingen geboren. Sein Vater, ein hoher kaiserlicher Beamter, wurde kurz vor Alberts Geburt während eines Bauernaufstandes getötet. Die Witwe zog sich während der Trauerzeit zeitweise in ein frommes Stift zurück, um für die Seelenruhe ihres Gatten zu beten. Zugleich kümmerte sie sich um das Wohl ihres kleinen Sohnes und verzichtete deshalb wohl darauf, wieder zu heiraten, obwohl sie viele gute Partien hätte machen können. Sobald der Knabe sprechen konnte, gab die Mutter ihm einen Lehrer, der ihn erst verließ, als er zum Jüngling herangewachsen war.

Dieser gestrenge Lehrer, MEISTER SCHOLASTES, war ein frommer Mönch, milde zu den kleinen Leuten, wohltätig gegenüber den Armen, doch fürchteten ihn die Bauern von Lauingen auch wegen seines unermeßlich großen Wissens. Die Ergebnisse seiner Forschungen erschienen ihren aufgerissenen Augen durchaus wie Wunder. Meister Scholastes fand in seinem Schüler einen sehr aufgeweckten Geist, in dem die Saat der Wissenschaft keimen würde. Albert liebte ihn wie einen Vater und war am glücklichsten, wenn er bei ihm lernen durfte. Doch die Furcht, die man vor seinem Lehrer empfand, übertrug sich auch auf den Schüler. So wuchs der Knabe unter strenger Obhut zu einem schönen Jüngling heran. Schließlich hatte er auch Anteil an den Arbeiten des alten Mönchs und half ihm bei allen seinen Experimenten. Neben Grammatik, Logik, Philosophie, Astronomie und Theologie studierte er auch die Physik, die Chemie und die Mechanik.

2. Kapitel
Erste Wunder

In der ganzen Gegend redete man über die Wunder, die im Schloß von Lauingen geschahen. In manchen Nächten soll das Gemäuer in sonderbarem Licht geglüht haben, Feuerzungen schossen aus den Türmen, und Schrecken verbreitete sich in der Bevölkerung der Umgebung. Man glaubte an Teufelswerk, während in Wirklichkeit irgendein wissenschaftliches Experiment stattfand. Und das seltsame Leuchten ging von den Öfen des SCHOLASTES aus. Eines Tages kam es noch toller, und die unwissenden Bauern erschraken zu Recht. Vor das Schloß schleppten die Diener der Legende zufolge ein hölzernes Pferd, das ALBERT in aller Heimlichkeit konstruiert hatte. Kurz darauf erschien der Jüngling. Er saß auf und machte sich an einem Hebel zu schaffen. Sogleich begann das Pferd zu gehen und alsbald sich mit wundersamer Geschwindigkeit zu bewegen, wobei sein Reiter es wie ein lebendiges Roß aus Fleisch und Blut lenkte. Der junge Albert erwartete Zurufe der Bewunderung, statt dessen schrie das Volk, dies sei Zauberei. Dabei hatte der junge Tüftler doch nur eine bewunderungswürdige Maschine erfunden, die mit Hilfe eines genialen Me-

chanismus bewegt wurde. Dies war ein Vorläufer der wunderbaren Automaten, die der Mensch später erfand, darunter auch die des Gauklers ROBERT HOUDIN*, auf die wiederum die Roboter folgten, die heute das Leben der Menschheit verändern. Es ist nur natürlich, daß Illusionisten zu dieser Entwicklung, die die Illusion des Lebens mit ausmacht, beigetragen haben.*

Doch kehren wir zu unserem Wunder und in jene Zeit des Obskurantismus zurück. Man erkannte also Teufelswerk in Alberts Erfindung und entledigte sich ihrer wie einer Geißel. Albert hatte die Erfindungen seines Lehrers vervollkommnet. Er war ein überaus geschickter Mechaniker geworden. Wäre er in eine fortgeschrittenere Zeit hineingeboren worden, dann hätte er zu den Wohltätern der Industrie gezählt und wäre als solcher hochgeschätzt worden. Zu seiner Zeit aber mußte er verkannt werden, und es fehlte nicht an Mißverständnissen.

Die Legende berichtet auch, Albert habe einen mechanischen Schwan erfunden und sei darauf mutig durch den Schloßgraben geschwommen. Einige Tage später habe er sich zur großen Verwunderung des Volkes von einem der Schloßtürme gestürzt und sei mitten unter die Menge gefallen, ohne sich zu verletzen. Für diesen gefährlichen Sturz durch die Luft hatte er sich einer Konstruktion aus Stoff und Holz bedient, deren Form an unsere gewöhnlichen Regenschirme erinnert. Man sieht, daß der Fallschirm nicht gerade eine moderne Erfindung ist.

Indessen wollte Meister Scholastes die Bildung seines Zöglings vervollkommnen und ihn zu diesem Zweck an eine der berühmten Universitäten nach Frankreich oder Italien schicken. Worauf Albert bat, nach Padua gehen zu dürfen, wo berühmte Männer lehrten. Meister Scholastes begab sich mit ihm nach Padua. Dort starb der alte Mönch. Er war der erste Zeuge der Erfolge des Albert von Lauingen.

3. Kapitel
Albertus in Rom und in Paris

Bald nach dem Tode des MEISTERS SCHOLASTES *starb auch* ALBERTS *Mutter. Um diese Zeit stand er dem Orden der Bettelmönche bereits sehr nahe. Er war nach Lauingen zurückgekehrt, um seiner Mutter beizustehen und ihr das letzte Geleit zu geben, und er machte sich dann wieder auf nach Padua, wo er sich erneut mit Eifer in seine Studien stürzte. Zwar lockte ihn vorübergehend militärischer Ruhm, doch seine Gefühle leiteten ihn schließlich in eine andere Richtung.*

Er wurde Dominikanermönch. In dieser Eigenschaft wurde er nach Rom geschickt, um vor dem Papst die Lehren des ARISTOTELES *zu verteidigen, die er für die christlichen Wissenschaften verwertbar machte und denen er schließlich zum Sieg verhalf. Von Rom ging er nach Paris, wo er mit so großem Erfolg an der Universität lehrte, daß der Hörsaal die Masse der wißbegierigen Studenten nicht zu fassen vermochte. Albert mußte auf einem Platz im Freien lesen, der nach ihm Place Maître-Albert genannt wurde. Dieser Platz existiert heute noch, am Fuß des Sainte-Geneviève-Hügels, doch Alberts Name wurde darin zu »Maubert« verballhornt.*

Albert lebte gerne in Paris. Womöglich wäre er für immer dort geblieben, hätte ihn sein Orden nicht abberufen. Er wurde zum Lesemeister der Dominikaner zu Köln ernannt und begab sich dorthin. In seinen Mußestunden beschäftigte er sich wieder mit Experimenten in der Mechanik, Physik und Chemie. Zu jener Zeit verfaßte er verschiedene Schriften, die, entstellt oder zumindest schlecht interpretiert, zur Entstehung jener gefährlichen Bücher führten, die ich eingangs bereits erwähnte.

Unaufhaltsam verbreitete sich sein Ruhm, er hatte zahllose Bewunderer und praktisch keine Feinde mehr. Der Papst tat dazu ein übriges, indem er ihn zum Bischof von Regensburg berief. Drei Jahre lang lebte Albert in dieser Stadt, aber die Studenten in Köln forderten lautstark, sie wollten ihren Lehrer wiederhaben.

So kehrte er zurück und nahm seine Vorlesungen wieder auf. Damals war Albert fast fünfzig Jahre alt, und er beschäftigte sich seit langem mit einem Problem der Mechanik, dessen Lösung er kurz darauf finden sollte. Ganze Tage und Nächte verbrachte er damit, ohne seine Zelle zu verlassen, und die anderen Mönche respektierten seine nächtelangen Arbeiten. Das Projekt, an dem er arbeitete, war gerade vollendet, als THOMAS, *ein junger Mönch aus Italien, sein Schüler wurde. Albert nahm ihn auf wie einen Bruder. Auch Thomas sollte eines Tages ein berühmter Gelehrter werden. Seine Zeitgenossen nannten ihn »Doctor angelicus«. Die Geschichte nennt ihn den heiligen* THOMAS VON AQUIN.

4. Kapitel
Albert der Zauberer

Eines Tages, so berichtet die Legende, wollte Albert seinen Schüler überraschen und ihm das Werk vorführen, an dem er so lange im geheimen gearbeitet hatte. Beim Verlassen des Refektoriums nahm er ihn bei der Hand und führte ihn zu seiner Zelle.

»Thomas«, sprach er, »ich werde Euch gleich ein Geschöpf zeigen, das ein reines Werk der Wissenschaft ist und doch aussieht, als wäre es von unserem Herrgott geschaffen. Seht her!« Und damit zog Albert einen Vorhang zur Seite und enthüllte dem Mönch einen Automaten, der, nachdem er die Besucher mit Handschlag begrüßt hatte, sich anschickte, durch die Zelle zu schreiten und dann so natürlich zu tanzen, wie es nur ein Mensch vermochte. Beim Anblick dieser Erscheinung glaubte Thomas, dessen Geist mit frommen Meditationen, nicht aber mit den Wundern der Wissenschaft vertraut war – Thomas also glaubte wie seinerzeit die Lauinger Bauern, es handle sich um Teufelswerk. Er wich vor Alberts Geschöpf zurück, indem er einen Exorzismus sprach. Als er sich jedoch von seinem ersten Schrecken erholt hatte, stürzte er sich auf den vermeintlichen Dämon, warf den Automaten um, trat mit den Füßen nach ihm und zertrümmerte ihn in tausend Stücke.

Das Drama spielte sich so schnell ab, daß Albert sein Werk nicht vor Thomas retten konnte. Der Schaden war nicht mehr gutzumachen. Vergebens hatte sich der große Mechaniker die Nächte um die Ohren geschlagen. Die Emailaugen des Automaten, seine Arme, seine Hände, die feinen Stahlfedern, die ihn bewegten, alles war unwiederbringlich zerstört!

Entsetzt betrachtete Thomas seinen Lehrer. Er sah nicht mehr Albert den Gelehrten in ihm, sondern Albert den Zauberer. Nachdem Albert den ersten Schmerz über den Verlust seines Werkes überwunden hatte, erklärte er Thomas, daß diese vermeintliche Erfindung des Teufels ganz einfach durch einen uhrwerkähnlichen Mechanismus angetrieben worden war. Die Geschichte seines hölzernen Menschen war sehr schnell bekanntgeworden und hatte die ganze Stadt in Erstaunen gesetzt. Alberts mechanischer Mensch war der Vorläufer vieler späterer Automaten, wie auch derer des berühmten Flötenspielers von VAUCANSON, *der sich so ausgezeichnet auf die Nachahmung der Natur verstand, daß er an einer mechanischen Ente künstlich die Verdauungsvorgänge imitieren konnte.*

Albertus wußte viele weitere Wunder der Natur und der Technik zu wirken. Eines Abends ließ er Freunde und Neugierige im Klostergarten zusammenkommen. Auf ein Signal hin glomm ein weißes Licht über der Wand der Kapelle am äußersten Ende des Gartens auf. Und dann erschien in dem erleuchteten Teil des Gartens unter zart erklingender Musik eine fromme Prozession mit Kreuzen, Fahnen, Chorknaben, Mönchen, Priestern in vollem Ornat und dem Allerheiligsten unter einem Baldachin! Alle diese Gestalten schienen lebendig zu sein, und dieser Eindruck wurde noch verstärkt durch die Klänge der Orgel, die die verschiedenen menschlichen Stimmen imitierte.

Trotz ihres Schreckens schrie die Menge dieses Mal nichts von Zauberei, denn Albert galt nun dem Volk als heiliger Mann. Die Menschen riefen, dies sei ein Wunder. Freilich handelte es sich weder um ein Wunder noch um Zauberei. Albertus hatte lediglich das Phänomen der Laterna magica angewandt.

Was die Menschen des frühen zwanzigsten Jahrhunderts amüsierte, versetzte die Menschen des dreizehnten Jahrhunderts in Schrecken. Noch zu Beginn unseres Jahrhunderts ließ man bei pseudospiritistischen Versuchen Phantomgestalten durch Projektion auf einen Rauchvorhang erscheinen, wobei die Bewegung des Rauchs die Figuren belebte.

Ich sagte schon, daß Alberts Automat mit Hilfe eines Uhrwerks bewegt worden war. Der kluge Gelehrte, der auch ein außerordentlich geschickter Mechaniker war, führte seine erste Erfindung einem praktischeren Zweck zu. Er vervollkommnete das Räderwerk der Uhr und beglückte sein Kloster mit einer Figurenuhr, wie sie sich später dann bei den Räderuhren des Mittelalters durchsetzten. Einer Legende zufolge wurde Alberts Uhr der bewundernden Öffentlichkeit an einem Osterfest vorgestellt. Eine Viertelstunde vor Mittag erschien auf der Galerie, die um das Zifferblatt lief, eine menschliche Gestalt, wohlgemerkt ein Automat. Mit der Hand winkte er der

Menge zu und verschwand. Anschließend kamen ADAM *und* EVA, *hinter ihnen* NOAH *und seine Söhne,* ABRAHAM, ISAAK *und* JAKOB, SAUL, SALOMON, *die Makkabäer, die Evangelisten und die Apostel und schließlich, von Soldaten eskortiert,* JESUS CHRISTUS. *Alle diese Figuren blieben auf der Galerie stehen, während das Uhrwerk die Mittagsstunde schlug. Beim letzten Ton verschwanden sie wieder.*

An Christi Himmelfahrt geschah ein neues »Wunder«. Gegen Abend erhob sich über dem Kloster ein Feuerball, der am Himmel zerplatzte und die Stadt mit Garben von Funken überschüttete. Man sieht, daß Albert die Naturwissenschaften nicht nur beherrschte, sondern auch kunstfertig zu nutzen wußte. Dieser wundersame Feuerball wäre heute, wo wir die modernsten Feuerwerke veranstalten können, eine unbedeutende Spielerei.

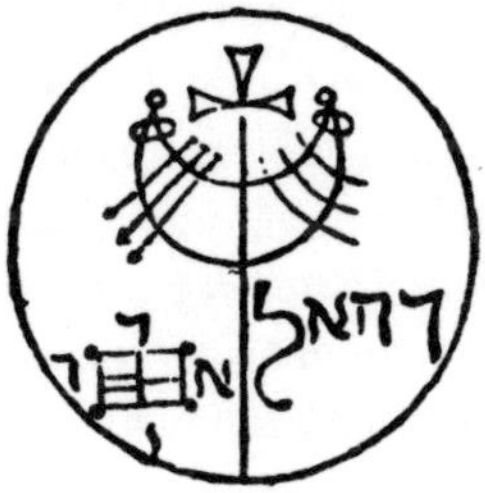

5. Kapitel
Frühling im Januar

Alberts Ruhm verbreitete sich bis an die Grenzen Europas. Die berühmtesten Zeitgenossen strömten zu seiner bescheidenen Zelle. Selbst Könige rechneten es sich zur Ehre an, seiner Gelehrsamkeit zu huldigen. Unter vielen anderen wollte auch WILHELM, *der König der Niederlande, die Wunder kennenlernen, die Albertus wirkte, und er kündigte die Absicht an, vor Weihnachten einige Tage im Kloster zu verbringen.*

Als er eintraf, empfing ihn Albert, doch nichts Spektakuläres ereignete sich bei der Ankunft des Gastes. Es vergingen zwei Wochen, aber nichts Ungewöhnliches geschah. Allerdings hatte Wilhelm mehrmals bekundet, sich in den klösterlichen Gärten ergehen zu wollen, und war stets mit dem Argument daran gehindert worden, daß die Gärten wegen Schnee und Matsch unwegsam seien.

Wenig zufrieden mit seinem Besuch wollte der hohe Herr seine Rückreise antreten, als ihm Albert eines Abends ehrerbietig entgegentrat und ihm zu seiner großen Verwunderung einen Spaziergang durch die Gärten vorschlug. Draußen herrschte eisige Kälte, und dichter Schnee fiel hernieder. Dennoch folgte Wilhelm seinem Führer, der ihm versichert hatte, er werde ihn in eine verzauberte Landschaft geleiten. Von sämtlichen Mönchen und den Gefolgsleuten Wilhelms begleitet, gelangten der König und der Gelehrte zu der Terrasse, von der man den Garten überblickte.

Und hier bot sich den Augen ein liebliches Bild. Die Bäume des Gartens standen in frischem Frühlingsgrün, alles blühte, inmitten der Wiesen sprudelten klare Quellen, und sogar Vögel zwitscherten in den Bäumen. Am Ende des Zaubergartens erhob sich eine elegante Konstruktion. Albert bat seinen Gast, ihn dorthin zu begleiten. Wilhelm schien aufs höchste erstaunt, aber noch waren die Überraschungen nicht zu Ende. Wie der Garten war das Bauwerk, in dem er sich befand, in vollem Blütenschmuck. Und während draußen die eisigen Januarwinde heulten, herrschten drinnen frühlingshafte Temperaturen. Albert bat den König, sich niederzusetzen, damit er ihm ein improvisiertes Mahl auftischen könne. Wilhelm erklärte sich einverstanden. Darauf gab Albert ein Zeichen. Sogleich schoben sich zwei Büsche auseinander und gaben eine prächtig gedeckte Tafel frei, die von unsichtbaren Kräften bis vor den König bewegt wurde. Dieser überlegte nicht lange und aß beherzt, ohne das »Wunder« als Teufelswerk zu verdammen.

Das Wunder war übrigens leicht zu erklären. In den Wochen, die dem Fest vorausgingen, hatte Albert mit Hilfe seiner Mönche den Garten ganz einfach in ein Gewächshaus verwandelt. Der magische Tisch beruhte auf einer neuen Anwendung der Mechanik.

Albert widmete sich den verschiedensten Zweigen der Wissen-

schaft und führte dabei ein langes und erfülltes Leben. Er starb im Alter von fast neunzig Jahren in Köln.

6. Kapitel
Lebensdaten des Albertus Magnus

1193	*In Lauingen an der Donau wird ALBERTUS, Graf von Bollstädt, als ältester Sohn eines sehr wohlhabenden hohen kaiserlichen Beamten geboren.*
1216	*Dominikus gründet den Dominikanerorden.*
1222	*Albert hält sich in Oberitalien auf; er studiert in Padua und Bologna.*
1223	*Albert tritt in den Orden der Dominikaner ein. Im Traum sind ihm die heilige Jungfrau und Engel erschienen und haben seine Zweifel beseitigt, daß seine geistigen Fähigkeiten zu gering für sein Vorhaben seien. Noviziat.*
1230–1240	*Albert wirkt als Lesemeister in verschiedenen Klöstern der Dominikaner.*
1244	*Albert wird Magister der Theologie in Paris, dem geistigen Zentrum des Abendlandes im Mittelalter. Er lehrt an der Universität. Gegenüber der Kirche verteidigt Albert die Lehren des ARISTOTELES, die damals*

verboten sind, weil sie angeblich im Widerspruch zur Kirchenlehre stehen.

1248 *Albert wird nach Köln zurückberufen. THOMAS VON AQUIN wird sein Schüler.*

1249 *Albert trifft in Köln mit WILHELM VON HOLLAND zusammen.*

1256 *Der Orden der Bettelmönche wird heftig von der Pariser Universität angegriffen. Albert verteidigt die Belange der Dominikaner vor LUDWIG DEM HEILIGEN, dem französischen König, der den Streit schlichtet.*

1260 *Der Papst ernennt Albert zum Bischof der Stadt Regensburg, deren Finanzen im argen liegen. Albert gelingt es auf mysteriöse Weise, die wirtschaftliche Lage der Stadt zu sanieren. Bald wird gemunkelt: »Albert verwirklicht, was CICERO über THALES, PLINIUS und DEMOKRIT geschrieben hat, daß nämlich ein alchimistisch bewanderter Philosoph Gold zu machen versteht, wenn die Lage es erfordert.« Mit diesem Ereignis beginnt sein Ruf als Zauberer.*

1261 *Albert entdeckt unbekannte Schriften des ARISTOTELES.*

1262 *Albert führt die erstaunlichsten wissenschaftlichen Experimente durch. Papst URBAN IV., der sich sehr dafür interessiert, ermutigt ihn.*

1263 *Albert predigt in Deutschland für einen neuen Kreuzzug ins Heilige Land.*

1264–1271 *Albert ist viel auf Reisen; er hält sich auch nahe Colmar im Elsaß auf, wo damals Erze abgebaut wurden und eine Atmosphäre herrschte, die gegenüber alchimistischen Erkenntnissen sehr aufgeschlossen war.*

1274 *Am 9. März dieses Jahres überfällt Albert ein plötzliches Zittern. Tränenüberströmt verkündet er allen, sein Freund THOMAS liege im Sterben. Einige Tage danach erfährt man vom Tod des heiligen Thomas, der im Augenblick der Vision des Albertus eingetreten war.*

1280 *Albert stirbt am 15. November. An seinem Grab ereignen sich Wunderheilungen.*

1483	*Man öffnet das Grab, um den Leichnam umzubetten. Er ist unverwest, und die Gestalt hat wieder die Gebetshaltung eingenommen. Ein angenehmer Duft entströmt ihm.*
1484	*Albert wird von Papst Innozenz VIII. seliggesprochen.*
1622	*Das Namensfest Alberti wird von nun an außer in Köln auch in Regensburg besonders feierlich begangen.*
1931	*Noch drei Jahrhunderte vergehen, bis Albert vom Papst – Pius XI. – heiliggesprochen wird.*
1941	*Papst Pius XII. erklärt den heiligen Albert zum Schutzheiligen der Naturwissenschaften.*
1989	*An der Schwelle zum dritten Jahrtausend entdecken die Menschen wieder Alberts Wissensschatz . . .*

Zweites Buch
Die wundersamen und merkwürdigen Geheimnisse des Albertus Magnus und anderer gelehrter Männer

In den vorhergehenden Kapiteln habe ich versucht, ein Porträt des ALBERTUS MAGNUS *zu zeichnen. Ich möchte nun einige Worte zu den Büchern sagen, die ihm zugeschrieben werden – merkwürdige Bücher, deren Urheberschaft der gelehrte »Doctor universalis« ganz sicher bestreiten würde. Tatsächlich war der Dominikaner Albertus universal gebildet und seiner Zeit als Gelehrter weit voraus. Seine Entdeckungen und Experimente waren für seine Zeit so ungewöhnlich, daß er lange als Zauberer galt, gewiß bei seinen Zeitgenossen, aber sogar noch bis in unsere Tage.*

Die Bücher, die aus seinem bemerkenswerten ursprünglichen Werk, freilich in den folgenden Jahrhunderten bis zur Unkenntlichkeit entstellt und verfälscht, abgeschrieben und nachgedruckt wurden, standen lange auf dem Index. Dieses Verbot trug mit dazu bei, daß ein falsches Bild von dem Heiligen und Gelehrten entstand. Erst in unserem Jahrhundert wurde er endlich rehabilitiert, 1931 heiliggesprochen und 1941 von Papst PIUS *XII. zum Schutzpatron der Naturwissenschaften erhoben.*

Ich bin sehr stolz darauf, dieses gewaltige Werk des menschlichen Geistes für mich wiederentdeckt zu haben und einen Teil davon hier vorlegen zu können. Viele alte Editionen wurden lange Zeit unter der

ROUTEDUT
Le
Kerst
Les
2
Aw
JHS

Landbevölkerung, ja sogar bis in die überseeischen Kolonien, als Vademekum benutzt. Manche modernen Zauberer besitzen noch heute solche Bücher, und wenn sie auch nicht immer darauf aus sind, die Rezepte anzuwenden, um ihresgleichen zu schaden oder zu erschrecken, haben sie doch keine Hemmungen, sich ihrer zu bedienen, um drohendes Unheil von sich selbst abzuwenden. Sie finden darin Beschwörungen, Anrufungen, Heilmittel, Anleitungen für den Umgang mit Geistern, eine einzigartige Mischung aus allgemeinen und aus mystischen Vorstellungen.

Das gewichtigste unter diesen Büchern ist der »Große Albertus«, so genannt, weil man den ursprünglichen Titel des Werkes und den Namen seines mutmaßlichen Autors irgendwann miteinander verschmolzen hat. Eine weitere Abhandlung, der »Kleine Albertus«, steht dem vorigen an Beliebtheit nicht nach und ist im übrigen eine gekürzte Fassung desselben. Später folgten weitere Bände. Einer der sonderbarsten, mit dem Titel »Der rote Drachen«, ist mir in die Hände gefallen. Das Buch handelt von der Kunst, den himmlischen Geistern zu befehlen. Es wurde nach einem Manuskript des sechzehnten Jahrhunderts gedruckt und erschließt unter anderem das Geheimnis, wie man den Zauberstab herstellt. Der älteste Zauberstab übrigens, den wir kennen, stammt aus prähistorischer Zeit und wurde in den Höhlen der Dordogne gefunden, wo er in einem archäologischen Museum besichtigt werden kann.

Die Schriften von Albertus Magnus, aus denen Sie nachfolgend die bemerkenswertesten Auszüge finden, sind Übersetzungen aus dem Lateinischen und Altfranzösischen. Um das Denken des Meisters und den Geist seiner Schriften möglichst getreu wiederzugeben, wurde die altertümliche Ausdrucksweise zum Teil beibehalten. Die Schrift ist hier – um der besseren Unterscheidung willen – gerade (normal) gesetzt.

Die Warnung des Meisters Albert

Der wahrhaft Wißbegierige, der sich der seltensten und verborgensten Geheimnisse der Natur bedienen will, muß sein Herz und seine Sinne vollständig den Dingen zuwenden, die ich mit äußerster Sorgfalt und Genauigkeit gesammelt habe.

Es ist dies ein universaler Wissensschatz, umfaßt er doch Wunder, die dem ganzen Menschengeschlecht zum Wohle gereichen können. Arm und Reich, Händler und Bauer, Soldat und Zivilist, Knabe und Jüngling, Frau und Jungfrau, insonderheit die Ernährer der Familie, sie alle werden schätzen, was ich bei meinen Untersuchungen zu ihrem Nutzen herausgefunden habe, um ihre lebhaftesten Neigungen und ihre heftigsten Wünsche zu befriedigen.

Um nun eine gewisse Ordnung in meinem Werk zu wahren und es für meine Leser nützlicher und angenehmer zu machen, werde ich die einzelnen Gegenstände für sich behandeln, damit nicht eine wahllose Mischung zu nachteiliger Verwirrung führe. Ich will damit sagen, daß ich, wenn ich zum Exempel die Geheimnisse der Liebe oder des Goldes behandele, sogleich und ohne Unterbrechung berichten werde, was ich zu diesem Gegenstand beizutragen habe. Und wenn ich durch den natürlichen Zusammenhang auf mancherlei Geheimnisse der Liebe oder des Goldes zu sprechen komme, werde ich meine Leser darauf hinweisen, wo sie etwas über diese Geheimnisse erfahren können.

Item ich gedenke meine Leser zu unterrichten, daß die Geheimnisse, so in diesem Buch kundgetan, nicht die verborgenen Kräfte der Natur übersteigen, das heißt, nicht außerhalb der Schöpfung stehen, die Himmel und Erde und Luft und Wasser umfasset. Denn so wie geschrieben steht, daß der Weise durch seine Klugheit über die Sterne gebietet, so muß man annehmen, daß die Sterne durch ihre wundersamen Einflüsse auch dem Weisen zugute kommen und ihn bilden.

Indessen ist zu bedenken, daß man die günstigen Positionen der Gestirne zueinander, ihren Stand und ihren Abstand, ihr Auftauchen und Verbleiben innerhalb der Sternzeichen verstehen muß. Unter dem Begriff Stern verstehen wir ganz allgemein Planeten, die ihren besonderen Tag im Wochenablauf haben: die Sonne den Sonntag, der Mond den Montag, Mars den Dienstag, Merkur den Mittwoch, Jupiter den Donnerstag, Venus den Freitag und Saturn den Samstag.

Wer die erhabenen Wissenschaften der Philosophie und der Astrologie nicht studiert hat, mag entweder die Astrologen um Rat fragen oder einen Almanach benutzen, wenn er ein Geheimnis ergründen und umsetzen will, das vom Stand oder den Konjunktionen der Sterne abhängt, damit die von ihnen in sein Vorhaben eingebrachte Genauigkeit dem Unternehmen zum Guten, Nützlichen und Günstigen gereiche.

Wenn man sich bei einigen der wundersamen Geheimnisse, die ich erläutern werde, gewisser Formeln oder Gestalten bedienen soll, möge man dies nicht für Magie oder Teufelswerk halten. Denn ihre Kraft und Wirksamkeit ist nicht an die Magie gebunden, und die alten Hebräer haben sie mit großer Frömmigkeit angewandt. Geschichte und Chronik lehren uns, daß Karl der Große von einem Papst ein Büchlein geschenkt bekam, das nur geheimnisvolle Figuren und Sätze enthielt, deren sich der Kaiser bei zahllosen Anlässen zu seinem Glück bediente. Der Titel des Büchleins lautet »Enchiridium Leonis für den Papst«. Die Wunder, die dieses kleine Buch zugunsten jener bewirkt hat, die sich seiner bedienten, machen es empfehlenswert allen zum Trotz, die es als Aberglauben herabwürdigen wollten.

Endlich weise ich meine Leser darauf hin, daß sie in diesem Werk nichts Übliches finden werden. Es ist wie ein Extrakt und Elixier dessen, was die durch Kunst vervollkommneten und unterstützten verborgenen Kräfte der Natur an Wunderbarstem enthalten.

Ich mache mich nicht anheischig, daß ich sie aus mir selbst und meinem Geschlecht hervorbrächte. Vielmehr gebe ich unbefangen zu, daß ich meine Erkenntnisse aus den Schriften der berühmtesten Philosophen gewonnen habe, die mit bewunderungswürdiger Aufmerksamkeit alles durchdrungen haben, was die Natur Merkwürdiges und Verborgenes bereithält. Und es ist gewiß, daß ich nichts erläutern werde, was ich nicht auch in höchsteigener Person erprobt und erfahren hätte.

1. Kapitel
Die Physiognomie

Die Kunst, den Charakter und die Neigungen des Menschen anhand der verschiedenen Körperteile zu erkennen

Bei den Hellsehern bildete das Erkennen des Charakters und des Schicksals mit Hilfe der Gesichtszüge und der Gesichtsform sowie der Haltung seit jeher eine Grundlage der Diagnostik. In unserer Zeit ist die Gestaltpsychologie wissenschaftlich anerkannt. Man greift sogar bei der Einstellung von Mitarbeitern auf sie zurück, nachdem – zumindest geistig – eine Art Phantommodell des idealen Kandidaten erstellt wurde.

Es heißt, daß die Physiognomie der Spiegel der Seele sei. Gleichwohl ist die Erforschung des Charakters eines Menschen anhand seiner Gesichtszüge und seiner Körperhaltung äußerst schwierig.

Als erster hat Aristoteles die Regeln dieser Kunst aufgestellt. Er ging davon aus, daß Physiognomien, die gewisse Ähnlichkeiten mit den Zügen bestimmter Tiere aufweisen, auf ähnliche Veranlagungen wie bei diesen Tieren hinweisen. Bevor ich sie dem Leser vorstelle, muß ich ihn gegen deren Anwendung wappnen. Beispielsweise muß man stets bedenken, daß die Erziehung und der eigene Wille einen Charakter verändern können. Außerdem muß man sich vorsehen, daß man nicht durch Verstellung und Heuchelei getäuscht werde. Tatsächlich kann ein Mensch, der die Merkmale der Bösartigkeit trägt, die sanftmütigste Person sein. Ein anderer, den die äußeren Zeichen der Milde zieren, mag durch unerwartete Grausamkeit auffallen.

Unseres Erachtens wurden in den Fragen der Physiognomie nicht selten die Wirkungen für die Ursachen gehalten. Wir sind alle nach dem gleichen Bilde geformt. Betrachte die Kindlein: Die Mienen des Kindleins sind noch unverbildet. Seine Lebensweise, seine Neigungen werden sein äußeres Erscheinungsbild verändern. Lüge, Verstellung, Grausamkeit, Wut hinterlassen ihre Spuren auf dem Antlitz des Menschen. In vielen Fällen will man den Charakter eines Menschen auf seine Gesichtszüge zurückführen, wo man im Gegenteil in seinem Charakter die Hauptursache für seine Physiognomie erkennen müßte.

Hier ist nicht der Ort, diese Fragen ausführlich zu diskutieren. Am besten kann man jedenfalls einen Menschen nach seinen Handlungen beurteilen. Ein Mensch, der sich weigerte, einem Mitmenschen die Hand zu reichen, weil dessen Nase größer oder kleiner oder seine Lippen breiter oder schmäler sind, wäre wahrhaftig dumm. Menschen sind wie Gold. Um sie beurteilen zu können, muß man sie prüfen. Wie dick auch die Hülle sein mag, die das edle Metall umgibt, wie fest das Urgestein um einen Rohdiamanten, es ist immer ganz leicht, den Probierstein daranzuhalten.

Gehe mit offenen Augen durch die Welt, vergleiche menschliches Handeln, und bevor du jemanden verurteilst, sieh nicht nur in sein Gesicht, sondern auch in sein Herz. Das ist der wirkliche Punkt, wo an das Menschliche gerührt wird. Im folgenden sind merkwürdige Beobachtungen zusammengetragen über Haare, Stirn, Lider, Augenbrauen, Nase, Nasenlöcher, Mund, Lippen, Zähne und sogar die Zunge.

Die Haare

Menschen mit glatten, langen, weißen oder blonden, feinen und weichen Haaren sind von Natur aus furchtsam, wenig stark, friedfertig gegenüber anderen und stets willkommen und wohlgelitten, wo immer sie hingehen.

Wer dicke, rauhe, kurze Haare hat, ist stark, unerschrocken, kühn, unruhig, stolz, meist arglistig und verlogen, begierig nach schönen Dingen, eher einfältig als weise, doch stets vom Glück begleitet. Krauses Haar zeichnet einen Menschen aus, der feste

Vorstellungen oder ein schlichtes Gemüt hat, oft auch beides gleichzeitig.

Jene, denen die Haare in die Stirn wachsen, sind einfältig, großmäulig, frönen der Fleischeslust, sind ziemlich vertrauensselig und leichtgläubig. Sie sind nicht sehr geistreich, aber schwerfällig im Argumentieren und immer schlecht gelaunt. Rauhe, krause Haare, die wie eine Perücke aussehen, kennzeichnen einen sehr schlichten, kühnen, stolzen Menschen von schwerer Auffassungsgabe, der leicht in Wut gerät, einen Hang zu Lüge und Unzucht und zum Bösen hat und anderen Schaden zufügt. Wer krause Haare hat, die so ansetzen, daß eine hohe, breite Stirn entsteht, ist einfältig, weder gut noch böse, aber sehr für die Musik begabt.

Menschen mit sehr dichtem Haarwuchs auf dem ganzen Kopf sind lüstern, haben eine gute Verdauung, sie sind stolz, leichtgläubig, nachlässig, haben ein schlechtes Gedächtnis, sind neugierig und glücklos.

Rote Haare findet man bei neidischen, bösartigen, hinterlistigen, eingebildeten und verleumderischen Menschen. Sehr blonde Haare zeichnen einen Menschen aus, der zu allem zu gebrauchen ist, der die Ehre und eitlen Ruhm liebt.

Schwarzhaarigen Menschen gelingt es meist, ihre Unternehmungen zu Ende zu führen. Sie neigen eher zum Guten als zum Bösen, sind zum Dienen bereit, fleißig, verschwiegen und glücklich. Weißliche oder grünliche Haare mit einem Stich ins Azurblaue charakterisieren einen vollkommenen, ängstlichen, schamhaften, schwachen Menschen von gutem Urteil und mäßiger Leistung.

Menschen mit mittelstarken aschblonden Haaren sind umgänglich, neigen mehr zum Guten als zum Bösen, lieben die Ruhe, die Reinlichkeit und die guten Sitten. Wer in seiner Jugend weiße Haare hatte, ist launisch, geil, eingebildet, unbeständig und großmäulig.

Die Stirn

Eine sehr hohe oder gewölbte Stirn weist auf einen Menschen hin, der seinen Freunden und Verwandten gegenüber großzügig ist, von frohem Sinn und gutem Urteil, umgänglich und bei allen beliebt.

Wer reichlich Haut und Knochen auf der Stirn hat, ist rechthaberisch, eingebildet, betrügerisch und eher dumm als klug. Wer eine niedrige und schmale Stirn hat, ist sehr urteilsfähig, kühn, zu Übeltaten geneigt, mutig, begierig nach Luxus und den Menschen zugetan.

Wenn die Stirn zu den Schläfen hin vorsteht, als würden sich die Knochen herausdrücken, dann ist es ein hochmütiger, schillernder Mensch, der sich wenig hervortut, nicht sehr klug ist und wenig Urteilsvermögen besitzt.

Ein Mensch mit fleischiger Stirn und mit kräftigen Wangen ist mutig, stolz, jähzornig und von schwerer Auffassungsgabe.

Wes Stirn viele Falten zeigt und von einer Längsfalte wie in zwei gespalten ist, der ist gut, kühn, klug, aber niemals vom Glück begünstigt.

Eine breite und hohe, etwas gewölbte, glatte und kahle Stirn kennzeichnet einen mutigen Menschen von gutem Urteilsvermögen, der kühn ist und leicht in Zorn gerät, ziemlich gewissenlos und folglich verlogen ist. Wer eine hohe und nach oben runde Stirn hat und wes Gesicht unten mit einem spitzen Kinn endet, ist einfältig, gutmütig, von zartem Körperbau, gerecht und rechtschaffen.

Die Augenlider

Bogenförmige Lider, die sich beim Blinzeln heben, gehören zu einem hoffärtigen, heftigen, dünkelhaften, stutzerhaften, kühnen, drohenden Menschen, der die schönen Dinge liebt und zu allem geschickt ist.

Wer die Augen niederschlägt, wenn er spricht, oder sein Gegenüber unter gesenkten Lidern hervor betrachtet, ist böse, arglistig, verlogen, verräterisch, habsüchtig, faul, geheimnistuerisch und maulfaul.

Menschen mit dünnen Wimpern sind einfältig, hochmütig, schwächlich und leichtgläubig. Sind die unteren Lider nicht gewölbt, dann ist es ein dummer, fauler, mißtrauischer, habgieriger, neidischer Mensch, den man leicht täuschen und verführen kann.

Jene mit kurzen und weißen oder bleifarbenen Lidern sind in allem geschickt, aber ängstlich, und sie glauben zu leicht alles, was man ihnen erzählt. Bei denen aber, deren Lieder groß und breit sind, verhält es sich gerade umgekehrt.

Die Augen

Große, prallrunde Augen bedeuten gewöhnlich einen faulen, dreisten, neugierigen Menschen, der kein Geheimnis hüten kann, zu vielen Dingen taugt, nicht habgierig, aber hoffärtig, ein wenig verlogen, leicht erzürnbar, vergeßlich, geistig schwerfällig, wenig urteilsfähig und weitaus weniger klug ist, als er denkt.

Menschen mit eingesunkenen Augen und schweifendem Blick sind mißtrauisch, böse und jähzornig, von schlechter Gesittung und sehr gutem Gedächtnis, sie sind dreist, grausam, bedrohlich, lasterhaft, der Unzucht verfallen, neidisch und heuchlerisch. Augen, die etwas vorstehen, kennzeichnen einen närrischen, schamlosen, etwas verschwenderischen, gefälligen, unbeständigen Menschen von oberflächlichem Geist und Urteil.

Der Mensch, der mit weit geöffneten Lidern blickt, ist böse, betrügerisch, falsch, verlogen, neidisch, sparsam, heimlichtuerisch, gottlos und gewissenlos.

Kleine und gleichmäßig runde Augen besagen, daß ein Mensch schamhaft, schwächlich, einfältig, leichtgläubig, von oberflächlichem Geist und langsamem Urteil und freisinnig sei. Wer mit seinem Blick ausweicht, ist betrügerisch, ränkesüchtig, habgierig, neidisch, verlogen, jähzornig und hat eine ausgeprägte Neigung, anderen zu schaden.

Einer mit unstetem Blick ist für gewöhnlich ein Lügner, hoffärtig, dumm, lüstern, verführerisch, leichtgläubig, neidisch, heftig, mit einem Hang zu Luxus und ohne Unterschied fähig, Gutes oder Böses zu tun. Menschen, die oft blinzeln und ohne Unterlaß die Augenlider bewegen, sind lüstern, launisch, verräterisch, treulos, dünkelhaft und alles andere als leichtgläubig.

Wenn das Weiße im Auge von zitronenfarbenen Flecken durchsetzt ist, bedeutet dies für gewöhnlich, daß man es mit einem Lügner zu tun hat, der eitel, betrügerisch, lüstern, wortbrüchig, heimlichtuerisch, starrsinnig und maßlos heftig ist.

Augen, die sich ständig langsam bewegen, weisen auf einen starken, bösen Charakter, der oft hoffärtig ist, dazu faul, verlogen, treulos, neidisch und streitsüchtig.

Wer rote, tränende, blutunterlaufene Augen hat, neigt zu Jähzorn, ist hochfahrend, hochmütig, grausam, schamlos, treulos, verlogen oder hoffärtig, einfältig und von geringen Begabungen.

Wes Augen groß und milde blicken wie von einem Ochsen, ist ein einfacher Mensch von geringem Urteilsvermögen, mit schlechtem Gedächtnis und grober Körperbeschaffenheit, der mit jeder Art von Speise zufrieden ist.

Augen, die nicht groß noch klein sind und schwärzlich schimmern, kennzeichnen einen friedfertigen, ehrenhaften, gewissenhaften Menschen von hohen Geistesgaben, gesundem Urteil und großem Erbarmen.

Die Augenbrauen

Dichte Augenbrauen kennzeichnen einen sparsamen, verschwiegenen, klugen Menschen, der nach den schönen Dingen trachtet. Wenn die Brauen lang sind, handelt es sich um einen scharfsinnigen Menschen. Er ist stark, kühn, glücklich und ein aufrichtiger, wahrer Freund.

Die Nase

Menschen mit einer langen, ziemlich schmalen Nase sind mutig, sorgfältig in ihrem Tun, jähzornig, hochmütig, sehr launenhaft, von schwächlichem Körper und Geist und leichtgläubig. Eine lange, breite und unten etwas dicke Nase bedeutet einen klugen, verschwiegenen, gefälligen, geziemend treuen Menschen, der ehrenhaft handelt und unfähig ist, einen Freund zu betrügen oder zu übervorteilen.

Ein Mensch mit platter Nase ist von heftiger Gemütsart, hochmütig, verlogen, lüstern, schwach, launisch, leichtgläubig und hängt sein Mäntelchen nach dem Wind. Ist die Nase in der Mitte breit und nach oben gebogen, dann gehört sie für gewöhnlich einem verlogenen, hochmütigen, dem Laster ergebenen, prahlerischen Menschen, der stets ein widriges Geschick hat.

Eine kräftige, lange Nase kennzeichnet einen Menschen, der

nach schönen Dingen trachtet, schlicht im Guten und ziemlich vorsichtig im Bösen, vom Glück begünstigt ist, leidenschaftlich seine Ziele verfolgt, verschwiegen ist und weniger klug, als er zu sein vermeint. Eine spitze, mittelgroße oder große, schmale Nase weist auf einen Menschen hin, der leicht in Wut gerät, sehr unbesonnen, streitsüchtig, von schwächlichem Körperbau und bedrohlich ist und ein sehr gutes Gedächtnis hat.

Menschen mit Knollennase und kleinen Nasenlöchern sind hochmütig, von starker Gemütsart, hochfahrend, freisinnig und treu. Menschen mit sehr starker Nase und deren Nasenflügel eher schmal sind denn dick und rund, können leicht in der Öffentlichkeit sprechen, handeln ehrenhaft, sind rasch beleidigend, betrügerisch, neidisch, habgierig, heimlichtuerisch, wohlwollend und können bei manchen Gelegenheiten schlechte Absichten haben, die sie zu verbergen wissen.

Eine lange, nach oben erhobene Nase mit ausgeprägten Nasenflügeln verrät einen kühnen, stolzen, habgierigen, mißgünstigen, begehrlichen, lüsternen, verlogenen, hinterlistigen, hoffärtigen, ruhmsüchtigen, unheilvollen, streitsüchtigen Menschen.

Eine Höckernase zeigt einen Menschen an, der für gewöhnlich verlogen, dünkelhaft, unstet, lüstern, leichtgläubig, zudringlich, überspannt und groben Gemüts, böse und eher dumm denn gescheit ist.

Wenn die Nase eines Menschen röter ist als bei anderen, dann ist er habgierig, gottlos, lüstern, schwerfällig im Geist, groben Gemütes und von geringen Fähigkeiten.

Wer eine leidlich große Nase mit etwas breiteren Nasenflügeln hat, ist friedfertig und fleißig, treu, verschwiegen und von gutem Urteil. Menschen mit ziemlich großer Nase, aus der Haare herauswachsen, und mit breiter Nasenwurzel sind mäßig in allen Dingen und passen sich an.

Eine im ganzen große Nase mit weiten Nasenlöchern kennzeichnet einen oberflächlichen, eher dummen denn gescheiten, verlogenen, arglistigen, betrügerischen, streitsüchtigen, neidischen, mißgünstigen und ruhmsüchtigen Menschen.

Die Nasenlöcher

Schmale kleine Nasenlöcher deuten auf einen Menschen mit gering entwickelten Eingeweiden hin, der klug ist, geringschätzig, verlogen, treu, eitel, ruhmsüchtig und auf Luxus erpicht.

Große breite Nasenlöcher kennzeichnen einen zwiespältigen, lüsternen, verräterischen, läppischen, verlogenen, neidischen, neugierigen, oberflächlichen, habgierigen und feigen Menschen. Verstopfte Nasenlöcher bedeuten, daß ein Mensch lügenhaft, oberflächlich, hochmütig, kämpferisch und nicht vom Glück begünstigt sei.

Der Mund

Ein großer und breiter Mund bedeutet, daß sein Besitzer verlogen und schamlos, großmäulig und der Völlerei zugetan sei und gerne Händel anfange. Er ist kein heller Kopf und ist habgierig.

Ein zierlich kleiner Mund gehört einem friedfertigen, ängstlichen, treuen, verschwiegenen, schamhaften und klugen Menschen, der nicht viel ißt.

Wer einen schlechten, stinkenden Atem hat, des Leber ist krank, und er ist gewöhnlich verlogen, eitel, ohne Zucht, betrügerisch, von geringer Begabung, leicht zu überlisten, mißgünstig, neugierig, Freunden gegenüber recht freimütig. Solche sind begierig, Neuigkeiten zu erfahren und zu verbreiten, leichtgläubig und eher einfältig denn klug.

Menschen, die einen angenehmen wohlriechenden Atem haben, wissen zu geben und zu nehmen, sind vorsichtig, verschwiegen, wohlgestaltet und schön, leichtgläubig und ändern leicht ihre Meinungen.

Die Lippen

Dicke und schwellende Lippen kennzeichnen einen Menschen, der weniger klug ist denn einfältig und zu allem fähig. Schmale, nach innen gezogene Lippen bedeuten, daß ein Mensch heimlichtuerisch, sehr verschwiegen, vorsichtig, jähzornig und sehr geistreich sei.

Wer rosige, eher dünne denn dicke Lippen hat, ist in allem mäßig, leicht zu beeinflussen und eher der Tugend denn dem Laster zugeneigt.

Menschen mit ungleichen Lippen, bei denen die eine größer ist denn die andere, sind oft einfältig. Sie haben keinen großen Geist, sind von langsamem Verstand und mal vom Glück, mal vom Unglück begleitet.

Die Zähne

Kleine, wenig kräftige und kurze Zähne von geringer Zahl besagen, daß ein Mensch geistvoll, geschickt, ehrenhaft, gerecht, treu, verschwiegen, ängstlich und kurzsichtig sei und sowohl zum Guten wie zum Bösen neige.

Sind die Zähne in den Kiefern ungleich verteilt, weil sie zu eng stehen oder durch Zahnlücken getrennt sind, dann weist dies auf einen Menschen hin, der vorsichtig, geistvoll, kühn, hochmütig, mißgünstig ist und den man leicht für eigene Ziele einspannen kann.

Wer lange, spitze, kräftige, auseinanderstehende Zähne hat, ist neidisch, begehrlich, dreist, schamlos, verlogen, falsch, treulos und mißtrauisch.

Die mit zitronengelben Zähnen, seien sie kurz oder lang, sind reichlich töricht, ungeschlacht, leichtgläubig, verlogen, neidisch auf anderer Habe und mißtrauisch.

Große und breite Zähne, die über die Lippen hervorragen, zu dicht oder zu weit stehen, weisen auf einen hochmütigen, lüsternen, leichtgläubig veranlagten, einfältigen, falschen, lügenhaften Menschen hin.

Engstehende kräftige Zähne findet man beim langlebigen, nach den schönen Dingen strebenden Menschen von schwerer Auffassungsgabe, oberflächlichem Geist, der Mut hat, sehr seinen Gefühlen nachgibt, starrsinnig ist, gerne Neuigkeiten erfährt und weitergibt und leichtgläubig ist.

Wenige winzige und schwache Zähne bedeuten, daß ein Mensch schwächlich, kurzsichtig, vorsichtig, von guter Auffassungsgabe, leichtgläubig, zumeist schamhaft, nachgiebig, ehrenhaft und sanft ist und daß er das Recht und die Gerechtigkeit liebt.

Wer viele engstehende Zähne hat, wird sehr alt werden, neigt zu Lüsternheit und Völlerei, ist kühn, stark, verschwiegen und folgt seinen Gefühlen.

Die Zunge

Eine flinke Zunge, die sich beim Sprechen heftig bewegt, kennzeichnet einen Menschen, der eher dumm ist denn gescheit, von schwerfälligem Verstand und geringem Urteil, sehr leichtgläubig und zum Guten wie zum Bösen neigend.

Stotterer sind hochmütig, launisch, geraten jäh in Wut, beruhigen sich aber schnell wieder, sind gefällig und haben eine schwache Konstitution.

Wer eine dicke, schwerfällige Zunge hat, ist vorsichtig, boshaft, mäßig gefällig, dünkelhaft, hochmütig, heimlichtuerisch, verräterisch, geschwätzig, feige und gottlos.

Ein Mensch mit dünner Zunge ist vorsichtig, gewitzt, meist ängstlich, sehr leichtgläubig und leicht zu überzeugen.

Die Stimme

Eine dröhnende, laute Stimme bedeutet, daß ein Mensch stark, kühn, hochmütig, lüstern sei, ein Trunkenbold und Kämpfer, ein Schreihals und Neider, der leicht in Wut gerät.

Die sanfte und leise Stimme eines Kurzatmigen weist auf einen schwachen furchtsamen Menschen hin, der ein gutes Urteil hat, vorsichtig ist und beim Essen Maß hält. Wer eine helle, klingende Stimme hat, ist geziemend sparsam, aufrichtig, vorsichtig, verlogen, gewitzt, prahlerisch und leichtgläubig.

Wes Stimme beim Gesang wohl tönet, ist ziemlich stark und besitzt genügend Verstand und Urteilskraft. Er ist habgierig und trachtet nach dem Besitz der anderen. Eine zitternde Stimme gehört einem neidischen, mißtrauischen, faulen, prahlerischen, schwachen und feigen Menschen.

Eine laut tönende oder sprechende Stimme ist ein Anzeichen, daß der Mensch stark und kräftig, kühn und ungerecht sei und seinen Gefühlen nachgebe. Hat einer beim Sprechen oder Singen eine rauhe Stimme, dann sind sein Geist, Urteil und Temperament wenig entwickelt. Eine zu helle oder zu tiefe Stimme gehört einem eher einfältigen denn klugen Menschen, der wenig zartfühlend, rasch gesättigt, launisch, sehr ängstlich, verlogen und leichtgläubig ist.

Menschen mit einer sanften, vollen und wohlklingenden Stimme sind friedfertig, verschwiegen, furchtsam, sparsam, werden leicht böse und sind starrsinnig. Wenn sich die Stimme beim Sprechen hebt, ist es ein kühner und entschlossener Mensch, der leicht in Wut gerät. Wer eine leise Stimme hat, wenn er jemanden ruft, ist schwach, sanft, ehrenhaft, habgierig und vorsichtig. Wer mit lauter und scharfer Stimme nach jemand ruft, gerät leicht in Wut, ist schwach, kühn, vorsichtig, boshaft, ziemlich hochmütig und hochfahrend. Eine helle gebrochene Stimme weist darauf hin, daß der Mensch furchtsam, hoffärtig, heftig, lüstern und sehr leichtgläubig sei.

Lachen

Narren lachen viel, weil sie im Gegensatz zu anderen Menschen ein großes, dickes Zwerchfell haben. Wer leicht lacht, ist einfältig, läppisch, hoffärtig, launenhaft, leichtgläubig, von oberflächlicher Urteilskraft und Veranlagung, gefällig und geschwätzig.

Ein Mensch, der breit, aber selten lacht, ist beständig, habgierig, vorsichtig, sehr urteilsfähig, verschwiegen, treu. Er arbeitet gern.

Wer den Mund beim Lachen nicht weit aufreißt, ist klug, zeigt gern seine Gefühle, ist gewitzt, geduldig, habgierig, sehr geschickt in seinem Handwerk, leicht erzürnbar und imstande, seinen Gegner in Stücke zu reißen.

Ein Mensch jedoch, der leicht und ungehemmt oder meckernd lacht, ist ehrlich, neidisch, gutgläubig und hängt sein Mäntelchen nach dem Wind.

Wer beim Lachen den Mund verdreht oder Grimassen schneidet, ist arrogant, habgierig, wird leicht und heftig wütend, ist lügnerisch und feige.

Das Kinn

Ein breites, fleischiges Kinn kennzeichnet einen friedlichen Menschen von mäßigen Gaben, oberflächlichem Verstand, er ist gewissenhaft, verschwiegen, unbeständig oder leicht zu beeinflussen.

Ein spitzes, aber fleischiges Kinn bezeichnet einen Menschen mit gesundem Urteil, der großmütig ist und mit bescheidenen Talenten ausgestattet.

Wer ein Kinn hat, das durch eine Furche gespalten ist, liebt den Frieden, hat einen mäßigen Verstand, ist dünkelhaft, sehr leichtgläubig, zu jedermann gefällig, in seinem Tun sehr heuchlerisch und heimlichtuerisch.

Ein Mensch mit spitzem, fleischigem Kinn liebt den Kampf, ist kühn, wird leicht böse, achtet andere gering, ist furchtsam, schwach und einigermaßen gefällig.

Ein gebogenes Kinn, das vorne spitz und zu den Kaugelenken hin dick und fleischig ist, kennzeichnet einen sehr üblen, dummen, unbedachten, hoffärtigen, gefährlichen, neidischen, geizigen, betrügerischen Menschen, der leicht und gern in Wut entbrennt, andere verrät, ein Spitzbube und großer Heuchler ist.

Der Kopf

Ein großer, allseitig runder Kopf kennzeichnet einen Heimlichtuer, der vorsichtig ist bei allem, was er unternimmt, gewitzt, verschwiegen, beständig und gewissenhaft. Ein zur Erde gebeugter Kopf mit dickem Mund und Hals ist ein Zeichen, daß der Mensch vorsichtig, friedfertig, heimlichtuerisch, sehr gefühlsbetont und in seinen Unternehmungen beständig sei.

Ein langer Schädel bei gleichermaßen langem unebenmäßigen Gesicht weist auf einen wenig verständigen, bösen, dummen, hoffärtigen, leichtgläubigen, neidischen, neugierigen und geschwätzigen Menschen hin.

Ein Mensch, der ständig den Kopf wendet, ist einfältig, dünkelhaft, verlogen, betrügerisch, anmaßend, von langsamem Urteil, lasterhafter Gesinnung, mäßiger Begabung, etwas freisinnig, erzählt alles weiter und setzt Gerüchte in die Welt.

Wer einen großen Kopf mit breitem Gesicht hat, ist argwöhnisch, sehr heftig, begierig nach den schönen Dingen, einfältig, vorsichtig, wenig zartfühlend, heimlichtuerisch, waghalsig und fast ohne Scheu und Scham.

Ist der Kopf groß und von unschönen Maßen mit schiefem Mund und dickem Hals, weist es auf einen ziemlich klugen, vorsichtigen, heimlichtuerischen, gewitzten Menschen mit gesundem Urteil hin, der aufrichtig und sehr gefällig ist.

Wer einen kleinen Kopf mit langem, etwas schmalem Mund hat, ist schwach, ein wenig närrisch, ißt wenig, liebt die Wissenschaft und ist nicht immer vom Glück begleitet.

Der Hals

Wer einen langen Hals und lange schmale Füße hat, ist einfältig, ängstlich, neidisch, verlogen, betrügerisch, unwissend und wetterwendisch.

Der Hals ist kurz bei einem vorsichtigen, habgierigen, betrügerischen, heimlichtuerischen, beständigen, verschwiegenen, schnell zürnenden, verständigen, starken, friedfertigen und herrschsüchtigen Menschen.

Die Arme

Lange Arme, die bis zu den Knien reichen, was selten vorkommt, kennzeichnen einen freisinnigen, kühnen, stolzen Menschen von höchster Einbildungskraft oder einen schwachen, einfältigen, unbedachten und bis zur Torheit prahlerischen. Menschen mit sehr kurzen Armen sind mutig, undankbar, kühn, neidisch, stolz, dumm und habgierig.

Wer sehr fleischige Arme mit starken Knochen hat, ist kräftig, stolz, ziemlich lasterhaft, neidisch, begierig nach schönen Dingen und leichtgläubig. Sind die Arme dick und fleischig, dann ist der Mensch ruhmsüchtig bis zur Torheit, neugierig, gefällt sich in mancherlei Dingen und ist in seinen Unternehmungen eher närrisch denn gescheit.

Behaarte Arme, seien sie mager oder dick und wenig fleischig, sind ein Zeichen von geringer Begabung, Schwäche, ausnehmender Eifersucht und einiger Boshaftigkeit. Arme, auf denen kein Härchen wächst, kennzeichnen einen Menschen von mäßiger Begabung, gewalttätig in seinem Zorn, leichtgläubig, dünkelhaft, lüstern, verlogen, schwach, betrügerisch und durchtrieben, Böses zu wirken.

Die Hände

Weiche, dicke und lange Hände kennzeichnen einen Menschen von gesundem Urteil, der sich leicht ängstigt, den Frieden liebt, gewissenhaft und verschwiegen ist, gefällig und recht unterhaltsam.

Menschen mit dicken, kurzen Händen sind von schwerfälligem Geist, einfältig, eitel, verlogen, sehr fleißig, treu und leichtgläubig, und ihre Wut hält nie lange an.

Wer Hände hat, auf denen dicke Haare wachsen, dazu dicke und krumme Finger, ist lüstern, dünkelhaft, verlogen, schwer von Begriff und eher dumm denn gescheit.

Gekrümmte, über den Fingern erhobene Hände gehören einem freisinnigen, gefälligen Menschen von guter Auffassungsgabe, vorsichtig, grob, beherrscht, mit gesundem Urteil und einigermaßen verschwiegen.

Der Bauch

Ein umfänglicher, dicker Bauch kennzeichnet einen starken, kühnen, stolzen, habgierigen, jähzornigen, nörglerischen, neugierigen, neidischen und vorsichtigen Menschen. So einen vorstehenden spitzen Bauch haben, sind feingeistig und urteilsfähig, geben gute Ratschläge, sind aufrichtig, reinlich, gewitzt, vorsichtig, klug, leicht beleidigt und ziemlich verschwiegen.

Ein behaarter Bauch bezeichnet einen lüsternen, sehr vorsichtigen, tüchtigen, freisinnigen, fleißigen und gefälligen Menschen. Ein Mensch mit unbehaartem Bauch ist schwach und von zartem Körperbau.

Wenn der Bauch gleichmäßig flach, mager und unbehaart ist, so ist es ein furchtsamer, braver, geistvoller, begabter, friedfertiger, zurückhaltender Mensch, der sich nicht gern mit mehreren Sachen befaßt.

Der Rücken

Ein behaarter, magerer und ausgeprägter Rücken kennzeichnet einen schamlosen, hinterlistigen, rohen Menschen von schlechtem Urteil, der schwach und faul ist und Müdigkeit durch Arbeit kaum kennt.

Ein Mensch mit breitem, kräftigem Rücken ist stark, grobschlächtig, dünkelhaft, träge, faul und hat einen Hang zum Betrügen. Erscheint der Rücken zart und lang, eher mager als fett, dann ist der Betreffende schwach, von blasser Gesichtsfarbe, dünkelhaft, streitsüchtig und leichtgläubig.

Der Leib

Ein stark aufgetriebener Leib kennzeichnet einen wenig hochmütigen Menschen, der gerne ißt und viel trinkt. Er ist langsam, mutig, prahlerisch bis zur Dummheit, arglistig, unzüchtig, verlogen und gleichzeitig gewissenhaft und ein Verräter.

Der große und breite Leib kennzeichnet einen fleißigen, ziemlich beständigen, vorsichtigen, urteilsfähigen und mäßig begabten Menschen.

Wenn der Leib behaart ist, vor allem vom Nabel abwärts, sind es großmäulige, kühne, vorsichtige, sehr gewissenhafte, einigermaßen vielseitige, großherzige, kluge Menschen, die sich leicht ängstigen und ihren Freunden gern gefällig sind.

Das Fleisch

Weiches, zartes Fleisch am ganzen Körper zeigt einen schwachen, glücklichen, ängstlichen, urteilsfähigen Menschen an, der wenig ißt, treu ist und manchen Widrigkeiten begegnet.

Menschen mit festem groben Fleisch sind stark, kühn, von schwerer Auffassungsgabe, dünkelhaft, hochmütig, eher närrisch denn weise und manchmal unglücklich.

Wenn das Fleisch fett und weiß erscheint, ist der Betreffende dünkelhaft, prahlerisch bis zur Dummheit, blöde und vergeßlich, etwas ängstlich, schamhaft, bescheiden, vorsichtig, ein schlechter Lügner und keineswegs leichtgläubig.

Die Rippen

Speckige, fleischige Rippen kennzeichnen einen starken, langsamen, sehr einfältigen Menschen. Wer dünne, zarte und kaum von Fleisch bedeckte Rippen hat, ist schwach, wenig zur Arbeit geeignet, vorsichtig, hinterlistig, gewissenhaft und gerecht.

Die Lenden

Wer starke Lenden hat, ist kräftig, kühn und stolz, wie man auch beim Hahn und beim Falken sehen kann.

Die Knie

Wenn ein Mensch fette Knie hat, ist er ängstlich, freisinnig, dünkelhaft und wenig fleißig. Wes Knie hingegen mager sind, ist stark, kühn, ein wackerer Geher, an Mühsal gewöhnt und verschwiegen.

Die Beine

Menschen mit grobknochigen oder sehr behaarten Beinen sind stark, kühn, vorsichtig, heimlichtuerisch, von oberflächlichem Sinn, neidisch, langsam und zähe.

Kurze, wenig behaarte Beine kennzeichnen einen schwachen, furchtsamen, urteilenden, treuen, gefälligen und gelegentlich wollüstigen Menschen.

Haarlose Beine gehören einem keuschen, schwachen und ängstlichen Menschen. Kräftig behaarte Beine sind ein sicheres Zeichen dafür, daß der Betreffende auch üppiges Schamhaar hat, daß er lüstern, robust, einfältig, unstet und von schlimmer Gemütsart ist.

Die Knöchel

Sind die Fußknöchel dick, fett, sehr stark und derb, dann ist der Mensch schamhaft, furchtsam, ängstlich, schwach, faul, vorsichtig, treu und nachgiebig. Treten auf den Knöcheln Sehnen und Venen sichtbar hervor, ist es ein kühner, starker, hochmütiger und heftiger Mensch.

Die Füße

Große, fleischige, lange Füße mit harter Haut kennzeichnen einen schlichten, kräftigen Menschen von oberflächlichem Sinn, langsamer Auffassungsgabe und einigem Dünkel. Menschen mit derben, beweglichen, mageren und weichen Füßen haben ein gutes Urteil, sind von edler Gesinnung, furchtsam, vorsichtig, arbeitsscheu und leichtgläubig.

Die Nägel der Finger und Zehen

Feine, rosige oder blasse, ziemlich lange Nägel bedeuten, daß die Mutter des Trägers, als sie mit ihm schwanger ging, keine salzigen, wohl aber milde gewürzte Speisen aß.

Die Fersen

Wer kleine, schlanke Fersen hat, fürchtet sich leicht, ist ängstlich und schwach. Menschen mit großen dicken Fersen sind Heimlichtuer, stark und kühn, neigen zu Erschöpfung und sind eher dumm denn gescheit.

Die Fußsohlen

An den Fußsohlen kann man erkennen, ob einem Menschen Glück oder Unglück widerfahren wird, ferner, welche Neigungen und Gesittung er hat und ob er lange leben wird.

Nun wird man feststellen, daß Fußsohlen mit langen Furchen auf etliche gefährliche Krankheiten, auf Plagen, Armut und Elend hinweisen. Menschen mit kurzen Furchen auf der Sohle werden von allem möglichen Mißgeschick betroffen.

Wenn die Haut auf den Sohlen dick und hart ist, kennzeichnet dies einen starken, rechtschaffenen, scharfsinnigen Menschen von mäßigem Temperament.

Einer, der langsam und mit großen Schritten einhergeht, hat ein schlechtes Gedächtnis, einen oberflächlichen Geist, urteilt vorschnell. Er ist geizig, arbeitsscheu und ziemlich mißtrauisch. Wer schnell und mit kleinen Schritten geht, handelt beherzt, ist gewitzt und gewissenhaft.

Wer große Schritte macht und dabei die Füße nach außen stellt, ist einfältig, von ungeschlachter Art, arglistig bedacht, Böses zu wirken, und das sieht man schon an seinem Blick.

Die Gebärden

Ein Mensch, der in Ruhe, sei es beim Sprechen, im Sitzen oder im Stehen, ohne Not die Hände, die Füße oder den Kopf bewegt, ist ungeschickt, geschwätzig, schmähsüchtig, dünkelhaft, unstet, verlogen und treulos.

Wer sich beim Sprechen wenig bewegt, ist recht geschickt in allen Dingen. Er ist vorsichtig, geizig, gefällig, beständig und von gutem Urteil.

Ein Mensch, der sich ziellos und schnell vorwärts oder rückwärts bewegt, ist einfältig, von oberflächlicher Gesinnung und neigt stark zum Bösen.

Wenn einer beim Gehen hinkt, ist er böse, verlogen, neidisch oder wünscht den anderen Gutes und hat mancherlei Begabungen.

Der Buckel

Die Buckligen sind klug, geistreich, vergeßlich, betrügerisch und ziemlich bösartig. Wer vorne einen Buckel hat, ist unaufrichtig, eher dumm denn gescheit.

Die Statur

Ein großer, aufrechter, mehr schlanker denn dicker Mensch ist kühn, grausam, hochmütig, ein Schreihals, prahlerisch bis zur Torheit, beherrscht, geizig, anmaßend, keineswegs leichtgläubig, oft verlogen und bei mancher Gelegenheit bösartig. Ein großer und ziemlich dicker Mensch ist stark, treulos, falsch, von oberflächlichem Geist, geizig, undankbar und heuchlerisch. Wer groß und mager ist und einen zarten Körperbau hat, ist wenig gescheit, dünkelhaft, verlogen, ausharrend, unbeständig in seinen Wünschen, leichtgläubig, langsam bei der Arbeit und starrsinnig.

Kleine, dicke Menschen sind dünkelhaft, neidisch, eifersüchtig, eher dumm denn gescheit, von dumpfem Sinn, recht gefällig, leichtgläubig und nachtragend. Ist einer klein, mager und wohlgestaltet, dann ist er von Natur aus vorsichtig, gewitzt, sparsam, hochmütig, kühn, heimlichtuerisch, prahlerisch, töricht, ziemlich klug, von gutem Urteil und sehr heuchlerisch. Wer vor der Zeit vornübergebeugt einhergeht, ist schlau, heimlichtuerisch, dumm, oberflächlich, streng, sparsam, fleißig, nachtragend und mißtrauisch. Eine nach hinten geneigte Haltung aber kennzeichnet einen dummen Menschen von geringem Urteil, ungeschlachter Art, dünkelhaft und vergeßlich und launisch wie eine Wetterfahne.

Der Atem

Ein starker und heftiger Atem kennzeichnet einen großen Geist und umgekehrt. Kurzer Atem beruht entweder auf der Kleinheit der Lungen oder auf Verwachsungen der Brust. Die Geschöpfe mit langem Atem sind darum sehr stark und trinken viel.

2. Kapitel
Die Geheimnisse der Liebe

Beschäftigen wir uns zunächst mit alten Liebeszaubern und Rezepten für die närrische Liebe und Bezauberung. Das größte Geheimnis, Liebe zu gewinnen und zu bewahren, besteht darin, jemanden um seiner selbst willen zu lieben. Das klingt wohl einfach, trifft aber für die wenigsten Paare zu. Zahlreich sind die Liebenden, die den Geliebten zutiefst begehren, jedoch für sich und nicht um seinetwillen. Das höchste Ziel soll aber sein, nach dem Glück des geliebten Wesens und nicht der eigenen Befriedigung zu streben. Man kann gar nicht oft genug über das eherne Gesetz der Liebe nachdenken: »Gib und dir wird gegeben werden.«

Von der Liebe zwischen Mann und Frau

Sintemalen es nichts Natürlicheres bei den Menschen gibt denn zu lieben und geliebt zu werden, will ich zuvörderst die kostbaren Geheimnisse entdecken, die der Liebe Ursach sind. Ich will mich nicht ergötzen, die beiden Gottheiten Venus und Kupido, die diese edle Leidenschaft beim Menschen lenken, heraufzubeschwören, indes will ich bekunden, daß Mutter Natur, die für den Menschen alles wirkt, Tag für Tag unzählige Geschöpfe hervorbringt, die dem Walten der Liebe förderlich sind.

So findet man recht häufig an der Stirne junger Füllen ein Stück Fleisch, das von großem Nutzen für die Liebe ist. Wer dieses Stücks habhaft werden kann, soll es in einem neuen glasierten Topf trocknen, indem er diesen in einen Backofen stellt, nachdem das Brot gebacken ward. Wenn er das getrocknete Fohlenfleisch bei sich trägt und das Ziel seiner Liebe berührt, wird er wiedergeliebt werden. Ganz unfehlbar wird die Wirkung sein, wenn man der geliebten Person ein Stück nur von der Größe einer Erbse in Speise oder Trank gemischt zu essen gibt. Dies soll am ehesten des Freitags geschehen, denn dieser Tag ist der Venus geweiht, welche die Geheimnisse der Liebe hütet.

Von den ehelichen Werken

Du sollst wenigstens fünf oder sechs Tage keusch leben. Am siebten Tag aber, der schicklich ein Freitag sei, sollst du Speisen von warmer Beschaffenheit zu dir nehmen, die dich lüstern machen.

Wenn die Lust in deinen Lenden pocht, beginne eine trauliche Unterhaltung mit der Person deines Begehrens, dergestalt, daß sie dir für die Dauer eines *Ave Maria* tief ins Auge zu blicken genötigt sei. Die ineinander versenkten Blicke sind so mächtige Sendboten der Liebe, daß sie bis ins Herz dringen, und nicht der größte Stolz noch die mächtigste Gefühllosigkeit können dem widerstehen.

Es ist ein schwieriges Unterfangen, eine schamhafte Jungfrau zu bewegen, daß sie einem Jüngling während einer gewissen Zeitspanne fest ins Auge blicke, doch mag dies gelingen, wenn man ihr scherzhaft eröffnet, man wisse das Geheimnis, wie man an den Augen sehen könne, ob eine Person bald heiraten, lange leben, eine glückliche Ehe führen werde oder was anderes die Neugier der begehrten Person anstachelt.

Liebeszauber

Nimm einen goldenen Ring, den ein kleiner Diamant zieret und den noch keiner getragen, seit er die Werkstatt des Goldschmieds verlassen. Wickle ihn in ein kleines Stück Seidentuch und trage ihn neun Tage lang unter dem Hemd über dem Herzen. Am neunten Tage aber vor Sonnenaufgang graviere mit einem neuen Stichel das Wort SHEVA in die Innenseite des Ringes. Dann trachte, dir drei Haare der Person, die dich lieben soll, zu verschaffen und flicht sie mit dreien deiner Haare zusammen, indem du sprichst: »Oh, Leib, mögest du mich lieben und mich so heftig begehren wie ich dich, durch die Gnade Shevas!« Die Haare sollst du mit deinem Samen befeuchten und den Ring mitten hineintauchen. Dann wickle ihn in Seide und trage ihn sechs Tage an deinem Herzen. Am siebten Tag aber reibe ihn blank und laß ihn der geliebten Person überbringen. Es soll aber alles geschehen, bevor die Sonne sich über dem Horizont erhebt und ohne daß du Speise zu dir genommen hast.

Ein anderer Liebeszauber

Willst du Liebe erwecken, so mag es dir wohl gelingen, wenn du dich der Hilfe der Talismane versicherst, die im Zeichen der Venus gefertigt sind. In diesem Werk sind Kupfer der sieben Planetensiegel dargestellt, und ich beschreibe auch, wie man sie fertigt und welche Tugenden ihnen innewohnen (Seiten 92 ff.).

Liebesäpfel

Es gibt einen Zauber, den die weisen Kabbalisten »Liebesäpfel« heißen und der in nachbeschriebener Weise gefertigt wird:

Geh an einem Freitag vor Sonnenaufgang in einen Obstgarten und pflücke den schönsten Apfel, den du siehst. Auf ein kleines Pergament schreibe mit deinem Blute deinen Namen und darunter den Namen der Person, die dich lieben soll. Verschaffe dir drei ihrer Haare, verbinde sie mit drei von deinen Haaren. Nimm sie, um das Pergament, das du beschrieben, mit einem anderen zu verschnüren, auf das du mit deinem Blute das Wort SHEVA geschrieben hast.

Nun teile den Apfel in zwei Hälften, schabe die Kerne heraus und lege an ihre Stelle die verschnürten Pergamente nebst zwei kleinen

Spießlein, die du aus grüner Myrte geschnitten hast. Dann füge die Hälften wieder zusammen und trockne den Apfel im Ofen, auf daß ihm alle Feuchte entweiche. Den trocknen Apfel umwickele mit Lorbeer und Myrtenblättern und sorge ihn heimlich zu bergen, wo die geliebte Person ihr Haupt zu betten gewohnt ist. Alsbald wird sie dir Zeichen ihrer Liebe offenbaren.

Für die Männerschwäche und Frauenübel

Sintemalen es geschehen kann, daß eine Frau ihren Mann verabscheut, wenn er sich ohne Kraft der ehelichen Werke befleißt, soll er der Schwäche nicht allein durch gute Speise gegenwirken, er soll auch die bewährten Rezepte gebrauchen, welche die alten und neuen Forscher der Natur abgerungen haben. Bereite getrost einen Balsam aus Dorneidechsenasche, Johanniskrautöl und Zibet und bestreiche damit vor der Beiwohnung den großen Zeh deines linken Fußes und deine Lenden, so wirst du die ehelichen Werke zu ihrer und deiner Zufriedenheit vollbringen.

Eine Salbe aus dem Fett eines Böckleins und grauer Ambra nebst Zibet gefertigt, ist ebenso nütze, wenn man damit die Eichel der männlichen Rute bestreicht, denn es erzeugt ein Kitzeln, das der beigeschlafenen Frau große Lust bereitet.

Wenn die Frau eines Mannes kalt ist und kein Vergnügen an den ehelichen Werken hat, soll er ihr Gänsehoden und fein gewürzten Hasenbauch zur Speise geben, und soll sie auch öfter Salat essen mit viel Ruke, Quendel und Sellerie, angemacht mit Rosenessig.

Lüsternheit der Frau zu verringern

Reibe die Rute eines roten Stiers zu Pulver und rühre davon das Gewicht eines Thalers in Kalbsbrühe mit Portulak und Lattich. Gib der Frau das Gebräu zu trinken, und sie wird dich fürder nicht inkommodieren.

Wider den Stachel im Fleische

Wohl sind Lattich und Portulak, zur Würze an die Speisen gegeben, sehr nütze, die Fleischeslust abzutöten, indes hat man sie nicht das ganze Jahr zur Hand und mag gar zu Zeiten ihnen abhold sein, wie die Israeliten dem Manna in der Wüste, aber die Natur hat uns mannigfache andere Mittel beschert. Nimm also Pulver von Achat, streue es auf einen Streifen Linnen, den du mit Wolfsfett getränkt hast, und gürte damit deine Lenden. Item trage, wenn du ein Mann bist, das Herz eines Wachtelmännchens, wenn du aber eine Frau bist, das Herz eines Wachtelweibchens an deinem Leib. Hülle es in ein Stück Wolfshaut, damit es stärker wirke.

Jungfernprobe

Willst du wissen, ob eine Maid keusch sei oder verderbt und entjungfert, so miß mit einem Faden die Weite ihres Halses, dann verdopple ihn und laß sie die beiden Fadenenden mit den Zähnen halten und siehe, ob ihr Haupt durch das Fadenrund passe. Gleitet das Haupt gar leicht hindurch, so ist sie keine Jungfrau, geht es nur mühevoll, so ist sie unberührt.

Verlorene Unschuld wiederherzustellen

Nimm eine halbe Unze Terebinth, ein wenig Saft von Spargelblättern, eine Viertelunze Gesteinskristall in Saft von Zitrone oder unreifen Zwetschgen gelöst, ein frisches Eiweiß und ein wenig Hafermehl. Knete daraus eine geschmeidige Kugel und tu sie in der Jungfer Ding, nachdem du zuvor Ziegenmilch eingegossen und es mit Rettichbalsam gesalbt.

Dies aber soll man vier- oder fünfmal treiben, so wird sich die weise Frau bei der Probe täuschen lassen. Item gereinigtes Esparsettewasser mit Zitronensaft, zu etlichen Malen in den heimlichen Ort der Jungfer eingegossen und mit dem vorgesagten Balsam bestrichen, heilt die versehrte Jungfrauschaft.

Frauen vor Unzucht zu bewahren

Wer genötigt ist, längere Zeit seinem Hause fern zu weilen, und wes Frau der lockeren Sitten verdächtig ist, soll sich der nachgesagten Fürsorge befleißen:

Nimm etliche Haare der Frau und zerschneide sie klein, Staubkörnern gleich. Dann bestreiche deine Rute mit ein wenig gutem Honig, streue das Haarpulver darüber und wohne der Frau bei.

Hernach wird sie den Beischlaf verabscheuen. Willst du, daß sie des Abscheus vergesse, so reiße dir Haare von deinem Haupte, schneide sie sehr klein und streue sie auf deine Rute, die du zuvor mit Honig und Zibet bestrichen. So du ihr jetzt beischläfst, wird sie es leiden.

Den künftigen Ehemann im Traum erscheinen lassen

Jungfrauen und Witwen sollen ein Zweiglein von einer Pappel brechen, mit einer Schnur aus weißem Garn an ihre Strümpfe binden und unter das Kissen legen, auf das sie des Nachts ihr Haupt betten. Bevor sie sich dem Schlafe hingeben, sollen sie ihre Schläfen mit Blut von einem Wiedehopf bestreichen und dieses Gebet sprechen:

»Kyrie clementissime qui Abraha ferve tuo dedisti uxorem Saram, o filio ejus obedientissimo, per admirabilem signum indicasti Rebeccam uxorem, indica mihi ancillae tuae quem sim nuptura virum, per ministerium tuorum Spirituum, Halidech, Assaibi, Abomalech. Amen.«

Am nächsten Morgen aber sollen sie beim Erwachen gedenken, was ihnen des Nachts geträumt. Wenn ihnen aber kein Mann im Traum erschienen ist, sollen sie an drei Freitagnächten mit dem Zauber fortfahren. Wenn ihnen auch dann kein Mann erscheint, werden sie keinen ehelichen. Die Witwen aber sollen, so sie diesen Zauber machen, ihr Haupt zu Füßen ihres Bettes auf das Kissen legen.

Die künftige Ehefrau im Traum erscheinen lassen

Jünglinge und Witwer, die ihre künftige Frau im Traum erblicken wollen, verühren gepulverte Koralle und Magneteisenstein mit etwas Blut einer weißen Taube und kneten daraus einen kleinen Klumpen Teig. Diesen stecken sie in eine große Feige, wickeln sie in ein Stück blauen Taffet und hängen sie an ihren Hals. Unter das Kissen, wo sie das Haupt hinlegen, tun sie einen Myrtenzweig und sprechen vor dem Schlaf das bekannte Gebet, wobei sie an Stelle der Worte »ancillae tuae quem sim nuptura virum« die angemesseneren sagen: »servo tuo quam nupturus sim uxorem«.

Daß der Mann nicht zum Hahnrei werde

Nimm von einem Wolf die Spitze seiner Rute, die Haare von seinen Augen und seinem Maul und glühe sie aus, bis du ein Pulver erhältst. Gib es der Frau heimlich in Speise oder Trank, so kannst du ihrer Treue gewiß sein. Ebenso nütze ist das Mark aus dem Rücken des Wolfes.

3. Kapitel
Glückstage und Unglückstage

Ein jeder Mondlauf hält gute und schlechte Tage für dieses und jenes Ereignis oder Unterfangen bereit. Dies erweist sich bereits im Alten Testament.

Adam, der Urvater des Menschengeschlechtes, wurde am *ersten Tage* des aufgehenden Mondes geschaffen. Weh dem, der an diesem Tage erkrankt, denn seine Krankheit wird ihn lange plagen, indes er wird gesunden und der Tod ihn verschonen. Wem in dieser Nacht träumt, steht Freude in sein Haus, und den Kindlein, so an diesem Tage geboren werden, ist ein langes Leben beschieden.

Am *zweiten Tage* schuf Gott Eva und gab sie Adam zur Gefährtin, das Menschengeschlecht fortzuzeugen und zu bewahren. An diesem Tage kann man ohne Gefahr zu Lande und zu Wasser reisen und wird an jedem Ort willkommen sein. Dieser Tag ist günstig, ein Kind zu zeugen, ein Haus zu bauen, Nutzgärten und Lustgärten anzulegen. Diebe, die ihr Unwesen treiben, werden leicht entdeckt und dingfest gemacht. Den Träumen in der Nacht aber soll man nicht glauben. Kinder, die an diesem Tage geboren werden, glauben nur nach Augenschein.

Am *dritten Tage* gebar Eva den Kain, der aus Neid seinen Bruder Abel mordete. An diesem Tage soll man nichts beginnen, nicht säen noch pflanzen. Wen eine Krankheit befällt, des Leben wird in

Gefahr sein, wenn er gleich durch kluge Lebensführung genesen kann. Die Träume dieser Nacht sind ohne Bedeutung und werden sich nicht erfüllen.

Der zweite Sproß von Adam und Eva, Abel, erblickte am *vierten Tage* des Mondes das Licht der Welt. Dieser Tag ist gut für mancherlei Unternehmungen: Mühlen und seetüchtige Schiffe zu bauen, verirrte Tiere oder verlorene Dinge wiederzufinden. Krankheiten, so an diesem Tage beginnen, bringen wenig Gefahr. Die guten Träume dieser Nacht erfüllen sich, die schlechten indessen nicht. Das Kind, das an diesem Tage das Licht der Welt erblickt, wird ein Verräter.

Am *fünften Tage* sehen wir Lamech, den Rächer. Wer an diesem Tage ein Verbrechen oder sonst eine Übeltat begeht, wird seiner Strafe nicht entrinnen. Wer Verlorenes sucht, wird es nicht finden. Die Träume sind zweifelhaft.

Der *sechste Tag,* der Geburtstag Ebrons, ist etlichen Dingen günstig. Die Schüler lernen leicht, Räuber werden im Handumdrehen gefangen, und Krankheiten währen nicht lange. Was einem träumt in dieser Nacht, soll man geheimhalten. Die Kinder, die am sechsten Tage zur Welt kommen, werden lange leben.

Am *siebten Tage* wurde Abel von seinem Bruder Kain gemeuchelt. Dieser Tag ist gut, jemand zur Ader zu lassen. Mörder und Diebe entgehen nicht ihrer gerechten Strafe. Krankheiten heilen leicht. Die Träume werden wahr, und die geborenen Kinder leben lange.

Am *achten Tage* des Mondes wurde Methusalem geboren, der von allen Menschen am längsten gelebt hat. Dieser Tag ist günstig für Reisende. Jenen aber, die krank werden, bringt er Unheil. Träume werden wahr. Kinder, die geboren werden, haben eine schlechte Physiognomie.

Am *neunten Tage* wurde der gottlose König Nebukadnezar geboren. Dieser Tag ist nicht glücklich noch unheilträchtig. Krankheiten, die einen an diesem Tage heimsuchen, sind zum Anfang gefährlich, und die Träume gehen alsbald in Erfüllung. Die Kinder, die das Licht der Welt erblicken, sind langlebig.

Noah, der zweite Menschheitsvater, den Gott in der Arche vor der Sintflut errettete, kam am *zehnten Tage* zur Welt. Jedwede Unternehmung dieses Tages ist vom Glück begleitet. Die Träume sind eitel und erfüllen sich nicht. Krankheiten sind übel, so man ihnen nicht alsbald Behandlung angedeihen läßt. Kinder, die an diesem Tage geboren sind, werden gerne auf Reisen gehen.

Samuel, der vielmals in der Heiligen Schrift erwähnt wird, sah das Licht der Welt am *elften Tage* des Mondes. Dieser Tag ist günstig, die Landesgrenzen zu überschreiten. Wenn Frauen an diesem Tag eine Krankheit befällt, werden sie schwer genesen. Die Kinder dieses Tages sind geistreich und begabt. Ein langes Leben erwartet sie.

Am *zwölften Tage* des Mondes soll man nichts beginnen, denn er ist ein Unglückstag. Die Träume dieses Tages werden wahr, Krankheiten bringen große Gefahr. An diesem Tage wurde Kanaan geschaffen.

Item soll man am *dreizehnten Tage* des Mondes nichts beginnen. Krankheiten bringen Gefahr, Träume gehen alsbald in Erfüllung. Die an diesem Tage geborenen Kinder werden lange leben.

Am *vierzehnten Tage* des Mondes belohnte Gott Noah und seine Sippe. Dieser Tag ist vom Glück begünstigt. Krankheiten werden keine üblen Nachwehen haben. Träume sind zweifelhaft. Kinder, die das Licht der Welt erblicken, werden von großer Vollkommenheit und sehr bald herangewachsen sein.

Der *fünfzehnte Tag* ist nicht gut noch schlecht, indes soll man sich vor Zorn hüten, auch mit wenig Speise sich begnügen. Die geborenen Kinder sind zart und kränklich.

Hiob, Gottes ergebener Knecht, wurde am *sechzehnten Tage* des Mondes geboren. Dieser Tag bringt den Pferdehändlern und den anderen Tierhändlern Glück, insonderheit den Roßtäuschern. Die Träume werden wahr. Die Kinder dieses Tages leben lange. Ein guter Tag für Ortswechsel und Grenzübergang.

Sodom und Gomorrha, jene zwei schändlichen Städte im Alten Testament, die ob ihrer Ausschweifung berühmt waren, wurden am *siebzehnten Tage* des Mondes zerstört und mußten ihre Verbrechen sühnen. Nur Loth und ein Teil seiner Sippe wurden gerettet. An diesem Tage soll man sich nichts zu tun unterfangen. Die Arzneien der Doctores sind den Kranken zu nichts nütze. Träume gehen nach drei Tagen in Erfüllung. Die geborenen Kinder werden Glück in ihrem Leben haben.

Isaak, den sein Vater Abraham zu opfern bereit war und der von einem Engel errettet wurde, hatte am *achtzehnten Tage* des Mondes das Licht der Welt erblickt. Krankheiten, so an diesem Tage beginnen, sind voller Gefahr. Die Träume sagen die Wahrheit. Die geborenen Kinder sind strebsam und werden großen Reichtum erwerben.

Der *neunzehnte Tag* ist der Geburtstag jenes hartherzigen Pharao, der sich Gott widersetzte und Abrahams Frau lange Zeit gefangenhielt. An diesem Tag soll man nicht der Geselligkeit pflegen noch mit Trunkenbolden sich gemein machen, man halte sich zurück und bleibe in der Einsamkeit. Krankheiten dieses Tags sind nicht gefährlich. Träume bewahrheiten sich alsbald. Die Kinder sind nicht Bösewichte noch Schelme.

Der Prophet Jonas, der durch göttlichen Ratschluß drei Tage im Bauch eines Walfischs gefangen war, trat am *zwanzigsten Tage* ins Leben. Dieser Tag ist allen Arten von Unternehmung günstig. Krankheiten werden lange dauern. Träume bewahrheiten sich. Aus den Kindern werden Übeltäter, Betrüger, Räuber und Liederjane.

König Saulus wurde am *einundzwanzigsten Tage* des Mondes geboren. An diesem Tag tut man gut, sich zu zerstreuen und auf reinliche Kleidung zu achten. Item soll man Küche und Keller mit Vorräten füllen. Diebe werden an diesem Tag leicht entdeckt. Krankheiten bringen Gefahr. Was einem träumt, ist unnütz und ohne Wahrheit. Die Kinder dieses Tags lieben die Arbeit.

Jakob, der den väterlichen Segen erhielt, kam am *zweiundzwanzigsten Tage* zur Welt. An diesem Tag soll man nicht feilschen noch Unternehmungen beginnen. Kranke sind gefährdet. Träume gehen in Erfüllung. Aus den Kindern werden brave ehrbare Leute mit etlichen Tugenden.

Am *dreiundzwanzigsten Tage* ist Benjamin geboren. An diesem Tag fällt es leicht, Ehre zu erwerben. Krankheiten dauern lange, aber sie führen nicht zum Tode. Die Träume trügen. Die Kinder dieses Tags sind öfter häßlich und ungeraten.

Am *vierundzwanzigsten Tage* des Mondes wurde Japheth geboren. Es ist kein Glückstag und kein Unglückstag. Krankheiten dauern lange, sind indessen ohne Gefahr. Träume sind ohne Bedeutung. Die Kinder sind gut und ehrbar und sehr gastfreundlich.

Am *fünfundzwanzigsten Tage* sandte Gott die Plagen über Ägypten. Dieser Tag ist für Kranke besonders gefahrvoll. Die geborenen Kinder werden nicht unglücklich noch sind sie großen Gefahren ausgesetzt.

Am *sechsundzwanzigsten Tage* erblickte Moses das Licht der Welt, Saulus und Jonathan aber starben. Darum ist dies ein Unglückstag, an dem man keine Unternehmung beginnen soll. Träume werden wahr. Die Kinder sind recht glücklich und leben in guten Verhältnissen.

Der *siebenundzwanzigste Tag* ist günstig für die Arbeit und mancherlei Unternehmung. Die Krankheiten sind wechselhaft, die Träume zweifelhaft. Die Kinder sind brav und wohl geraten.

Am *achtundzwanzigsten Tage* soll man unternehmen, wonach einem der Sinn steht. Die Kranken sollen sich nicht bekümmern, denn ihr Leiden ist nicht gefährlich. Die Kinder dieses Tages sind liederlich und faul.

Der gottlose König Herodes wurde am *neunundzwanzigsten Tage* des Mondes geboren. Dieser Tag ist schlecht für alle Geschäfte und Unternehmungen. Kranke fallen ihrem Leiden anheim. Kinder sind in Gefahr und nicht in jeglicher Gesellschaft willkommen.

Ein Glückstag ist der *dreißigste Tag* des Mondes und günstig für alle Unternehmungen. Kranke geraten in Gefahr, so nicht alsbald für ihre Behandlung und Pflege Sorge getragen wird. Die Träume bringen Freude. Die Kinder sind nicht schlau noch listig.

Dies sind mit geringen Worten die Bedeutungen der Mondentage. Zu Nutz und Frommen jener, die sich kundig gemacht.

Drittes Buch
Die wundersamen und merkwürdigen Geheimnisse des Albertus Magnus und anderer gelehrter Männer

1. Kapitel
Bewährte Geheimrezepte, um künstlich Gold zu machen

Lange Zeit versuchten die Alchimisten, das große Werk zu vollbringen und unedles Metall in kostbares Gold zu verwandeln. Die vorliegende Sammlung von Rezepten aus alten Zauberbüchern wäre unvollständig, wenn sie keine Rezepte enthielte, wie man an Gold kommt, ohne Schatzgräber werden zu müssen.

Nicht immer wurde im Verlauf der Geschichte die Echtheit alchimistischen Wirkens geleugnet. Der römische Kaiser Diokletian *ließ im dritten Jahrhundert unserer Zeit gewiß nicht ohne Grund alle Bücher Roms, die Geheimrezepte über das Goldmachen enthielten, zusammentragen und verbrennen. Er fürchtete, daß jene, die sich dieses Wissen zu eigen machten, die Welt unterwerfen könnten.*

Die Sowjets stellen seit einigen Jahrzehnten Gold mit Hilfe von Kernreaktoren her. Im Grunde handelt es sich darum, künstlich etwas wiederherzustellen, das die Magie der Natur in vielen Jahrtausenden geschaffen hat.

Ein anderes Beispiel: Der Mensch erkannte eines Tages, daß die kostbaren Perlen durch eine Abwehrreaktion der Auster auf einen eingedrungenen Fremdkörper entstehen. In der Folge gelang es, Zuchtperlen zu gewinnen, indem man Perlenaustern in großem Maßstab auf speziellen Austernbänken entsprechend präparierte. Doch kehren wir zum edlen Gold zurück, das heute noch weltweit als Deckung für das Währungssystem anerkannt ist, und lüften wir die Geheimnisse der Alchimisten.

Gold künstlich zu bereiten

Gold findet man nicht nur tief in den Eingeweiden der Erde. In diesem Belang vermag die Kunst durchaus die Natur zu imitieren, denn sie vervollkommnet diese in mannigfacher Weise. Darum werde ich hier berichten, was unzählige Male versucht wurde und jenen, die sich dieses Vorhabens unterfingen, längst geläufig ist.

Nimm also einen großen feuerfesten Tiegel, unter dem du ein starkes Feuer entfachst. In den Tiegel aber gib Colosonepulver, einen Finger dick, und streue gerade soviel Eisenfeilspäne darüber. Diese bedecke dünn mit rotem Schwefel. Erwärme es, bis die Eisenfeilspäne schmelzen, dann vermische es mit Borax, wie es die Goldschmiede beim Löten benutzen. Dann schütte gleichviel rote Arsenblende und soviel Silber wie zuvor Eisenfeilspäne dazu.

Dieses Gemisch laß bei heftigem Feuer sieden. Sorge, daß du nicht die Dämpfe aus dem Tiegel einatmest, denn sie sind giftig. Laß es einmal wallen und rühre es fleißig mit einem Eisenspatel, dann schütte es vorsichtig in einen zweiten Tiegel, daß es von Unreinigkeiten und Rückständen frei werde. Fälle das Gold mit Scheidewasser, es wird sich am Boden des Gefäßes sammeln. Das Gold aber schmilz in einem anderen Tiegel zu einem Klumpen, es wird dich von deinen Sorgen und Nöten befreien.

Der Spanier CARAVANA, *der in den amerikanischen Kolonien lebte, hinterließ folgendes Rezept: Man nimmt feingepulverten Schwefel, Natronsalpeter und Kalisalpeter, von jedem vier Unzen, und gibt sie in einen Glaskolben, den man dicht verschließt und mit Lehm bestreicht. Man legt ihn für zwei Stunden an den Rand eines gelinden*

Feuers, dann schürt man das Feuer, bis es nicht mehr raucht. Alsbald schießt seitlich eine Flamme aus dem Hals des Kolbens. Sobald die Flamme erloschen ist, sieht man auf dem Grund des Gefäßes den gefällten festen weißlichen Schwefel. Diesen zerstößt man mit Salmiaksalz zu einem sehr feinen Pulver und läutert es über gelindem Feuer an die vier Stunden. Das Geläuterte und den Bodensatz nimmt man aus dem Gefäß, vermischt es gründlich und läutert es abermals, und dies wiederholt man sechsmal. Dann zerreibt man den Schwefel an einem feuchten Ort auf einem Präparierstein, bis er sich in eine ölige Flüssigkeit verwandelt. Sechs Tropfen davon auf einen geschmolzenen Golddukaten gegeben, und es bildet sich ein Öl, das erstarrt, wenn man es auf einem Präparierstein verteilt. Ein Teil dieses Öls auf fünfzig Teile gereinigtes Quecksilber ergibt eine leuchtend goldene Kugel.

Die wahren Adepten der hohen gelehrten Kunst stimmen vollkommen überein, daß der Mond, also Silber, in seinem Wesen und seiner Substanz die eigentliche Sonne sei, also Gold, und daß ihm nichts weiter fehle denn eine vollkommene Körperveränderung durch Erhitzung. Diese zu erreichen, wird man so verfahren: Aus Rebenholz und weißgebrannten Knochen vom Pferd oder Rind bereite Bleikrätze her. Zerreibe sie fein und gib sie in ein glasiertes Tongefäß. Gieß Schmiedewasser dazu und soviel Ätzkalk, als du Bleikrätze hinzugegeben. Siede es, bis nur noch die Hälfte des Wassers vorhanden ist.

Dann gib vier Unzen Feinsilber hinein, das du zuvor zu zwölf dünnen Blättchen geschlagen hast, und siede es fürder, bis das Wasser zur Hälfte geschwunden. Nimm die Silberblättchen heraus und trockne sie sogleich mit weißem Linnen. Laß das Gemisch in dem Gefäß ruhen. An der Oberfläche werden sich Salzkristalle bilden, die du mit einem Zinnspatel abnimmst. Dann schütte noch ein wenig Schmiedewasser in das Gefäß, laß es abermals sieden und erkalten, damit du die Salzkristalle an der Oberfläche ernten kannst. Fahr so fort, bis das Gemisch kein Salz mehr hergibt.

Vermisch das Salz der Weisen mit viermal soviel weinsaurem Kali, das beim Apotheker wohlfeil ist. Dann nimm das Vierfache an roten Tonziegeln, zerschlag sie, zerreib sie zu feinem Pulver, und schlag aus Dukatengold soviel dünne Blätter wie vordem aus Silber und von gleichem Gewicht. Nimm den besten Tiegel, füll den Grund mit den Pulvern, die du aus den Salzen bereitet hast, mit dem roten Tonziegelpulver und ein wenig Borax, wie es die Goldschmiede benutzen. Darauf leg das erste Blatt aus Gold, das du wiederum mit den Salzen und dem Tonziegelpulver bedeckst, leg darauf wieder ein Blatt Gold und fahr so fort, bis auch das zwölfte Blatt bedeckt ist wie die anderen. Verschließ den Tiegel, dichte ihn rings mit Lehm ab und stell ihn solange in den glühenden Ofen, bis du glaubst, daß dein Gold geschmolzen sei und sich am Boden des Tiegels gesammelt habe. Wenn das geschehen ist, brauchst du ein anderes Gefäß, das kolbenförmig ist und eine Öffnung hat, die man, wenn es im Ofen steht, nach Belieben öffnen und schließen kann. Gib dein Gold in dieses Gefäß, dazu ein wenig Borax, es wieder zu schmelzen, und wenn du meinst, es sei recht geschmolzen, dann wirf eins deiner Silberblätter, die du vorbereitet hast, in das Gefäß, damit das Gold es verschlinge und sich davon nähre. Wirf jede Stunde ein anderes Silberblatt in die Schmelze, bis nach zwölf Stunden alle zwölf von dem Gefäß aufgenommen sind.

Gib acht, daß du beständig ein gleichmäßig Feuer unterhaltest, damit der Inhalt des Gefäßes immer geschmolzen bleibe. Wenn alle Silberblätter vom Gold verschlungen sind, laß das Feuer erlöschen und das Gefäß erkalten. Du wirst darin zweimal soviel Gold finden, wie du hineingetan hast.

Haltbares Gold oder Goldpräzipitat zu machen

Nimm zwei Unzen reines Quecksilber, das du mit Salz und Weinessig gereinigt hast, gib es zu einer Drachme gepulverten orientalischen Feingoldes, und knete beides gründlich in einer warmen glasierten Tonschüssel, bis sie sich innig zu einem Amalgam verbinden.

Wirf es in kaltes Wasser, und wenn noch Quecksilber übrig ist, das sich nicht mit dem Gold verbunden hat, mußt du es reinigen und erneut deinem Amalgam zufügen, das du mit destilliertem Salz und

Weinessig so lange wäschst, bis alle Unreinigkeiten entfernt sind. Wenn das Quecksilber durch die Bewegungen des Mischens und Reinigens schwindet, mußt du es ersetzen. Nimm auf eine Drachme Gold acht Drachmen Quecksilber.

Gib das Amalgam in einen Brennkolben aus dickem Glas, der fest verschlossen und mit Lehm abgedichtet wird, und gieß zwei Unzen Salpetersäure darüber. Destilliere das Gemisch über dem Feuer, schütte das, was in dein Gefäß fällt, wieder in den Brennkolben zurück, und verfahre so fünfmal, dann liegt auf dem Grund des Kolbens ein Pulver, das du in ein feuerfestes Gefäß tust.

Sprenge Rosenwasser auf das Pulver, verschließ das Gefäß so dicht, daß nichts entweichen kann, stell es in den Ofen und entfache

das Feuer so kräftig, daß das Gefäß rotglühend wird. Laß es im Ofen abkühlen, und du erhältst dein Präzipitat. Es ist heilkräftig bei der Pest, der Lustseuche, dem Aussatz, der Wassersucht und manch anderen Gebresten, die schwer zu heilen sind. Es ist unübertrefflich bei Verstopfung der Leber, rettet jene, die Gift getrunken oder verdorbenes Fleisch gegessen haben. Man heilt damit schlimme Geschwüre und gefährlichen Rotlauf, indem man es mit Flüssigkeit zu trinken gibt oder in Salben mischt. Man gebraucht für die Frauen und Kindlein nur soviel wie das Gewicht eines halben Silberlings, genommen in zwei Eßlöffeln gutem Frauenhaarsirup, für ältere Kranke soviel als ein Silberling wiegt, in einem halben Glas gutem alten Wein.

2. Kapitel

Goldene und silberne Farbe zu fertigen und Blei in Gold zu wandeln

Mit goldenen oder silbernen Lettern zu schreiben

Nimm eine Unze Probierstein, zwei Unzen Ammoniaksalz, eine halbe Unze Gummiarabikum. Zerreibe alles zu feinem Pulver. Willst du es gebrauchen, dann mische das Pulver mit Feigenwasser. Wenn du damit geschrieben hast, reibe die Schrift mit einem Metall der gewünschten Farbe, und sie wird so erscheinen. Item nimm Wacholderblätter, presse ihren Saft aus und mische ihn mit Spänen von Gold oder Silber. Laß alles drei ganze Tage ruhen, und dann kannst du vortrefflich schreiben, was du begehrst.

Mit goldenen Lettern zu schreiben oder zu malen

Gib Blätter von dunkelroten Rosen in eine Schale und gieße ein wenig Harn darauf. Rühre sorgfältig mit dem Finger um und fülle die Schale dann bis zum Rande mit Harn oder mit Lauge. Laß es stehen, gieße die Tinte ab, vermische sie gründlich mit dem Finger, solange die Farbe verdünnt wird. Fülle die Schale mit Wasser, warte, schütte es weg. Wasche dergestalt die Farbe solange aus, bis das Wasser klar bleibt. Vermisch die Farbe jedesmal, wenn du das Wasser wechselst, gründlich mit dem Finger, damit sie noch feiner werde. Dann gib ein wenig Safran zu, den du in Wasser mit Gummiarabikum gelöst hast. Mit diesem Gemisch kannst du alles schreiben, es wird aussehen wie Gold.

Silbern zu schreiben oder malen

Nimm Wismut, zerstoße es im Mörser, ganz wie man Farben anreibt, gib es in einen Napf und verrühre es mit Wasser, dann laß es stehen. Wasche das Wismut, das auf dem Boden des Gefäßes bleibt, zweimal mit Wasser, dann rühre es mit Wasser und Gummiarabikum an und schreibe oder male damit nach deinem Belieben. Danach reibe dein Werk mit einem Glättzahn. Es wird aussehen wie Silber.

Feingold oder Silber, um mit Feder oder Pinsel zu schreiben

Nimm Blattsilber oder Blattgold und eine saubere Farbschale oder irdene Tasse. Befeuchte sie mit klarem Wasser und lege das Blattgold oder Silber hinein. Zerreibe das Metall sanft mit dem Finger, bis es ganz fein geworden ist. Netze den Finger, mit dem du reibst, ab und an mit Wasser. Wenn es ganz fein zerrieben ist, vermische es rührend mit Wasser. Schütte Wasser in das Gefäß bis zum Rand, vermische den Inhalt, und laß es zwei Stunden ruhen. Dann gieß das Wasser ab, und auf dem Grund des Gefäßes wirst du einen goldenen Bodensatz finden, den du trocknen läßt. Trage Sorge, daß kein Staub hineingelange. Willst du mit diesem Golde schreiben, nimm ein Federmesser oder ein kleines Messer, schabe damit die nötige Menge Goldes ab und vermische sie in einem Farbschälchen mit gewässertem Gummiarabikum. Tauche Feder oder Pinsel hinein und schreibe damit auf Pergament, und du erhältst herrliche Lettern. Willst du sie dann mit einem Glättzahn brünieren, wird das Geschriebene um so leuchtender hervortreten.

Blei in Gold zu verwandeln

Setze ein Pfund Vitriol mit einem Pfund Schmiedewasser an, das du zuvor durch Filtrieren geklärt hast, und laß es mindestens vierundzwanzig Stunden stehen, damit sich das Vitriol verflüssige und ordentlich mit dem Wasser mische. Dann filtriere es durch saubere Filzstücke und destilliere es in einem Brennkolben. Das Destillat aber bewahre in einem dicht verschlossenen Glasgefäß auf. Jetzt gib eine Unze Quecksilber in einen Schmelztiegel, bedecke ihn, damit keine Dämpfe entweichen. Sobald das Quecksilber zu sieden beginnt, gib eine Unze Blattgold hinzu und nimm den Tiegel vom Feuer. Danach nimm ein Pfund wohlgereinigtes feines Blei, schmelze es und vereinige es mit der Schmelze aus Gold und Quecksilber, die du vorbereitet hast. Rühre alles mit einem Eisenstab zusammen, und gib, wenn es gründlich durchmischt ist, eine Unze von deinem Vitriolwasser hinein. Siede die Mischung eine geringe Zeit auf gelindem Feuer, kühle sie ab, und du wirst gutes Gold erhalten.

Das Blei aber sollst du so zubereiten und reinigen: Für ein Pfund gereinigtes Blei nimm ein Pfund und vier Unzen Rohblei, um den Verlust an Gewicht durch Unreinigkeiten und die Behandlung auszugleichen. Schmilz das Blei und gieße es in geklärten starken Essig, schmilz es abermals und gieße es in Saft oder Sud von Schöllkraut. Die dritte Schmelze gieße in Salzwasser. Dann mach es zum letzten Mal flüssig und gieß es in starken Essig, den du mit Ätzkalk versetzt hast. So erhältst du sehr reines Blei.

Zinn zu vergolden

Nimm Leinöl, das du über Hitze geklärt hast, gib gleiche Teile Ambra und Aloe dazu. Rühre alles gründlich zusammen, und laß es über dem Feuer verdicken. Nimm es vom Feuer, und vergrabe es für drei Tage. Wenn du Zinn mit diesem Gemisch polierst, wird es die Farbe des Goldes annehmen.

Viertes Buch

Die wundersamen und merkwürdigen Geheimnisse des Albertus Magnus und anderer gelehrter Männer

1. Kapitel

Die Tugenden etlichen edlen Gesteins

Wir wollen uns hier mit der natürlichen Magie beschäftigen und die wesentlichen Tugenden und wundersamen Wirkungen der bekanntesten Gesteine behandeln.

Adamas oder Diamant

Willst du deinen Feinden obsiegen, trage den Stein namens Adamas, der von durchscheinender Farbe ist und so hart, daß er nicht gebrochen werden kann, außer mit Bocksblut. Adamas wird gefunden in Arabien und in Zypern. Wird er an die linke Achsel oder Seite gebunden, macht er unbezwingbar und verständig, schlägt die wilden und giftigen Tiere in die Flucht, ist hilfreich bei Streit und Händeln, gegen Gift und Phantasterei.

Agates oder Achat

Will einer jegliche Gefahren meiden und nichts fürchten auf der Welt und großherzig sein, soll er tragen den schwarzen, geäderten Agates. Ein anderer ist von weißer Farbe. Ein dritter kommt von der Insel Kreta und hat schwarze Adern. Er macht Schaden überwinden, verleiht Mut und große Kraft, macht den Menschen liebenswürdig, fröhlich und überall wohlgelitten. Agates ist gut gegen alle Widerwärtigkeiten.

Alectorius oder Hahnenstein

Willst du, daß dir jemand etwas gebe, so bediene dich des Hahnensteins, der durchscheinend weiß ist und aus des Hahnen Bauch gezogen wird, wenn er vier Jahre alt und kastriert ist. Andere sagen, der Stein sei am besten von einem alten Hahn. Alectorius ist groß wie eine Bohne, macht den Menschen angenehm und standhaft, und so man ihn unter die Zunge legt, löscht er den Durst. Ich selbst habe es ausprobiert.

Amethitus oder Amethyst

Er ist von purpurroter Farbe, macht verständig und hütet vor Trunkenheit. Der beste kommt aus Indien. Ist gut wider die Völlerei und gibt Verständnis für die Wissenschaften, so zerrieben in Speisen genützt.

Asbestos

Der Stein hat die Farbe des Eisens und wird viel in Arabien gefunden. Wenn er angezündet wird, erlischt er nimmer, denn er hat die Natur des Flaumbartes, des Salamanders Gefieder genannt, und ist untrennbar mit einer feuchten Fettigkeit verbunden, was bewirket, daß er, wenn er erst entzündet ist, das Feuer lange Zeit bewahrt.

Berillus oder Beryll

Er ist bleich und durchsichtig wie Wasser. Trag ihn bei dir, so überwindest du furchtlos deine Feinde und endigst Streit und Händel. Beryll gibt auch den Kindern gut Verständnis in Künsten, in den Speisen genützt.

Chalcedonius

Dieser Stein ist bleichbraun und dunkel. Er vertreibt alle Phantasterei. Wird er durchstochen oder gelöchert und mit dem Stein Seuerip am Hals getragen, so ist er gut wider alle Phantasterei, macht alle Sachen und Händel wider die Feinde überwinden und bewahrt die Tugend und Kraft des Leibes.

Chelidonius

Diesen Stein gibt es schwarz und gelb, er wird aus der Schwalben Bauch gezogen. In Linnen oder Kälberleder gewickelt und unter der linken Achsel getragen, heilt der gelbe Stein die Unsinnigkeit, die man nennet die Schlafsucht. Evax sagt, daß dieser Stein den Menschen weise und freundlich und allen Leuten angenehm mache.

Der schwarze aber ist gut wider die Tobsucht, schützt gegen wilde Tiere, schlichtet Streit und führt einen zum Ende des angefangenen Werks. So er in Blätter von Schöllkraut gewickelt wird, benimmt er das klare Sehen. Chelidonius soll herausgezogen werden im August, da man dann gewöhnlich zwei dieser Steine in einer Schwalbe findet.

Chelonites

Willst du wissen, wer etwas gestohlen hat, bediene dich dieses Steins, der von purpurroter und mancherlei Farbe ist. Wird gefunden im Körper oder Herzen der Schnecken. Wer diesen Stein unter der Zunge trägt, wird weissagen und künftige Dinge verkünden.

Christall oder Kristall

Willst du Feuer anzünden, nimm einen Kristall und halt ihn über etwas, das leicht brennt, in die Sonne. Sobald die Sonne heiß scheint, so erzeugt der Kristall Feuer. Zerreibt man ihn mit Honig, so gibt er Milch.

Chrysalitus

Dieser Stein vertreibt Gespenster und befreit von Narretei. Trage ihn in Gold gefaßt. Er bringt dir Gesundheit und macht dich furchtlos.

Chrysolitis

Er ist von klarer durchscheinender Grüne. Wird er in Gold gefaßt, verleiht er die Weisheit, vertreibt die Narrheit und ist gut wider die Furcht.

Corallus oder Koralle

Willst du Sturm und Gewitter bändigen und Flüsse durchqueren, trage Korallen. Es gibt rote und weiße. Es ist erwiesen, daß Koralle alsbald das Bluten stillt, und wer sie trägt, ist stets klug und verständig. Das haben glaubwürdige Menschen versichert.

Draconites

Mit diesem Stein überwindest du alle deine Feinde. Draconites wird also genannt nach dem Haupt des Drachens. Wenn der Stein ausgenommen wird, dieweil er noch lebt, so ist er gut wider alle Gifte. Wer ihn an oder unter dem linken Arm trägt, der überwindet alle seine Feinde.

Echites oder Aquileus

Liebe zu geben und zu erwecken, nimm Echites, auch Aquileus oder Adlerstein genannt, denn die Adler legen ihn in ihre Nester. Er ist purpurrot und wird an großen Meeresgestaden und in Persien gefunden. In ihm ist ein anderer Stein, der dröhnt, so man ihn schüttelt. Dieser Stein an den linken Arm gehängt, weckt Liebe zwischen Mann und Weib. Er ist gut für schwangere Frauen, denn er verhindert die tote Geburt. Auch hilft er bei der fallenden Sucht. Die Chaldäer behaupten, daß man nicht imstande sei, vergiftetes Fleisch oder andere vergiftete Speise, so mit diesem Stein berührt wird, zu verzehren, daß man sie aber wohl, nachdem der Stein entfernt worden, ohne Ekel verzehren könne.

Epistrites

Wer sich sicher fühlen will, bediene sich dieses Steins, der im Meer gebildet wird und von schimmernd durchsichtiger roter Farbe ist. Wenn man ihn über dem Herzen trägt, soll er Gefahren abwenden und Aufruhr und Streit besänftigen und beenden. Es heißt auch, daß er vor Unbill und Schäden durch Scherentiere, Raubvögel, Regen, Hagel und Gewitter schütze. In die Sonne gelegt, schießen aus dem Stein Feuerzungen hervor. So man ihn wirft in siedendes Wasser, hört alsbald das Sieden auf, und das Wasser erkaltet.

Eripendanus

Willst du die Hand eines Menschen ohne Feuer verbrennen oder ihn von der Gliedsucht heilen, hänge ihm Eripendanus an den Hals. Dieser Stein ist blaufarben. Er macht Schwindsüchtige gesund. Wird er stark gedrückt, brennt er alsbald die Hand, darum soll er nur leicht und sanft angefaßt werden.

Esmondus

Willst du über alles Getier herrschen, alle Träume auslegen und künftige Dinge weissagen, nimmt den Stein Esmondus, der von mancherlei Farbe ist. Dieser Stein verlöscht alles Gift und macht die Feinde und widerwärtige Menschen überwinden. Er läßt dich alle Träume und Rätsel ergründen und verstehen.

Galasia

Willst du einen Stein, der sich niemals erhitzt, nimm Galasia, denn er gleicht dem Hagelstein, und seine Farbe und Härte sind die des Diamanten. So dieser Stein in starkes Feuer gelegt, wird er nimmer heiß. Denn er hat seine Poren und Luftlöchlein so zusammengeheftet, daß die Hitze nicht in das Korpus des Steins gelangen kann. Galasia getragen versöhnt den Zorn, die Unkeuschheit und andere heiße Krankheiten.

Galeritos

Willst du wissen, ob eine Frau ihren Mann verrate und einen anderen liebe, bediene dich dieses Steins, der gleich dem Bernstein auch Carabé genannt wird. Man findet ihn in Libyen und in Britannien, und er kommt in drei Farben vor: Schwarz, Safrangelb und Grünlichweiß. Er vertreibt die Wassersucht und den Durchfall. Avicenna sagt, daß eine unkeusche Frau, so man sie den Stein zerreiben und auswaschen läßt, alsbald brunzen wird.

Gena

Wer die Zukunft wissen will, bedient sich mit Gewinn dieses Steins, der dem Zahn eines wilden Tiers gleicht. Leg den Stein unter deine Zunge, und solange du ihn hast, wahrsagst du allweg künftige Dinge, ohne zu irren. So sagen es die alten Philosophen.

Gerathites

Er ist von schwarzer Farbe, und wenn du ihn im Mund hältst, erkennst du anderer Leute Gedanken und zukünftiges Geschick. Auch macht dieser Stein den, der ihn bei sich trägt, fröhlich und wohlgelitten bei allen, die um ihn wohnen.

Heliotropius

Der Stein ist grün gleich dem Smaragd und mit blutfarbenen Tröpflein gesprenkelt. Die Nigromantici (Geister-, Totenbeschwörer) nennen ihn Gemma babylonica. Wird er mit dem Saft des also genannten Krauts bestrichen und in ein Geschirr mit Wasser getan, macht es, daß die Sonne blutfarben gesehen wird wie bei einer Sonnenfinsternis. Ursache ist, daß Heliotrop das ganze Wasser sieden macht und zu einem Nebel verdichtet, so daß man die Sonne nur sieht, als wäre sie rot. Kurz danach vergeht der Nebel, weiße Tautröpflein fallen hernieder. Diese Wirkung ist aber nur möglich, wenn magische Formeln dazu gesprochen werden.

Dieses Steins haben sich die Priester der heidnischen Tempel bedient, um Orakel und die Antwort der Götter zu deuten. Der Mensch, der Heliotropius bei sich trägt, wird Ruhm und Ansehen erwerben, sich guter Gesundheit und eines langen Lebens erfreuen. Die Alten sagen, daß dieser Stein bestrichen mit dem also genannten Kraut voll Tugend sei. Man findet ihn in Äthiopien, in Zypern und in Indien.

Hyacinthus

Der Stein für gefahrlose Reisen. Er hat vielerlei Farben. Der grüne aber, der rote Adern hat, ist der beste. Er soll immer in Silber gefaßt werden. In manchen Büchern steht geschrieben, daß es zweierlei gebe: einer wäßrigblau mit Weiß vermengt, der andere gleicht dem

Saphir, ist blau und fast durchsichtig und überhaupt nicht wäßrig. Dieser ist kostbarer. Der saphirische Hyacinthus, am Finger oder Hals getragen, macht den Reisenden sicher und den Wirten und Gästen angenehm. Dieser Hyacinthus bringt erquickenden Schlaf um seiner Kälte willen.

Iris

Willst du einen Regenbogen erscheinen lassen, bediene dich dieses Steins. Er ist weiß wie der Kristall, viereckig und mit Hörnerspitzen. Lege diesen Stein in die Strahlen der Sonne, und alsbald malt er von ihrem Widerschein den Regenbogen an die Wand. Dieser Stein wird viel gefunden in Sizilien und Äthiopien.

Isthmos

Damit ein Kleid nicht brenne, soll man den Stein Isthmos nehmen, der dem Safran gleicht und in Spanien wächst, bei den Säulen des Herkules zu beiden Seiten der Meerenge von Gibraltar. Reibt man damit ein Kleid, so verbrennt es nimmermehr. Im Schein des Feuers gleißt und glänzet der Stein so sehr, daß er auch weißer Karfunkel geheißen wird.

Lasurstein

Seine Bläue gleicht der des Himmels und sind in ihm goldene Tüpflein. Es ist gewiß, daß er die Melancholie und das Viertagefieber vertreibt. Trage ihn, wenn dich die genannten Übel heimsuchen.

Liperius

Damit die Hunde die Tiere nicht jagen und die Jäger ihnen nicht Schaden bringen mögen, leg diesen Stein vor sie zu ihrem Schutz. Liperius wird in Libyen gefunden. Alle Tiere scharen sich um diesen Stein, der ihnen Schutz gewährt vor Hunden und Jägern.

Magnet

Wenn ein Mann wissen will, ob seine Frau keusch und sittsam sei, nehme er den eisenfarbigen Magnet, der in dem Indischen Meere und manchmal in deutschen Landen und auch in Frankreich gefunden wird. Er lege ihn unter das Haupt der Frau. Ist sie keusch, so wird sie den Mann umarmen, ist sie aber unfromm, so fällt sie vom Bette.

Wird der Stein zu Pulver gestoßen, in den vier Winkeln des Hauses auf Kohlen gestreut, fliehen die Hausbewohner und lassen alles zurück, so daß Räuber und Diebe ein leichtes Spiel haben.

Medo

Er kommt aus dem Land der Meder, und es gibt eine schwarze und eine grüne Art. Der schwarze Stein in Stücke gebrochen und in heißem Wasser zergangen, und wenn einer seine Hände darin wäscht, wird ihm alsbald die Hand abfallen.

Und wer von diesem Wasser trinkt, stirbt, trotz aller Arzneien und Kunst, die man ihm verabreicht. Auch sagen die Philosophen, daß er gut sei wider das Podagra und Blindheit der Augen und daß er die kranken blöden Augen erquicke.

Memphites

Nach der Stadt Memphis ist der Stein genannt. Aaron und Hermes sagen ihm die Tugend nach, daß er gestoßen und mit Wasser gemischt dem gegeben, der gebrandmarkt werden oder sonst Schmerzen leiden soll, diesen so unempfindlich macht, daß er nichts davon merkt.

Nicomai

Diesen Stein trage bei dir, so überwindest du deine Feinde. Weiß und schimmernd gleicht er dem Alabaster. Von dem Stein werden auch Salben gemacht, die Toten zu balsamieren.

Onyx

Der schwarze Onyx erwecket Traurigkeit und Furcht und Schrekken und zeugt Zwist und Händel. Am besten ist jener, der aus Arabien kommt und mit feinen weißen Adern erfüllt ist. Wer ihn am Hals oder am Finger trägt, wird bald von Traurigkeit und Furcht erfüllt sein. Des Nachts suchen ihn schreckliche Träume heim und er wird mit seinen Freunden Händel bekommen.

Ophthalmius

Willst du gänzlich unsichtbar sein, trage Ophthalmius bei dir. Er ist von vielerlei Farben. Kaiser Konstantin, der ihn in der Hand trug, ward durch ihn unsichtbar.

Orithes

Dieser Stein schützt vor vielerlei Unbill und verhütet Bisse von giftigen Tieren. Von den dreierlei Arten ist einer grün, der andere schwarz, der dritte eisenfarben und an einem Ende ganz rauh, am anderen glatt. Der grüne aber ist weiß gefleckt. Wer diesen Stein bei sich trägt, ist wider die genannten Übel gefeit.

Quirini

Der Stein Quirini wird gefunden im Nest des Wiedehopfs, heißt auch Verräterstein. Du kannst damit eines anderen Gedanken lesen, denn legst du ihm während des Schlafs den Stein unter das Haupt, wird er dir alles sagen, das er heimlich hat.

Radianus

Willst du, daß ein anderer dir etwas gebe, so trage Radianus auf dir. Er ist durchsichtig und von schwarzer Farbe. Wird gefunden im Kropf des Hahns, so man zu essen gibt den Ameisen.

Samnius

Bewahrt die Jungfrauschaft. Der Stein kommt von der Insel Samnia. Er festigt das Gemüt seines Trägers. Wird er aber einer Gebärenden an die Hand gebunden, verhindert er die Geburt, und sie behält ihr Kind im Leibe. Darum wird Frauen, deren Zeit gekommen ist, verboten, diesen Stein zu berühren. Er vertreibt auch Hauptschwindel.

Smaragdus

Willst du weise werden, Reichtum anhäufen und die Zukunft erkennen, trage diesen Stein, der sehr rein und durchsichtig ist. Der blaufarbene ist der beste, wird geholt aus der Greifen Nest. Er macht stark und widerstandsfähig. Dem, der ihn trägt, gibt er Verstand und ein gutes Gedächtnis. Er mehret das Gut des Tragenden. Wer ihn unter der Zunge trägt, wird alsbald weissagen.

Saphirus

Dieser Stein schafft Frieden. Er kommt vom Orient im Indierland. Der blaufarbene ist der beste, der nicht so ganz durchsichtig ist. Dieser Stein schafft Frieden und Einhelligkeit, macht demütig und fromm, leitet zum Guten und besänftigt die inneren Leidenschaften.

Siloites

Dieser Stein macht fröhlich und munter. Er wächst im Schoße der indischen Schnecken, ist von weißer und purpurner Farbe. Andere sagen, daß er grün sei und in Persien gefunden werde.

Siloites wächst, wenn der Mond zunimmt, und wird geringer, wenn dieser schwindet. Manche Gelehrten sagen, daß der Stein dem, der ihn trägt, künftige Ereignisse offenbart. Wenn man ihn unter der Zunge trägt, vor allem bei Neumond, erfährt man, ob Unternehmungen Erfolg haben werden. Trifft dies zu, liegt der Stein so fest, daß es kaum gelingt, ihn zu entfernen. Ist dies jedoch nicht so, fällt er von ganz allein. Manche sagen, er hilft gegen Schwindsucht und Schwächezustände.

Tabrites

Willst du Gnade und Ehre erwerben, mußt du nur den Tabrites auf dir tragen. Die Gelehrten Evax und Aaron berichten, daß dieser Stein dem Kristall gleiche, weise und beliebt mache und Ehre bringe. Auch sagt man, er heile die Wassersucht.

Topas

Legst du den Stein in siedendes Wasser, wird es sogleich überlaufen. Der Stein ist benannt nach der Insel Topacis, wo man ihn findet. Und es sind zweierlei: Der eine glänzt wie Gold, und das ist der beste und kostbarste. Der andere ist von gelblicher Farbe und wird weniger geschätzt. In siedend Wasser getan, macht er es überlaufen. Topas ist heilsam bei Hämorrhoiden.

Urices oder Orices

Er ist gleich dem Feuer, Eisenstein. Wer ihn hart streichet oder angreift, dem verbrennt er die Hand wie ein rechtes Feuer.

Dieses Kapitel beschließe ich mit einem wundersamen Geheimnis des Isidorus. Er sagt, daß man im Kopf der Lunaca, einer Schnekkenart, einen Stein voller Tugenden findet, er ist von weißer Farbe. Diesen Stein gestoßen und denen gegeben, die die Harnwinde haben und nicht brunzen mögen, so erledigt er den Harn ganz vollkommen. So eine schwangere Frau den Stein an sich trägt, verliert sie nicht ihre Leibesfrucht. Der Tierlein Fleisch und Häuslein verbrennet, ist gut für die Feigwarzen. Und mit Pfefferkörnlein gemischt, ist gut bei Feigblattern und Hämorrhoiden.

2. Kapitel
Die Macht der Talismane

Eine goldene Regel besagt, daß Talismane nur den schützen, der fest an sie glaubt. So ist es häufig in der Magie: damit etwas wahr sei, genügt es, daran zu glauben. Deswegen wird der Skeptiker niemals die wohltätige Wirkung eines Talismans an sich erfahren.

Dem Talisman wohnt die Anziehungskraft dessen inne, der ihn anfertigt oder ihn vertrauensvoll bei sich trägt. Man muß ihn zu einem ganz bestimmten Zweck besitzen. Seine Wirksamkeit ist un-

mittelbar an einen Wunsch gebunden. Dieser Wunsch muß freilich eine Herzensangelegenheit sein. Nur dann ist dem Menschen (fast) alles möglich. Der Mensch selbst trägt die Macht in sich, seine Träume vom wahren Glück und von der Überwindung des Unglücks zu verwirklichen. »Der Glaube kann Berge versetzen«, das steht schon in der Bibel geschrieben.

Die Talismane des Paracelsus

Der Ruhm, den sich PARACELSUS (THEOPHRASTUS BOMBASTUS VON HOHENHEIM), der im sechzehnten Jahrhundert lebte und die hermetische Medizin begründete, durch sein hohes Wissen erwarb, verleiht seinen nachgelassenen Schriften ein besonderes Gewicht. Er behauptet, daß Talismane, die man nach seiner Methode anfertigt, den Träger durch ihre Wirksamkeit beeindrucken werden, und genau dies kann ich bewundernd und zufrieden bestätigen. Im folgenden fasse ich die Anleitungen des Paracelsus zusammen:

Niemand darf sich erkühnen, in Abrede zu stellen, daß die Sterne und Planeten des Himmels alles, was kreucht und fleucht, beeinflussen. Es ist unleugbar, daß der Mensch, das Ebenbild Gottes, dem Einfluß der Planeten unterliege. Um so naheliegender ist es, daß die Gestirne auch die Metalle, die Steine und alles, was Natur und Kunst hervorbringen, beherrschen und beeinflussen, sind doch all diese Dinge geringer denn der Mensch und, da ihnen Vernunft und freier Wille fehlen, geeigneter, diese Einflüsse ohne Widerstreben aufzunehmen.

Der Mensch hat das Privileg, sich des Stofflichen bedienen zu können, um den Einfluß der Gestirne zu seinen Gunsten auf sich zu lenken. Wichtig und streng zu beachten ist indessen, daß die sieben Planeten niemals einflußreicher sind denn wenn man die sieben Metalle, ingleichen die Wochentage einbezieht, die ihnen entsprechen.

Die gelehrten Kabbalisten wußten zufolge der erhabenen Durchdringung ihrer Wissenschaft, welche Metalle den Planeten entsprechen, und sie bestimmten das Gold für die Sonne am Sonntag, Silber für den Mond am Montag, Eisen für den Mars am Dienstag,

Quecksilber für den Merkur am Mittwoch, Zinn für Jupiter am Donnerstag, Kupfer oder Bronze für Venus am Freitag und Blei für Saturn am Samstag. Nun aber werde ich darlegen, wie jene Talismane, so von den alten Weisen Planetensiegel genannt worden, anzufertigen seien.

Das Sonnensiegel

Dieser Talisman wird aus dem erlesensten und härtesten Gold, dem aus Arabien oder Ungarn, gefertigt. Zuerst brauchst du ein rundes Goldstück, seine beiden Seiten sollen glänzend poliert sein.

Auf die eine Seite gravierst du ein magisches Quadrat mit sechs Spalten. Verbindet man die Zahlen diagonal, so entsteht ein Andreaskreuz. Das Quadrat basiert auf der Zahl 111. Wunderlich ist hierbei, und dies muß man wissen, daß es sich bei den Zahlen, die in die Talismane oder Planetensiegel graviert werden, um die Zahl jener großen Gestirne handelt, die unter der Herrschaft jedes Planeten stehen und die Gott ihnen als Untertanen gegeben hat, und deswegen werden sie von den Astrologen Vorläufersterne oder Sterne erster Ordnung genannt, und sie schließen daraus, daß sie die anderen regieren.

Auf die andere Seite wird die sinnbildliche Gestalt des Planeten graviert, ein gekrönter König auf seinem königlichen Thron. In der rechten Hand hält er ein Zepter, mit dem er auf den Löwen zu seinen Füßen deutet. Über seinem Haupt schwebt die Sonne, darüber ist der Name Sol (für Sonne) geschrieben. Damit du dein Vorhaben genau und geziemend verwirklichen könnest, sollst du zwei Druckstöcke aus Eisen vorbereiten, dann kannst du den günstigsten Stand der Gestirne nützen.

Der rechte Zeitpunkt für das Gravieren des Siegels ist gekommen, wenn die Sonne im ersten Grad des Sternzeichens Löwe in Konjunktion zum Mond steht. So du beide Seiten des Siegels mit den Zeichen bedruckt hast, umhülle es sorgfältig mit feinem Linnen.

Druckstöcke aber sollst du auch für die anderen Planetensiegel bereithalten, damit die Besiegelung beim rechten Stand der Gestirne stattfinde. Denn wisse, das ist der Augenblick, da der Planet

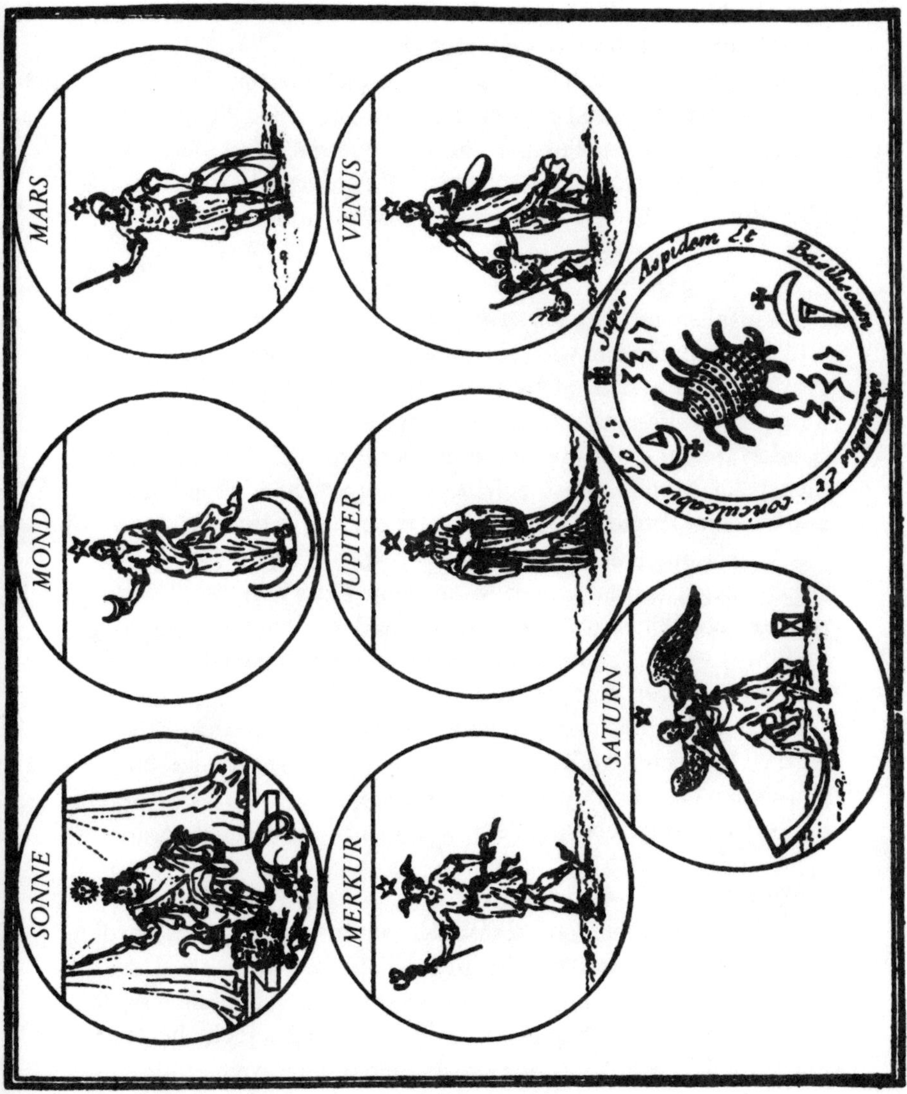
MARS
VENUS
MOND
JUPITER
SONNE
MERKUR
SATURN
Super Aspidem Et Basiliscum
ambulabis Et conculcabis

seine wohltätige Wirkung auf übernatürliche und sehr wunderliche Weise auf den Talisman überträgt.

Die Tugenden des Sonnensiegels bestehen darin, daß der, welcher es vertrauensvoll und ehrfürchtig trägt, den Mächtigen der Erde, den Königen, Fürsten und Herren von Stand, deren Wohlwollen er erheischt, angenehm wird. Reichtum und Ehren werden über ihn gehäuft, und die Menschen werden ihn achten.

Das Mondsiegel

Dieser Talisman muß aus dem reinsten Silber angefertigt werden, und auf die eine Seite wird ein magisches Quadrat aus neun Spalten graviert, deren Zahl 369 ergibt. Die andere Seite wird mit dem Sinnbild des Planeten versehen, einer Frau in einem langen, fließenden Gewand; ihre beiden Füße berühren die nach oben offene Sichel des Mondes, ihre Rechte hält einen zunehmenden Mond empor, über ihrem Haupt schimmert ein Stern, und darüber steht das Wort Luna (für Mond) geschrieben.

Das Siegel soll an einem Montag im Lenz hergestellt werden, sobald beobachtet wird, daß der Mond in den ersten Grad des Steinbocks oder der Jungfrau eintritt und unter günstigem Aspekt von Jupiter oder Venus steht.

Auch diesen Talisman soll man in weißes Linnen wickeln, und er wird viele verbreitete Krankheiten von dem Träger fernhalten. Den Reisenden bewahrt er vor Gefahren und schützt ihn vor Diebsgesindel. Glück bringt er auch dem Bauern und dem Händler.

Das Marssiegel

Dieser Talisman muß aus bestem Kärntner Eisen bereitet werden. Das magische Quadrat beruht auf der Zahl 65. Das Sinnbild, das die andere Seite ziert, ist ein Krieger, dessen linke Hand einen Schild hält, während die rechte einen Speer zückt. Zu seinen Häupten ist über einem Stern der Name des Planeten eingraviert.

Die Prägestempel für dieses Siegel müssen aus gut gehärtetem Eisen sein, und prägen sollst du es, wenn du weißt, daß der Mond in günstigem Aspekt zu einem anderen Planeten steht und in den ersten Grad des Sternzeichens Widder oder Schütze eintritt. Es empfiehlt sich auch, die Platte, aus welcher der Talisman gefertigt werden soll, in den glühenden Ofen zu legen, damit sich die Zeichen um so tiefer einprägen. Ist sie nach dem Prägen erkaltet, wickle sie in ein Stück roten Taffet.

Dieser Talisman hat die Tugend, daß er den ehrfürchtigen Träger unverwundbar macht. Er versieht ihn mit außerordentlicher Kraft und Stärke und läßt ihn alle seine Gegner besiegen. So wunderbar ist die Macht dieses Talismans, wenn er nach den Regeln gefertigt wird, daß eine Festung, so man ihn unter ihren Grundmauern vergräbt, unbezwingbar ist. So man das Siegel fertigt, wenn Mars in Opposition zu günstigen und rückläufigen Planeten steht, bringt es Unheil, wo immer man es anwendet: Es verursacht Zwist, Revolten und Kriege.

Das Merkursiegel

Dieser Talisman muß aus einer runden Platte festen Quecksilbers gefertigt werden. Wie das Quecksilber zu härten sei, findest du nach der Erläuterung des Saturnsiegels (Seite 97) beschrieben.

Auf die eine Seite gravierst du das magische Quadrat mit acht Spalten, das auf der Zahl 260 beruht, auf die andere das Symbol des Planeten Merkur, den Götterboten, auf dessen Rücken und an dessen Fersen Flügel wachsen und der den Heroldstab in seiner Rechten schwingt. Über seinem Haupt leuchtet ein Stern, darüber liest du den Namen Merkur.

Den Talisman aber graviere zur günstigsten Stunde, wenn Merkur in Konjunktion zur Jungfrau steht. Sodann wickle ihn in ein Stück purpurroter Seide.

Dieser Talisman macht den, so ihn mit Ehrfurcht trägt, bescheiden und beredt und verschafft ihm die Begabung, in allen Wissenschaften besonders gelehrt zu werden. Den Talisman nur eine Stunde in Muskatwein gesotten und den Wein getrunken, bekommst du ein so gutes Gedächtnis, daß du dir alles merken kannst, und vermag dieser Trank selbst alle Arten Fiebers zu heilen. Des Nachts unter das Haupt gelegt, zieht dieser Talisman die wahren Träume an, in denen dir Verborgenes, das du zu wissen begehrst, sich offenbart.

Jupitersiegel

Aus reinstem englischen Zinn sollst du dies Siegel fertigen. Auf die eine Seite graviere das magische Quadrat, das aus vier Spalten besteht und auf der magischen Zahl des Planeten, 34, beruht. Die andere Seite erhält das Sinnbild des Planeten, einen Mönch, der in einem Buch zu lesen scheint. Über seinem Haupt leuchtet ein Stern, darüber steht der Name Jupiter geschrieben.

Die günstigste Zeit, den Talisman zu gravieren, ist dann, wenn der Mond in den ersten Grad der Waage eintritt und Jupiter in gutem Aspekt zur Sonne steht. Nach der Gravur wickle den Talisman in ein Stück himmelblauer Seide.

Wer diesen Talisman mit Ehrfurcht trägt, den wird man ehren und lieben. Der Talisman besitzt die Tugend, die Dinge, mit denen er umwickelt wird, zu vergrößern und zu mehren. Er bringt Glück beim Handel und in allen anderen Unternehmungen. Er vertreibt Kummer und unnütze Sorgen und heftigen Schrecken.

Das Venussiegel

Dieses Siegel soll aus einer runden Scheibe von gereinigtem polierten Kupfer gefertigt werden. Auf die eine Seite wird das magische Quadrat graviert, aus sieben Spalten, die auf der Zahl 175 basieren. Die andere Seite erhält das Sinnbild des Planeten, eine unschicklich gekleidete Frau, an deren rechte Seite sich ein Kupido schmiegt, bewaffnet mit Bogen und flammendem Pfeil. In der Linken hält die Frau ein Saiteninstrument. Ihr Haupt wird von einem Stern bekrönt, und über ihr steht der Name Venus geschrieben.

Prägen aber sollst du das Kupfer, wenn Venus in guter Konstellation zu einem günstigen Planeten und der Mond im ersten Grad des Stiers oder der Jungfrau steht. So du aber die Zeichen geprägt hast, umhülle den Talisman mit einem Stück grüner Seide.

Der diesen Talisman ehrfürchtig trägt, kann gewiß sein, daß ihm jene gewogen sind, von denen er es wünscht, und daß ihn Frauen wie Männer gleichermaßen lieben. Der Talisman vermag auch tödliche Feindschaft zu besiegen und in Freundschaft zu wandeln, gibt man den Gegnern Wasser zu trinken, in dem er gelegen hat. Auch macht er fleißig und zur Musik begabt.

Das Saturnsiegel

Dieser Talisman muß aus einer Scheibe geläuterten und gereinigten Bleies gefertigt werden, und auf die eine Seite graviere das magische Quadrat, das aus drei Spalten besteht und auf der Zahl 15 basiert. Die andere Seite erhält das Sinnbild des Planeten: ein geflügelter bärtiger Greis, der wie mähend eine Sense schwingt. Auch über seinem Haupt steht ein Stern, darüber das Wort Saturn.

Präge den Talisman, sobald Saturn günstige Konstellationen zeigt, das ist beim Eintritt des Mondes in den ersten Grad des Sternzeichens Stier oder Steinbock. Hülle den Talisman, wenn er geprägt ist, in ein Stück schwarzer Seide.

Dieser Talisman ist sehr hilfreich, insonderheit den Gebärenden, denn sie leiden fast keinen Schmerz. Dies hat sich zu vielen Malen als wahr erwiesen bei Schwangeren, die einer schweren Geburt entgegensahen. Der Talisman vermehrt und vergrößert auch die Dinge, bei denen er getragen wird. So ein Reiter ihn in seinem linken Stiefel trägt, ist sein Pferd unverwundbar.

Die Wirkungen aber sind umgekehrt, wenn man ihn fertigt, während die Konstellation des Saturns unheilvoll ist und der Mond sich von den vorgesagten Zeichen entfernt.

Die Festigung des Quecksilbers zu Scheiben, daraus man Talismane fertigt

Wähle einen Mittwoch im Lenz, wenn Merkur in günstigem Aspekt zu Sonne und Venus steht. Nachdem du die Geister und Genien, welche die Einflüsse jener Planeten lenken, angerufen und beschworen hast, bereitest du die nötigen Drogen zu aus fein zerriebenem Meerrettich, Grünspan und römischem Vitriol und grünem Vitriol, von jedem zwei Unzen. Die sollst du in einem Topf aus Eisen oder Gußeisen mit drei Pinten Schmiedewasser kräftig mischen und sieden, bis nur eine Pinte übrigbleibt. Dann gib zwei Unzen reines Quecksilber hinein, verrühre es gut mit einem Spatel, bis die Stoffe sich verfestigen. Laß es erkalten und schütte es in ein feines Sieb, damit das restliche Wasser vergehe. Auf dem Boden des Topfes bleibt eine Paste oder Sand von grauer Farbe zurück.

Wasche ihn dreimal mit gewöhnlichem Wasser, und schütte ihn

durch ein feines Sieb. Verteile die vorgesagte Paste auf einem glatten Eichenbrett, und trockne sie an der Sonne. Dann mische sie mit zwei Unzen Terra merita und gleichviel Pulver von Zinnober, gib alles in einen Tiegel, den du mit einem anderen Tiegel dicht verschließest. Damit aber nichts entweiche, bestreiche den Rand mit einer Paste aus Lehm, Pferdemist und feiner Eisenfeilspäne.

Den Tiegel aber sollst du erst ins Feuer setzen, wenn diese Paste getrocknet ist. Nach einer Stunde sollst du das Feuer schüren, bis der Tiegel rot glühet. In der dritten Stunde sollst du das Feuer wieder schüren. Dann laß den Tiegel erkalten. Öffne ihn und du wirst das Quecksilber als Körnlein auf seinem Grund finden. Diese schmelze mit Borax in einem neuen Tiegel, und du gewinnst hochreines Quecksilber von fester Beschaffenheit, aus dem du Talismane und magische Ringe anfertigen kannst, welche die Eigenschaft haben, die wohltätigen Wirkungen des Planeten Merkur anzuziehen, so du nur alle Regeln der alchimistischen Kunst bei der Fertigung beachtest.

Talismane zu fertigen mit den Zeichen, welche die alten Kabbalisten den sieben Planeten zuordnen

Gebrauche Scheiben aus den vorgesagten Metallen und fertige den Talisman zu der Stunde, da die Gestirne günstig stehen. Auf die eine Seite der Scheibe graviere als magisches Quadrat die geheimen Zeichen, nämlich:
die Zeichen der ersten Spalte für die Sonne,
die Zeichen der zweiten Spalte für den Mond,
die Zeichen der dritten Spalte für Mars,
die Zeichen der vierten Spalte für Merkur,
die Zeichen der fünften Spalte für Jupiter,
die Zeichen der sechsten Spalte für Venus,
die Zeichen der siebten Spalte für Saturn.
So du auf die andere Seite der Scheibe die vorgesagten sinnbildlichen Gestalten gravierst, wirst du erstaunliche Wirkungen erzielen.

Ich zweifele nicht, daß Menschen von kleinem Geiste und geringem Wissen, wenn ihnen dieses mein Buch in die Hände gelangt, es für Aberglauben halten und sie sich vorstellen, daß die erstaunlichen Wunder, die ich behandle, durch das Walten böser Geister zustande kommen, denn, so sagen sie, wie soll man verstehen, daß eine metallene Scheibe, die mit etlichen Buchstaben und Gestalten versehen wurde, Dinge bewirke, welche die gewöhnlichen Kräfte der Natur übersteigen.

Warum aber glaubt ihr nicht, daß der Schöpfer des Universums mächtig genug sei, den Geschöpfen Geheimnisse einzuprägen, deren Triebkräfte nur auf diese oder jene Weise in Bewegung gesetzt werden können? Was sträubt ihr euch anzuerkennen, daß der, welcher dem Magneten die heimliche Tugend verlieh, ein schweres Stück Eisen von einem anderen Ort zu sich heranzuziehen, mächtig genug sei, den Gestirnen, die ungleich vollkommenere Geschöpfe sind als der Magnet und alles, was es an Kostbarem auf Erden gibt, geheime Eigenschaften und Tugenden einzugeben, die unser Verstand nicht zu begreifen vermag, um so mehr diese Gestirne von himmlischen Intelligenzen beherrscht werden, die ihren Lauf regieren?

Warum aber ist es schwer zu glauben, daß gewisse Zeichen und Figuren, die auf einer metallenen Scheibe angeordnet sind, überraschende Wirkungen zeitigen können, wenn man auch annimmt, daß im Magneten gewisse kleine Teilchen, die aus rundem, spitzem oder dreieckigem Stoff von der Natur in einer bestimmten Weise angeordnet sind, so wunderliche Wirkungen hervorbringen, indem sie nicht allein Eisenfeilspäne anziehen, sondern die Nadel des Kompasses stets nach dem Polarstern ausrichten und die Uhren nach der Sonne?

Vielleicht werde ich viele Leute erzürnen, wenn ich sage, daß es zwischen den vier Elementen Geschöpfe gibt, die weder bloße Tiere noch Menschen sind, mögen sie auch deren Gestalt und Urteilskraft besitzen, wiewohl sie einer Seele ermangeln.

Der berühmte PARACELSUS sagt das noch klarer, wenn er bekundet, daß diese Bewohner der Elemente nicht vom Stamme ADAMS sind, auch wenn sie in Menschengestalt erscheinen. Es ist dies aber ein Stamm und eine Art von Geschöpfen, die anders ist denn unsere. Der Platoniker PORPHYR übertrifft noch Paracelsus, wenn er sagt, daß diese Geschöpfe nicht allein vernunftbegabt seien, vielmehr daß sie auch Gott durch einen besonderen Kult ehrten und anbeteten, und zum Beweis erwähnt er ein feierliches geheimnisvolles Gebet jener Geschöpfe, die unter dem Namen Salamander dem Element Feuer innewohnen. Das Gebet ist zum Ergötzen und Nutzen der Leser hier wiedergegeben:

Das Gebet der Salamander

Unsterblicher, Ewiger, Unauslöschlicher, heiliger Vater alles Seienden, der du auf dem unablässig rollenden Wagen der Welten thronst. Beherrscher der Gefilde, über die sich der Thron deiner Macht erhebt, von dem deine furchtbaren Augen alles entdecken und deine heiligen Ohren alles vernehmen. Erhöre deine Kinder, die du geliebt hast vom Anbeginn der Zeiten: denn deine goldene erhabene und ewige Majestät erstrahlt über der Welt und über dem Sternenhimmel. Du überragst sie, o schimmerndes Feuer, das sich selbst entzündet und aus eigener Herrlichkeit nährt. Aus deiner Wesenheit strömen unerschöpfliche Bäche des Lichts, die den unendlichen Geist nähren. Dieser Geist gebiert alle Dinge und zeugt jenen unermeßlichen Schatz des Stofflichen, der dem ewigen Werden durch die ungezählten Formen, die du von Anbeginn geschaffen und zugeteilt, innewohnt. Diesem Geist auch sind die allerheiligsten Könige entsprungen, die um deinen Thron stehen und deinen Hof bilden. Allmächtiger Vater und einziger König, Vater der sterblichen und unsterblichen Seligen! Du hast insonderheit die Mächte geschaffen, die deinem ewigen Gedanken und deinem anbetungswürdigen Wesen so wundersam gleichen. Du hast sie über die Engel gestellt, die der Welt deinen Willen verkünden. Endlich auch hast du uns eine dritte Art von Fürsten in den Elementen geschaffen . . . wir wollen dich ewig preisen und dir gehorchen. O Vater, o zärtlichste aller Mütter! O wundersames Vorbild mütterlicher Gefühle und Zärtlichkeit! Blüte aller Söhne! Gestalt aller Gestalten! Seele, Geist, Harmonie . . . und Inbegriff alles Seienden, erbarme dich unser und sei uns gnädig!

Die Philosophen der Antike und der vergangenen Jahrhunderte, die überzeugt waren, daß die vier Elemente von vernunftbegabten Geschöpfen bevölkert seien, unterteilen diese wie folgt:

Das Element Feuer ist von Salamandern bewohnt, das der Luft von Sylphen. Das Element Wasser ist von Nymphen, das Element Erde von Gnomen, Zwergen oder Trollen bevölkert.

Der Allmächtige hat diese Wesen geschaffen, damit sie den Menschen dienstbar seien, sie aber auch strafen, wenn sie sich ihrem Willen widersetzen.

Es heißt, diese außergewöhnlichen Geschöpfe seien von einer geistigen Natur, die gleichwohl das Stoffliche nicht gänzlich ausschließt. Doch läßt diese Geistigkeit als stofflichen Grund nur eine unendlich verdünnte Materie zu, die so unmerklich ist wie die Luft. Darum haben die weisen Kabbalisten, die die Natur dieser elementaren Geister gut kannten, gesagt, daß sie vor allen anderen Eigenschaften eine große Beweglichkeit und Durchdringungsfähigkeit besitzen und so in einem einzigen Augenblick den Menschen, die ihrer Dienste bedürfen, von weither zu Hilfe eilen und ohne Schaden in Orte eindringen können, wo Menschen gefangengehalten werden.

Was ihre Sitten anbelangt, gehorchen diese Wesen ihren strengen Naturgesetzen. Jenen Menschen, die im Chaos und gegen das Licht der Vernunft leben, sind sie schlecht gesonnen. Auf dieser Grundlage haben die Gelehrten der Kabbala, welche die Geheimnisse der okkulten Philosophie lehrten, vor allem anderen ihren Anhängern empfohlen, sich eines sittsamen Lebenswandels zu befleißigen und aller Unreinigkeiten und Ausschweifungen und Abweichungen von der rechten Vernunft zu enthalten, zumal die größten Wunder, die von der okkulten Wissenschaft abhängen, sich durch die Dienstbarkeit dieser Elementargeister vollziehen, die als die Kanäle oder, besser gesagt, als die Verwalter der günstigen Einflüsse der Gestirne wirken.

In den vergangenen Jahrhunderten, als die Menschen ihre Leidenschaften stärker zügelten und die Natur weniger zerstört war, pflegten diese Elementargeister viel häufigeren Umgang mit den Menschen als heute, und es geschahen staunenswerte, da über die natürliche Ordnung hinausgehende Wunder. Zwar war die Natur noch heil, aber die Unwissenheit so allgemein, daß die meisten Menschen fast alles auf Magie oder Teufelswerk zurückführten, was die Dienstbarkeit jener Elementargeister bewirkte, wie man auch in den Kapitularien KARLS DES GROSSEN *und in den Verordnungen Pippins nachlesen kann.*

Die Wunder, über die in den Geschichten aus alter Zeit berichtet wird, gelten heute als Märchen. Diejenigen, die sich gründlicher über die Elementargeister und ihre geheimen Beziehungen zu den Menschen kundig machen wollen, verweise ich auf die gelehrten Schriften des PARACELSUS. *Wer die Länder des Nordens, vor allem Lappland, bereist hat, vermag nicht die Dienste zu leugnen, die den dort Lebenden von den Trollen erwiesen werden, sei es, daß diese den Bergleuten drohende Gefahren ankündigen oder ihnen Orte zeigen, wo sie edelmetallhaltige Gesteinsadern finden.*

Die Lappen sind so sehr an das häufige Erscheinen der Trolle gewöhnt, daß sie mitnichten darüber erschrecken, vielmehr betrüben sie sich, wenn diese während der Arbeit in den Gruben nicht mehr erscheinen, denn wenn die Berggeister fortbleiben, bedeutet dies, daß kein Metall mehr zu finden sein wird. Es ist ein alter Glaube, daß der Schöpfer die Trolle beauftragt hat, die unterirdischen Schätze zu hüten und nach ihrem Gutdünken in des Menschen Hand zu geben.

Die sich der Entdeckung von Gold- oder Silberminen verschworen haben, beobachten einige Rituale, um sich das Wohlwollen der Trolle zu sichern. Um sie nicht gegen ihr Vorhaben einzunehmen, hat die Erfahrung sie gelehrt, daß diese sich an Duftstoffen ergötzen, und deswegen haben die Gelehrten der Kabbala jedem Wochentag in bezug auf die sieben Planeten einen Duftstoff zugeordnet. Da ich aus eigener Erfahrung weiß, daß etlichen Personen die Entdeckung der Schätze mittels dieser Duftstoffe gelungen ist, will ich hier zu Ihrem Nutzen die wahre Methode der Herstellung erläutern, damit sie den Hütern der Bodenschätze angenehm seien. Denn es ist gewiß, daß von allen Elementargeistern die Erdgeister am begabtesten sind, nach Maßgabe der Dinge, die man ihnen gibt, den Menschen zu schaden oder zu nützen.

Zwei Talismane und ihre Bedeutung

Die beiden Talismane, die das Kupfer (Seite 104) zeigt, hat einst der gelehrte Rabbi Isaac Radiel aus dem Schlüsselbein des Königs Salomon unter den Auspizien des Planeten Merkur gefertigt, wie die geheimen Zeichen auf dem zweiten Talisman unschwer erkennen lassen.

Wer einen Talisman dieser Art besitzt, dem Planeten Merkur entsprechend aus Quecksilber, hat Glück bei Handel und Wandel, auf Reisen und beim Spiel.

Der wundertätige Talisman, der wider Gifte und giftige Tiere schützt, ist der erste nach den sieben Planetensiegeln und gibt seinem Träger eine Vorahnung unmittelbar drohender Gefahren, indem er bei Gefahr sein Herz erbeben läßt. Dieser Talisman schützt auch vortrefflich vor Bissen allen Getiers und giftiger Insekten.

Und so sollst du ihn fertigen: Bilde an einem Sonntag zu einer Stunde, die deinem Vorhaben günstig ist, eine kleine blanke Scheibe aus reinem feinen Golde. Graviere auf beide Seiten die Zeichen, die im Bilde dargestellt, dann räuchere den Talisman dreimal unter den Auspizien der Sonne mit dem Parfüm des Sonntags (Eibisch + Parmaveilchen + Lavendel + Orangenschale). Dieser Talisman soll in ein Stück Seide eingewickelt in einem kleinen Beutel oder einem passenden Kästchen am Körper getragen werden. Du kannst auf die Rückseite der Medaille auch eine Sonne gravieren, deren Strahlen auf etliches Ungeziefer, wie Insekten, Kröten, Raupen, herabschießen.

Erklärung der vier Talismane (Seite 106)

Der erste Talisman, der ein menschliches Antlitz zeigt, ist nütze, sich das Wohlwollen und die freundliche Zuwendung der Sonnengeister, die Reichtum und Ehren zuteilen, zu sichern. Er soll des

SAVANIA
GEDONIA
COCARIEL
HEMADIEL
Sortem
super
vestem
meam
miserunt

Sonntags im Zeichen der Sonne aus einer Scheibe feinen Goldes gefertigt und zu der Stunde, da der Planet günstig und vor allem in glücklicher Position zu Jupiter steht, mit dem angemessenen Räucherwerk geweiht werden.

Auf dem zweiten Talisman schiebt sich ein Arm aus einer Wolke hervor. Er soll an einem Montag unter den Auspizien des Mondes aus einer Scheibe reinen Silbers gefertigt und mit dem rechten Duftstoff zu der Stunde geweiht werden, da der Stand der Gestirne der günstigste ist. Dieser Talisman schützt den Reisenden vor allen Gefahren zu Wasser und zu Lande, insonderheit vor Schaden durch Räuber, Piraten und andere Unbill.

Der dritte Talisman soll des Dienstags im Zeichen der Planeten Mars gefertigt und zur günstigsten Stunde, wenn Mars in Konjunktion zu Jupiter steht oder Venus freundlich auf ihn blickt, mit dem passenden Räucherwerk geweiht werden. Dieser Talisman ist sehr nützlich bei kriegerischen Unternehmungen, um Feuerwaffen zu bezaubern, damit diese ihrem Träger nichts anhaben; die Zeichen aber sollen auf glänzendes reines Eisen geprägt werden.

Der vierte Talisman soll des Mittwochs, im Zeichen des Merkurs, aus einer Scheibe gehärteten feinen Quecksilbers gefertigt und mit dem Merkur entsprechenden Duftstoff beim günstigstem Stand der Gestirne geweiht werden, wenn nämlich Merkur in Konjunktion oder gutem Aspekt zur Venus oder zum Mond steht. Dieser Talisman besitzt die Tugend und Eigenschaft, dem Träger beim Spiel und bei Geschäften Glück zu bringen. Item er schützt den Reisenden gegen räuberische Überfälle, zerstreut oder entdeckt Verschwörungen gegen das Leben dessen, der ihn trägt.

Die Meinung der Philosophen über Talismane und mystische Gestalten

Die Gelehrten, die sich damit beschäftigt haben, die Ursprünge der Namen zu erforschen, die man den Dingen gegeben, insbesondere solchen, die etwas Ungewöhnliches bezeichnen, sagen, daß der Begriff Talisman aus dem arabischen »tilisman« kommt und ein geweihtes Bild bedeutet. »Tilisman« wiederum ist vom griechischen »Telesma«, das heißt Vollendung, abgeleitet.

Pag. 28.

omnes creaturæ
Sit mihi adjutor
Deus in adjutorium meum intende

Wer etwas von der kabbalistischen Wissenschaft versteht, weiß Talismane entsprechend seinen Gedanken und Absichten und nach Wunsch anzufertigen. Ungeachtet aber der Etymologie ist gewiß, daß der Ursprung der Talismane und die Verwendung mysteriöser Zeichen von den Ägyptern und den Chaldäern auf uns gekommen ist, die mit großer Gelehrsamkeit die Sterne mit allen Tugenden und Wirkungen erforscht und daraus eine praktische Wissenschaft entwickelt hatten, deren Anwendung ihnen hohes Ansehen verschaffte.

Von den Ägyptern erfuhren die Kinder Israels während der Gefangenschaft die Geheimnisse. Sie vervollkommneten ihr Wissen durch ihre Begegnung mit den Chaldäern, die als erstes Volk die Vorstellung entwickelten, daß die Himmelskörper einen Einfluß auf das Schicksal ausüben. Sie erforschten die Bahnen der Planeten, ihre unterschiedlichen Aspekte und Konjunktionen, um daraus Voraussagen zu treffen, mit deren Hilfe sie ihren Alltag und ihr Schicksal in die Hände nahmen.

Sie erfanden ein weiteres Himmelssystem, in dem sie die Sterne zu verschiedenen Phantasiegebilden ordneten, damit Auge und Einbildung sich an diesen Himmelskörpern festhalten könnten. Sie legten eine komplizierte Hierarchie der Planeten und Sterne fest.

Sie schufen auch das System der Tierkreiszeichen, die in geheimer Wechselbeziehung zu dem Einfluß der Sterne stehen und mit denen sie die Himmelsräume markierten, durch die Sonne und Mond ihre Bahn ziehen.

Die wißbegierigsten griechischen Gelehrten studierten diese Geheimwissenschaft und wurden darin solche Meister, daß die besten Köpfe anderer Nationen Belehrung bei ihnen suchten. Es ist ein großes Vorurteil zu behaupten, daß dieser Wissenschaft nichts Wahres und Wahrscheinliches eigne, wird sie doch von der Natur selbst durch etliche wundersame Hervorbringungen, die nicht zu leugnen sind, gerechtfertigt. Ich höre, wie jemand der sinnbildlichen Darstellungen Erwähnung tut, die man als natürliche Eindrücke auf Steinen, Muscheln und an höheren Geschöpfen beobachtet und die höchst merkwürdige Beziehungen zu den Gestalten haben, mit denen sie geziert sind.

Der Gelehrte CROLIUS *behauptet, daß die meisten der selteneren*

Pflanzen und metallischen Gesteine, sei es in Farbe oder Gestalt, Zeichen der Eigentümlichkeiten oder Verwendungen tragen, für die sie sich eignen. So hat es der Schöpfer eingerichtet, damit sie durch die Sympathie, die zwischen ihnen und den Himmelskörpern besteht, dem Menschen nützlich seien.

Bei Crolius erfahren wir auch, daß die Hebräer nur deswegen bei ihren Talismanen keine natürlichen Abbilder verwendeten, weil sie nicht gegen das Gesetz verstoßen wollten, das ihnen verbot, sich Bilder zu machen, zumal MOSES in den göttlichen Namen JEHOVA, ADONAI, SABAOTH, TETRAGRAMMATON und ELOYM wundersame Tugenden entdeckt hatte, welche die fehlenden Gestalten ersetzten.

Deswegen schufen sie ihre Talismane mit den heiligen Namen und Orakeln, die sie ihrem Gesetz entnahmen, und überzeugten sich durch Versuche, daß sie die Eigenschaft hatten, sie vor drohendem Unheil zu bewahren, und ihnen ersehnte Vorteile verschafften, sofern sie die Talismane am Körper trugen und die heiligen Zeichen auf Metall graviert wurden, das den Sternen entsprach, die ihren Einfluß auf die vom Mond regierten Körper übertragen.

Nachstehend ist die Anfertigung eines Talismans beschrieben, der dem Träger Glück im Spiel und bei seinen Geschäften beschert.

Glücksbringer

Du benötigst eine glänzende glatte Scheibe gehärteten Quecksilbers. Nun wähle im Lenz einen Mittwoch, an dem Merkur günstig steht und gute Aspekte zu Jupiter oder Venus zeigt oder in Konjunktion zu Sonne oder Mond ist.

Graviere auf die eine Seite das Symbol des Planeten Merkur und auf die andere Seite die hebräischen Worte. Nachdem du dreimal Räucherwerk verbrannt hast, das dem Mittwoch geziemt, vergräbst du den Talisman unter dem Galgen an einem großen Weg. Lasse ihn dort für sieben Tage. Dann grabe ihn aus und halte ihn dir zum Gebrauch, nachdem du ihn noch dreimal mit Räucherwerk behandelt hast. Es ist nütze, den Duftstoff des Mittwochs immer an diesem Wochentag vor Sonnenaufgang anzuwenden.

Ein berühmter Autor sagt, es gebe keinen Talisman, der sich nicht entweder auf die Astrologie, auf die Medizin oder die Religion oder gar auf alle drei beziehe, denn man sieht darauf die Gestalten entweder natürlich oder sinnbildlich in bezug auf die verschiedenen Konstellationen. Diese Talismane haben die Eigenschaft, himmlische Einflüsse auf die Menschen und auf die Güter derer zu ziehen, die sie anfertigen und sich ihrer bedienen.

In andere graviert man Symbole, die einen Bezug zu den Planeten, zu heilenden Kräutern, zu Mineralien oder zu anderen Dingen haben, die in den medizinischen Bereich gehören; diese Talismane aber sind nützlich zur Heilung von Krankheiten und zur Bewahrung der Gesundheit.

Bei anderen Talismanen wiederum verwendet man die Namen Gottes, die der himmlischen Heerscharen und mischt sie mit Sätzen aus dem Alten und Neuen Testament. Diese gebraucht man zum Schutz vor Sturm, Schiffbruch, Feuersbrunst, gewaltsamem Tode und andern Unfällen.

FÜNFTES BUCH
Von den Kräften der Natur, der Magie und der Kabbala

1. Kapitel
Mandragora oder Alraune

Seit undenklichen Zeiten ist diese Pflanze von einer magischen Aureole umgeben. Doch täuschen wir uns nicht: Sie enthält ein gefährliches Halluzinogen. Im klassischen Altertum benutzte es beispielsweise der griechische Arzt DIOSKURIDES, *um Kranke vor Operationen zu betäuben. Auch die Assyrer verwendeten Mandragora als Betäubungsmittel. Die Druiden versetzten sich damit in Trance. Und im Mittelalter empfahl* ALBERTUS MAGNUS *sie ebenfalls zur Anästhesie.*

Die Legende wiederum schreibt der Pflanze hervorragende aphrodisierende Wirkungen zu, die inzwischen sogar teilweise nachgewiesen wurden. Freilich gibt es für diese Zwecke Pflanzen, die wirksamer und weniger gefährlich sind.

Die geheime Leidenschaft, die von Mandragora erregt wird, beruht darauf, daß ihre Wurzel wie ein Menschlein aussieht... Die Pflanze galt als Werk des Teufels, der sich damit anmaßte, den Schöpfer Gott zu imitieren. Es heißt außerdem, wer die Wurzel mit bloßen Händen der Erde entreißt, vernehme einen langen, unerträg-

lichen Seufzer. Wer dabei Glück hat, verliert nur den Verstand, die anderen sterben daran.

Es wird daher folgendes Vorgehen angeraten: Um die Alraune gräbt man eine tiefe Furche, knüpft mit dem einen Ende eines Seils eine Schlinge um die Pflanze und bindet das andere Ende einem Hund um den Hals. Sodann jagt man den Hund los, der im Laufen die Alraune aus der Erde reißt und gleich danach stirbt. Das Tier bezahlt mit seinem Leben, daß der Mensch sich die verbotene Pflanze aneignen kann, deren Wurzeln bis zu einem Meter in die Erde versenkt sein können.

Im Mittelalter pflegten die Hexen sich der Alraune (bei den Pythagoräern hieß sie »anthropomorphon«, das heißt die mit der Menschengestalt) zu bedienen, um zum Hexensabbat zu reisen. Sie bereiteten daraus einen Zaubertrank oder Salben, mit denen sie sich einrieben, um fliegen zu können.

Die Flugsalben enthielten außer Alraune noch Stechapfel, Tollkirsche und Bilsenkraut. Diese Pflanzen gehören sämtlich zur Familie der Nachtschattengewächse und wirken halluzinogen. Unter der Folter gestanden diese armen Frauen tatsächlich, sich zum Hexensabbat zu begeben. Man darf annehmen, daß sie auch wirklich selbst glaubten, auf die Reise gegangen zu sein – ähnlich wie man heute auf einen LSD-Trip geht.

Hartnäckig hält sich die Legende, daß dem, der eine Alraune besitzt und sie als Talisman am Körper trägt, der Erfolg in der Liebe und bei allen seinen Unternehmungen gewiß ist. . . .

Was Albertus über die Alraune geschrieben hat

Die meisten Dorfbewohner haben praktische Kenntnisse, mit denen sie bewunderungswürdige Dinge hervorzubringen verstehen. Einst war ich zu Gast bei einem reichen Bauern, der ehemals so arm und elend gewesen, daß er für fremde Herren sich plagen mußte. Ich fragte ihn, wie er so schnell zu Reichtum gekommen sei. Er erzählte mir, daß eine Zigeunerin, die er vor schwerer Unbill gerettet, ihn das Geheimnis gelehrt habe, eine Alraune herzustellen. Seither gehe es ihm von Tag zu Tag besser, und fast täglich finde er etwas.

Und so lehrte ihn die Zigeunerin ihr Geheimnis: Grabe eine Zaunrübe, die auch menschenähnliche Gestalt hat, an einem Montag im Frühjahr aus, wenn der Mond günstig zu Jupiter oder Venus steht. Beschneide die Enden der Wurzel, wie es die Gärtner tun beim Pfropfen eines Reises, vergrab sie auf einem Kirchhof und netze sie jeden Morgen vor Sonnenaufgang mit Buttermilch, in der du drei Fledermäuse ertränkt hast. Nimm die Wurzel nach vier Wochen aus der Erde und du wirst sehen, daß sie nun viel stärker dem Menschen gleicht. Trockne sie über einem Herdfeuer von Verbenen und bewahre sie eingebunden in ein Stück Tuch.

Wer im Besitz der wundersamen Wurzel ist, wird immer Glück haben, indem er etwas im Kamin findet, beim Spiel gewinnt oder seine Geschäfte mit großem Nutzen betreibt. So war also der arme Bauer, wie er mir einfältig erzählte, reich geworden.

Es gibt Alraunen anderer Art, die Kobolde oder Hausgeister sein sollen und verschiedenen Zwecken dienen. Einige erscheinen in sichtbarer Tiergestalt, andere wiederum sind unsichtbar.

Ich war einst in einem Schloß zu Gast, wo ein solcher Kobold seit sechs Jahren sein Wesen trieb, indem er eine große Uhr wartete und die Pferde striegelte. Dieser Aufgaben entledigte er sich mit höchster Gründlichkeit, und ich war neugierig, ihn dabei zu beobachten. Groß war meine Verwunderung, den Striegel über die Kruppe des Pferdes gleiten zu sehen, ohne daß er von Menschenhand geführt ward.

Der Stallknecht verriet mir, wie er sich diesen Kobold dienstbar gemacht hatte: An einem Kreuzweg hatte er ein kleines schwarzes Huhn geschlachtet und mit dem Blut dies auf ein kleines Pergament geschrieben: »BERITH wird mir zu Diensten sein zwanzig Jahre und seinen Lohn von mir erhalten.« Er vergrub das Huhn einen Fuß tief im Kreuzweg, und noch am selben Tage hatte der Kobold die Wartung der Uhr und der Pferde übernommen, und der Knecht fand von Zeit zu Zeit Dinge von Wert.

Es gibt viele Menschen, die fest glauben, daß ihnen die genannte Mandragora täglich Tribut zollt in Form eines kleineren oder größeren Goldstücks. Solche Mähr erzählen nicht nur einfältige Menschen, und alle, die mir glaubwürdiger davon redeten, sagten nichts anderes, nur daß sie, nachdem sie diese Mandragoren sich dienstbar gemacht hatten, Glück im Spiel haben, Silber und Kleinode im Kamin finden und ihnen im Traum Plätze erscheinen, an denen sie Schätze finden werden.

Betrug mit künstlicher Alraune

Es gibt Betrüger, welche die Gutgläubigkeit und Unwissenheit braver Leute ausnutzen, indem sie durch Taschenspielerei scheinbar Übernatürliches hervorbringen. Etwas von dieser Art ist die künstliche Alraune, mit der sie Orakel und Wahrsager nachahmen.

In Flandern lud mich einst ein Freund ein, ihn zu einer Frau zu begleiten, die sich mit derlei Unsinn befaßte und für eine große Wahrsagerin galt. Die Alte führte uns in eine finstere kleine Kammer, die nur von einer Lampe erhellt war. In ihrem Schimmer erkannte man auf dem von einem Tuch bedeckten Tisch eine kleine Figur oder Puppe mit überschlagenen Füßen. Und hielt in der Hand des gestreckten linken Arms eine kleine Seidenschnur, an deren Ende eine kleine Fliege aus glänzendem Eisen hing. Darüber war ein Glas dergestalt aufgestellt, daß die Fliege etwa zwei Finger breit hineinhing.

Das Geheimnis der Alten war, der Alraune zu gebieten, daß sie zur Beantwortung gestellter Fragen die Fliege gegen das Glas schlage. Die Alte sprach: »Ich befehle dir, Alraune, im Namen dessen, dem du gehorchen mußt, mit der Fliege dreimal gegen das Glas zu schlagen, im Falle die Reise, die dieser Herr unternehmen will, glücklich verlaufen wird.« Mit diesen Worten schob sie ihre Hand heran, während sie ein Stöcklein ergriff, das die erhobene Hand etwa in Höhe der hängenden Fliege stützte, und schlug diese wahrhaftig dreimal gegen das Glas, obgleich die Alte nicht die Alraune noch die Fliege berührte, was jene beeindruckt, welche die Taschenspielerei nicht kennen.

Um die Leute mit mancherlei Orakeln zu betrügen, verbot sie der Alraune, die Fliege gegen das Glas schlagen zu lassen, wenn dieses oder jenes Ereignis einträte oder nicht. Zum Exempel: »Im Namen dessen, dem du gehorchen mußt, verbiete ich dir, Alraune, die Fliege gegen das Glas zu schlagen, wenn dieser Mann vor seiner

Frau sterben wird«, und indem sie die Hand in der besagten Stellung hielt, schlug die Fliege nicht gegen das Glas. Dies war die ganze Kunst der Alten.

Ich untersuchte die Eisenfliege etwas genauer und bemerkte, daß sie sehr gering wog und stark magnetisch war. Wenn die Alte wollte, daß sie gegen das Glas schlüge, nahm sie immer ein Stöcklein in die Hand, in das ein ziemlich großes Stück Magneteisenstein eingesetzt war, so daß die magnetische Kraft des Steins die magnetisierte Fliege in der gewünschten Art bewegte.

Wollte die Alte, daß die Fliege sich nicht rühre, dann entfernte sie unbemerkt das Stöcklein von ihrem Finger. Jene, die mit ihr unter einer Decke steckten und ihr Kunden brachten, fragten diese zuvor gründlich über ihre Umstände aus, und so war der Betrug leicht möglich.

2. Kapitel
Rezepte aus Magie und Natur

Für Glück im Spiel

Nimm einen Aal, der durch Ersticken getötet ward, und die Galle eines Stiers, welcher tollwütigen Hunden zum Opfer fiel. Fülle die Haut des Aals mit der Stiergalle und gib eine Drachme Geierblut hinzu, binde die Aalhaut an beiden Enden zu und hänge sie zwei Wochen in warmen Rauch. Dann trockne sie in einem Ofen, den du mit Farnkraut erhitzest, das du am Abend vor Johanni gesammelt hast. Mache ein Armband aus der Haut. Auf dieses schreib mit der Feder eines Raben und mit deinem eigenen Blut die vier Buchstaben HVTY. So du dies Armband um das Handgelenk geschlungen trägst, wirst du stets Glück im Spiel haben.

Taschenspielerei

Ich sage dir, wie du eine magische Kerze machst, die den, der sie anzündet, kopflos erscheinen läßt. Nimm die abgelegte Haut einer Schlange, die sich gerade gehäutet hat, griechisches Harz, Jungfernwachs und Eselsblut. Vermische und zerstoße die Ingredienzen, und siede sie mit Sumpfwasser in einem alten Kessel drei bis vier Stunden bei gelindem Feuer. Laß das Gemisch erkalten, wasch es mit klarem Wasser, und forme daraus eine Kerze. Für den Docht aber nimm ein paar Fäden aus gewebtem Linnen. Wer diese Kerze anzündet und von ihr beschienen wird, ist ohne Kopf zu sehen.

Elefanten und Pferde in einer Kammer erscheinen zu lassen

Wenn du willst, daß alle, so in einer Kammer sind, großen Elefanten oder Pferden gleich erscheinen, mußt du das nachgenannte Räucherwerk bereiten: Zerstoß Alcaranzi mit Tümlerfett und bilde daraus Kügelchen, gleich Zitronenkernen. Du brauchst noch den Fladen einer Kuh, die gekalbt hat, ihr Kälbchen aber nicht mehr nährt. Trockne den Kuhfladen so, daß er brenne, zünde ihn an und wirf die Kügelchen darauf. Dann wirst du die erhoffte Zerstreuung genießen, so die Kammer dergestalt verschlossen ist, daß der Rauch nur durch das Schlüsselloch entweichen könne. Falls dir das Kunststück mißlingt, magst du im heißen Kuhfladen Pastinaken garen, eine vortreffliche Speise!

Schlangen im Zimmer erscheinen zu lassen

Willst du, daß ein Zimmer von Schlangen und anderem schrecklichen Getier zu wimmeln scheine, dann entzünde eine Lampe, die du also zugerichtet hast:

Nimm Fett einer schwarzen Schlange und die letzte Haut, die sie abgestoßen hat. Siede Fett und Schlangenhaut mit Eisenkraut in einem Kessel, in den du Schmiedewasser geschüttet. Zieh den Kessel nach einer Viertelstunde vom Feuer. Jetzt gieß das Gesottene durch ein Stück Linnen, laß es erkalten und schöpfe das Fett ab, das sich über dem Wasser gesammelt hat. Flicht einen Docht aus Linnenfäden, und tränke den Docht mit dem Fett, nachdem du die siedende Schlangenhaut in die Lampe getan hast.

Wenn du nun die Lampe mit Walöl entzündest, werden auf gräßliche Weise Schlangen sichtbar, die jeden erschrecken, der nicht in das Geheimnis eingeweiht ist.

Wider lästiges Quaken der Frösche

Willst du die Frösche unverzüglich zum Schweigen bringen: laß weißes Wachs mit Krokodilsfett, das dem Walfett gleicht, an der Sonne schmelzen. Du kannst auch Walfett nehmen, da es gleichermaßen wirkt, denn Fett von Krokodilen ist selten wohlfeil.

Richte eine Lampe, die einen recht dicken Docht habe, mit dem Gemisch zu. Kaum hast du sie entzündet und an den Rand des Teiches gestellt, verstummt das Quaken der Frösche.

Salbe wider das Feuer

In alter Zeit gab es die Sitte der Feuerprobe, bei der des Verbrechens Beschuldigte ihre Unschuld beweisen mußten. Doch sei es, daß man dieses Ritual nicht für rechtens hielt, weil damit der allmächtige Gott herausgefordert wurde, sei es, daß man bei den Feuerproben auch Betrug für möglich hielt – sie kamen ganz aus der Mode. Glaubt man der geschichtlichen Überlieferung, dann gab es wohl tatsächlich Maßnahmen, die Wirkung des Feuers zunichte zu machen. Hier ist ein solches Rezept:

Bereite eine Salbe aus dem Saft von Tormentillawurzel, frischem Eiweiß, gepulvertem Flohkraut, Kalk und Meerrettichsaft, reibe dich damit ein, wenn du die volle Probe machen willst, oder auch bloß die Hände, wenn du nur sie ins Feuer legen willst. Laß die Salbe trocknen, und salbe dich auf gleiche Weise noch dreimal, dann kannst du, wenn du kühn bist, die Feuerprobe wagen, ohne Schaden befürchten zu müssen.

Strumpfband oder Siebenmeilenstiefel für Reisende

Pflücke ein Kraut, genannt Beifuß, bei Sonnenaufgang, wenn der Steinbock im ersten Grad steht, laß es im Schatten trocknen, und füge es mit dem Fell eines jungen Hasen zu Strumpfbändern. Hierfür schneidest du die Haut in zwei Daumen breite Riemen, die du längs faltest und in die du das Kraut einnähst.

Diese Strumpfbänder um die Schenkel gewunden, läuft der Träger so geschwind, daß ein Pferd Mühe hat, ihn einzuholen.

Wenn du eine Jungfrau vor Sonnenaufgang über deine Beine brunzen läßt, wird nicht nur die Müdigkeit des Vortages von dir weichen, sondern du wirst am betreffenden Tage viel länger zu gehen vermögen, ohne zu ermüden.

Die Wirkung ist noch größer, sofern der Mond in Konjunktion zu Merkur steht, insonderheit wenn du statt Hasenfell Leder oder Fell eines jungen Wolfs nimmst, daraus zwei Strumpfbänder machst und auf diese mit deinem Blut die Worte schreibst: »Abumalis cados ambulavis in fortitudine sibi illius.« Du wirst staunen, wie schnell du laufen kannst, wenn du diese Strumpfbänder trägst. Damit die Schrift nicht verwische, ist es ratsam, sie durch ein weißes Florettband, darüber genäht, zu schützen.

Ein letztes Rezept für solche Beschleunigungsstrumpfbänder stammt aus einer alten gotischen Handschrift:

Flicht Haare von einem gehenkten Dieb zu Zöpfen so lang als ein Strumpfband. Nähe sie in Tuchstreifen in der Farbe deiner Wahl. Binde sie um die Hinterhand eines jungen Fohlens, und zwinge das Tier, ungefähr zwanzig Schritte rückwärts zu laufen, während du die folgenden Worte sprichst: »Sicut ambulas dominus Sabaoth, superpennas ventorum, sic ambulavo super terram.« Dann laß das Fohlen vorwärts stürmen, bis es keinen Atem habe. Anschließend kannst du dich mit Nutzen der Strumpfbänder bedienen.

Das Geheimnis des Wanderstabs

Schneide am Tag nach Allerheiligen einen kräftigen Ast vom Holunderstrauch und schnitze daraus einen passenden Stecken. Höhle ihn aus, indem du das Mark herausbohrst, dann befestige am unteren Ende eine Eisenspitze und am oberen Ende die Augen eines jungen Wolfs, Zunge und Herz eines Hundes, drei grüne Eidechsen und drei Schwalbenherzen. Trockne alles an der Sonne zwischen zwei Pergamenten, die du mit gepulvertem Salpeter beschichtet hast. Dann stecke inwendig und oben auf den Stecken sieben Blätter von Eisenkraut, die du am Abend vor Johann-Baptist gepflückt hast, dazu einen mehrfarbigen Stein aus dem Nest eines Wiedehopfs. Verschließ das obere Ende des Steckens mit einer Frucht vom Buchsbaum.

Du kannst gewiß sein, daß dieser Stecken dich vor Fährnissen und Beschwerlichkeiten bewahrt, die dem Reisenden nur zu oft durch Räuber, wilde Tiere, tollwütige Hunde und giftiges Getier drohen. Der Stecken sichert dir auch das Wohlwollen derer, bei denen du nächtigst.

Feuer zu machen, das alsbald brennt

Nimm eine Unze Zinkerz, drei Unzen Ätzkalk, drei Unzen Schwarzpech, und gib alles wohlvermischt in einen Topf, den du sorgfältig mit Kreideschlamm oder Eselsmist abdichtest, daß keine Luft hineindringe. Stelle den Topf in einen Brennofen, und wenn die Ingredienzen sich zu Glühzunder verbunden haben, nimm den aus dem Topf, und lege ihn zwei Wochen lang in Lorbeeröl.

Willst du den Glühzunder gebrauchen, so befeuchte ihn mit deinem Speichel, und du wirst sehen, daß er genugsam glüht, eine Kerze anzuzünden. Willst du das Feuer löschen, dann befeuchte das Gestein wie zuvor und es erlischt. Doch heb es trocken auf und gehe mit Vorsicht zu Werke.

Abrakadabra

Zu den ältesten Beschwörungen, mit denen man jegliche Krankheit zu kurieren versuchte, zählt das magische Dreieck der Kabbala. Hierfür wird das kabbalistische Wort »Abrakadabra« so oft untereinander geschrieben und bei jeder neuen Zeile der letzte Buchstabe weggelassen, bis schließlich nur der erste Buchstabe übrigbleibt und ein Dreieck entstanden ist, das mit der Spitze auf dem Kopf steht.

Liest man die unvollständigen Wörter von links nach rechts um die Ecke aufwärts und die endständigen Buchstaben von unten nach rechts oben, so ergibt sich immer das geheimnisvolle kabbalistische Wort ABRAKADABRA. Ein derart beschriftetes Pergament entfaltet unstreitig seine heilsame Wirkung, wenn es auf einem kranken

Körperteil getragen wird. Wer dies tut, darf auf Heilung hoffen, so jedenfalls lehrt es die Kabbala.

ABRAKADABRA
ABRAKADABR
ABRAKADAB
ABRAKADA
ABRAKAD
ABRAKA
ABRAK
ABRA
ABR
AB
A

Ein Ring, der unsichtbar macht

Einem Mythos zufolge benutzte GYGES, um sich des lydischen Thrones zu bemächtigen, einen magischen Ring, der ihn unsichtbar machte, so daß er vermochte, mit der Königin Ehebruch zu begehen und den König zu meucheln. Auch von den weisen Kabbalisten ist überliefert, wie man einen Ring fertigt, der unsichtbar macht, freilich nicht unbedenklich ist.

Der rechte Zeitpunkt für dieses bedeutende Vorhaben ist ein Mittwoch im Frühling, wenn Merkur in Konjunktion zu einem anderen günstigen Planeten steht, wie Mond oder Jupiter, Venus oder Sonne. In die Fassung eines Ringes aus feinstem Silberamalgam wird ein Stein aus dem Nest eines Wiedehopfes gefügt. Dann wird der Ring, der auf den Mittelfinger passen soll, dreimal nacheinander mit Merkurräucherwerk geschwängert, in ein Stück Taft von der zum Planeten passenden Farbe gewickelt und zu dem Vogelnest gebracht, aus dem der Stein genommen ward. Dort soll er neun Tage liegen. Danach wird er wieder mit dem Rauch geschwängert. Man verwahrt ihn in einem kleinen Kästchen aus Silberamalgam.

Und so benutze den Ring: Streife ihn über deinen Mittelfinger und drehe den Stein nach außen; er fasziniert die Zuschauer dermaßen, daß sie deiner nicht gewahr werden. Willst du, daß sie dich sehen, mußt du den Stein nach innen drehen und die Hand zur Faust ballen.

Ein anderes Rezept war schon vor unserer Zeitrechnung bekannt: Nimm Haare vom Scheitel einer wütenden Hyäne, flicht sie zu kleinen Zöpfen, die du zum Ring schließest. Diesen leg neun Tage in das Nest eines Wiedehopfes. Auch dieser Ring muß wie oben mit Räucherwerk behandelt werden, das dem Merkur gemäß ist. Er wird in gleicher Weise benutzt, doch mußt du ihn stets vom Finger streifen, wenn du nicht unsichtbar sein willst.

Mittel gegen Täuschung und Beeinflussung durch Ringe, die unsichtbar machen

Wie die Natur für jedes Gift ein Gegengift bereithält, so hat auch die göttliche Vorsehung kein Blendwerk zugelassen, dem nicht ein Gegenmittel entspräche. Um dich gegen die Wirkung jener kabbalistischen Ringe zu schützen, die unsichtbar machen, fertige einen Ring aus geläutertem Blei, wie es im Abschnitt über die Talismane beschrieben ward. Befestige in der Fassung des Bleirings das Auge eines jungen Wiesels, das nur einmal trächtig war, und graviere in den Ring die Worte: »Apparuit Dominus Simoni«.

Der Ring aber soll an einem Samstag angefertigt und dreimal mit dem Räucherwerk für Samstage behandelt werden, sobald Saturn in Opposition zu Merkur steht. Danach umhülle ihn mit einem Stück Linnen und vergrabe ihn für neun Tage auf einem Kirchhof.

Behandle ihn nach dem Ausgraben dreimal mit Räucherwerk des Saturns, dann kannst du ihn benutzen.

Wundertätige Ringe mit der Schutzwirkung der sieben Planeten

Bekanntlich ist jedem Planeten ein bestimmtes Metall zuzuordnen. Um einen wundertätigen Ring auf rechte Weise zu fertigen, genügt es nicht, das zum Planeten passende Metall zu gebrauchen, sondern du mußt auch die Steine kennen, die zu ihnen in Beziehung stehen, damit du sie in das Metall fassen und mit den geheimnisvollen Zahlen und Zeichen gravieren kannst. Adlerstein und Rubin werden der Sonne (Gold), Smaragd und Opal dem Mond (Silber) zugeordnet. Magnet und Amethyst entsprechen dem Mars (Eisen), Topas und Porphyr dem Planeten Merkur (Quecksilber), Beryll dem Jupiter (Zinn), Karneol der Venus (Kupfer) und der Onyx (Chalzedon) sowie Jaspis dem Saturn (Blei).

Mit diesem Wissen kannst du zu jedem Planeten den gemäßen Ring fertigen. Doch gib acht, daß du den richtigen Tag und die Stunde der günstigsten Konstellation wählst und alle anderen Regeln bedenkst. Dies vorausgesetzt, wird der Ring großen Wert haben und die erwartete Wirkung entfalten. Die Tafeln (der Seiten 124/125) sagen dir die Tages- und Nachtstunden eines Wochentages, an denen die Planeten ihren Einfluß ausüben. Die kabbalistische Ordnung der Planetenstunden führt von der Sonne über Venus, Merkur, Mond, Saturn zu Jupiter und Mars und zeigt, daß das Symbol des Planeten, der für einen Tag bestimmend ist, immer die erste Stunde dieses Tages beherrscht.

Ein Stück Linnen zu verbrennen, ohne daß es zerstört werde

Nimm Linnen und tränke es in Schnaps, dann entflamme es mit einer brennenden Kerze. Sogleich brennt das Tuch lichterloh und bleibt dennoch im ganzen erhalten.

Die Größe eines Fußes zu bestimmen

Lege einen doppelfädigen Zwirn von der Spitze zum Grundgelenk des gestreckten Daumens: die zweifache Länge des Zwirns entspricht ziemlich genau der Länge des Fußes, wie leicht nachgewiesen werden kann.

Ein Hühnerei in eine Flasche mit engem Hals zu tun

Nimm ein Ei, koche es hart und lege es fünfzehn bis zwanzig Tage in sehr starken Essig. Die Eierschale wird dann nachgiebig wie eine Paste, so daß du es vorsichtig in die Flasche schieben kannst. Nun gib frisches Wasser in die Flasche, und du wirst sehen, daß das Ei in weniger als vierzehn Tagen seine frühere Gestalt zurückgewinnt.

Lästige Haare loszuwerden

Vermische acht Teile ganz frischen Ätzkalk mit einem Teil Auripigment, und gib das Ganze pulverisiert in einen neuen Topf mit starker Lauge. Stelle den Topf ans Feuer und rühre die Zutaten, bis sich eine weiche Salbe bildet. Prüfe, ob sie fertig sei, indem du eine Entenfeder hineinhältst: wird sie kahl, dann ist die Salbe gut.

Willst du sie gebrauchen, dann begib dich an einen warmen Ort, wasche die Stellen, wo du der Haare ledig sein willst, mit warmem Wasser. Dann bestreiche sie mit der Salbe, und alsbald werden sie ausfallen. Falls es dir während der Kur etwas heiß wird, wasche die Haut sogleich mit warmem Wasser ab, damit sie nicht verletzt werde.

Eine Salbe, die macht Haare wachsen

Nimm etliche Honigbienen, verbrenne sie und zerreibe sie zu einem Pulver, das du mit ein wenig gutem Speiseöl zu einer Salbe vermischst. Reibe die kahlen Stellen damit ein, und du wirst sehen: es macht die Haare sprießen.

Ein heilkräftiger Ring wider die fallende Krankheit

Fertige einen Ring aus reinem Silber, befestige in seiner Fassung ein Stück vom Huf eines Elchs. Dann warte auf einen Montag im Lenz, wenn der Mond günstig steht oder in Konjunktion mit Jupiter oder Venus, und graviere zur besten Stunde die nachgesagten Worte inwendig in den Ring: »+ Dabi + Habi + Haber + Habe«. Danach behandle den Ring dreimal mit Räucherwerk des Montags. Du kannst gewiß sein, daß die fallsüchtige Person, die den Ring immerzu und ständig am Mittelfinger trägt, von ihrem Übel verschont wird.

Die Planetenstunden

SONNTAG Tagstunden

1	2	3	4	5	6
☉	♀	☿	☾	♄	♃
7	8	9	10	11	12
♂	☉	♀	☿	☾	♄

SONNTAG Nachtstunden

1	2	3	4	5	6
♃	♂	☉	♀	☿	☾
7	8	9	10	11	12
♄	♃	♂	☉	♀	☿

MONTAG Tagstunden

1	2	3	4	5	6
☾	♄	♃	♂	☉	♀
7	8	9	10	11	12
☿	☾	♄	♃	♂	☉

MONTAG Nachtstunden

1	2	3	4	5	6
♀	☿	☾	♄	♃	♂
7	8	9	10	11	12
☉	♀	☿	☾	♄	♃

DIENSTAG Tagstunden

1	2	3	4	5	6
♂	☉	♀	☿	☾	♄
7	8	9	10	11	12
♃	♂	☉	♀	☿	☾

DIENSTAG Nachtstunden

1	2	3	4	5	6
♄	♃	♂	☉	♀	☿
7	8	9	10	11	12
☾	♄	♃	♂	☉	♀

MITTWOCH Tagstunden

1	2	3	4	5	6
☿	☾	♄	♃	♂	☉
7	8	9	10	11	12
♀	☿	☾	♄	♃	♂

MITTWOCH Nachtstunden

1	2	3	4	5	6
☉	♀	☿	☾	♄	♃
7	8	9	10	11	12
♂	☉	♀	☿	☾	♄

DONNERSTAG Tagstunden

1	2	3	4	5	6
♃	♂	☉	♀	☿	☾
7	8	9	10	11	12
♄	♃	♂	☉	♀	☿

DONNERSTAG Nachtstunden

1	2	3	4	5	6
☾	♄	♃	♂	☉	♀
7	8	9	10	11	12
☿	☾	♄	♃	♂	☉

FREITAG Tagstunden

1	2	3	4	5	6
♀	☿	☾	♄	♃	♂
7	8	9	10	11	12
☉	♀	☿	☾	♄	♃

FREITAG Nachtstunden

1	2	3	4	5	6
♂	☉	♀	☿	☾	♄
7	8	9	10	11	12
♃	♂	☉	♀	☿	☾

SAMSTAG Tagstunden

1	2	3	4	5	6
♄	♃	♂	☉	♀	☿
7	8	9	10	11	12
☾	♄	♃	♂	☉	♀

SAMSTAG Nachtstunden

1	2	3	4	5	6
☿	☾	♄	♃	♂	☉
7	8	9	10	11	12
♀	☿	☾	♄	♃	♂

ERKLÄRUNG DER ZEICHEN

♄ = *Saturn*

♃ = *Jupiter*

♂ = *Mars*

☉ = *Sonne*

♀ = *Venus*

☿ = *Merkur*

☾ = *Luna (Mond)*

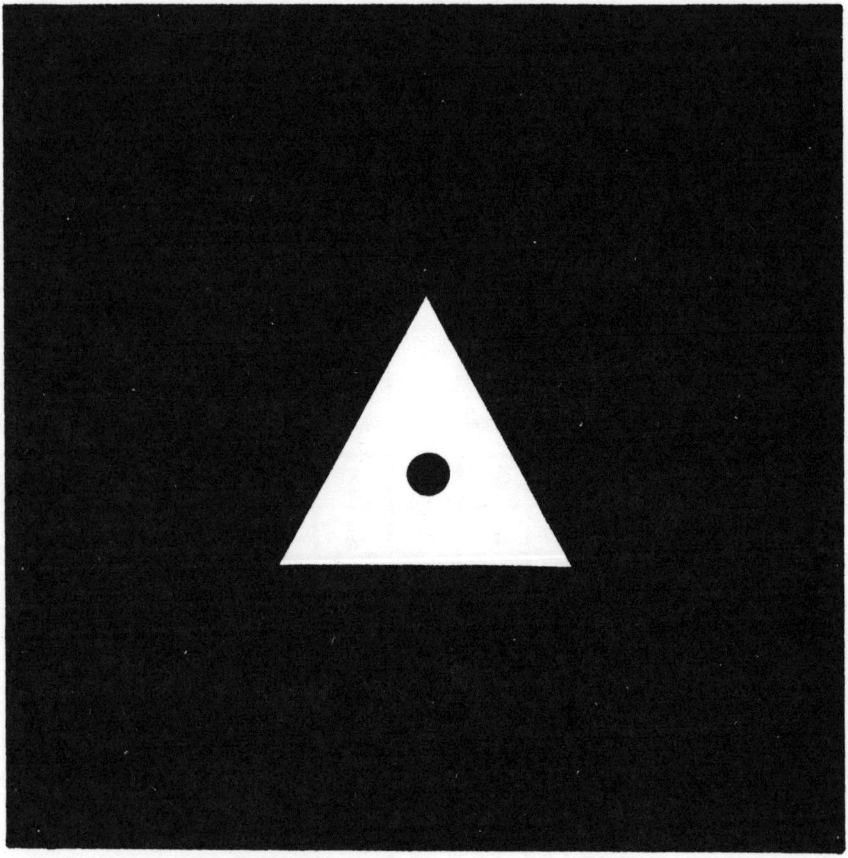

Sechstes Buch
Die wundersamen und merkwürdigen Geheimnisse des Albertus Magnus und anderer gelehrter Männer

1. Kapitel
Die Macht der Duftstoffe

Duftstoffe besitzen erstaunliche Eigenschaften. Bekanntlich entfaltet die Luft, die wir atmen, über die Veränderung des Blutes, das die Lungen durchströmt, eine wohltätige Wirkung im Organismus. Nun sind Duftstoffe flüchtige Substanzen, die sich innig mit der Atemluft vermischen und deren Wirkung auf Körper und Geist eine verschiedene ist, je nachdem sie mineralischen, pflanzlichen oder tierischen Ursprungs sind. Weihrauch zum Exempel fördert die Meditation und stärkt die seelischen Kräfte. Rosenessenz besitzt eine unwiderstehliche Anziehungskraft, Sauerampfer macht optimistisch, die Glyzinie schärft die Intuition – und so weiter.

Duftstoffe im Zeichen der Planeten

Alle Duftstoffe oder Parfüms soll man in einer kleinen Wärmepfanne aus feuerfestem Ton über Holzkohle vom Haselstrauch oder vom Lorbeerbaum verbrennen. Das Räucherwerk soll mit Funken aus Feuerstein, mit der Flamme eines Dochts oder einer Kerze entfacht werden, die noch keinem profanen Zweck gedient haben, denn die Geister sind sehr eigen und schnell erzürnt, wenn man ihnen das Ihre vorenthält.

Im Zeichen der Sonne

Dem Sonntag entspricht der Duftstoff im Zeichen der Sonne. Bereite ihn aus Safran, Aloeholz, Balsamholz, Lorbeerkörnern, Gewürznelken, Myrrhe und Weihrauch, von jedem eine Viertelunze, einem Körnchen Moschus und einem Körnchen grauer Ambra. Die Ingredienzen sollst du zu Pulver reiben und gut vermengen. Dann verknete es mit spanischem Tragant und Rosenwasser und forme kleine Perlen daraus. Zum Räuchern aber sollst du sie zu dreien auf das Holzkohlenfeuer werfen.

Im Zeichen des Mondes

Der Duftstoff, der dem Montag gemäß ist, wird aus diesen Stoffen bereitet: nimm den Kopf eines Laubfrosches, die Pupillen von den Augen eines weißen Stiers, Samen von Schlafmohn, vom besten Weihrauch und ein wenig Kampfer. Die feingepulverten Zutaten verknete mit ein wenig Blut von einer jungen Gans oder einer Turteltaube zu einem festen Teig, aus dem du kleine Körner formst. Bei Bedarf verbrenne drei Körner.

Im Zeichen des Mars

Der Duftstoff für Dienstag. Man bereitet ihn aus Wolfsmilch, Hanfblatt, Salmiaksalz, Wurzel von Nieswurz, Magneteisenstein und ein wenig Schwefelblüte. Reibe alles fein zu Pulver und vermisch es mit Blut von einer schwarzen Katze und dem Gehirn eines Raben zu einem Teig. Daraus forme Kügelchen, von denen du bei Bedarf immer drei verbrennst.

Im Zeichen des Merkur

Der Duftstoff in diesem Zeichen wird des Mittwochs genützt. Bereite ihn aus gepulverten Früchten wie Eberesche, Aloeholz, Storax, Benzoe, Lapislazuli und Pfauenfederkielen. Das Pulver aber vermische gut mit Schwalbenblut und etwas Hirn vom Hirschen zu einem Teig. Forme kleine Kügelchen daraus, trockne sie und verbrenne davon immer drei, wenn du ihrer bedarfst.

Im Zeichen des Jupiter

Der Duftstoff für den Donnerstag steht unter diesem Zeichen. Bereite ihn aus Pulver von Sesam, Aloe, Geißblattstengeln und Amethyst mit Blut von einer Lerche oder einem Rebhuhn, gib ein wenig Walfett hinein. Füge alle Zutaten zu einem Teig, aus dem du kleine Perlen formst. Trockne sie und wirf bei Bedarf stets drei in die Glut der Wärmpfanne.

Im Zeichen der Venus

Der Duftstoff für den Freitag wird im Zeichen der Venus bereitet. Nimm dazu Moschus, graue Ambra, Aloeholz, getrocknete Rosenblätter und rote Koralle und reibe alles zu Pulver. Vermische es mit Blut von einer Taube oder Turteltaube und mit den Hirnen von zwei oder drei Sperlingen zu einem Teig, mache kleine Körnchen daraus und gebrauche sie, so sie getrocknet sind.

Im Zeichen des Saturn

Der Duftstoff des Samstags. Du brauchst dafür Opiumextrakt, Bilsenkrautsamen, Alraune, Magneteisenstein und Myrrhe. So du sie zu Pulver zerrieben hast, verrühre sie mit Fledermausblut und Hirn von einer schwarzen Katze und forme aus dem Teig kleine Kügelchen. Laß sie gut trocknen und nimm bei der rechten Gelegenheit immer drei zum Räuchern.

Die Macht der vorgesagten Duftstoffe

Wir haben schon gesagt, daß die Erdgeister große Macht haben, den Menschen Gutes oder Böses anzutun. Das wissen jene, die in Gruben arbeiten oder nach Schätzen graben, und deswegen tun sie alles, um nicht den Unwillen der Geister zu erregen. Die Erfahrung hat sie gelehrt, daß Eisenkraut und Lorbeer die Geister freundlich stimmen.

Wenn man durch natürliche oder übernatürliche Zeichen, als da sind Irrlichter in der Nacht vom Freitag zum Samstag oder Träume,

Gewißheit erlangt hat, wo ein Schatz verborgen liege, soll man an dem Ort den Duftstoff des Tages verbrennen, an dem man mit dem Graben beginnen will. Dann pflanzt man mit der rechten Hand einen grünen Lorbeerzweig und mit der linken ein Zweiglein Eisenkraut. Zwischen beiden Setzlingen aber gräbt man in der Erde. Sobald das Loch eines Mannes Tiefe hat, windet man die beiden Zweige zu einem Kranz, den man über dem Hut oder der Mütze trägt. So mehrere beisammen sind, ziemt es, daß jeder sich mit einem solchen Kranz schmücke. Über diesem Kranz aber wird der nachbeschriebene Talisman befestigt.

Man nimmt dazu Jungfernpergament oder eine Tafel aus feinem Zinn, das am Tag und zur Stunde des Jupiter (das ist Donnerstag, Tagstunden ein Uhr und acht Uhr, Nachtstunden drei Uhr und zehn Uhr) geläutert ward. Auf die eine Seite graviert man die Göttin Fortuna, auf die andere in großen Lettern die Worte: OMOUZIN ALBOMATATOS. Solange man aber gräbt, um an den Schatz zu gelangen, soll man täglich das Räucherwerk verbrennen, das dem Tage gemäß ist. Dergestalt Verfahren erwirket, daß die Erdgeister, die Hüter der Bodenschätze, den Gräbern nicht schaden, vielmehr aber ihnen bei ihrem Unterfangen helfen.

Die Erdgeister hüten indessen keine Schätze aus Gold, Silber und edlem Geschmeide, die zumeist in baufälligen Gemäuern nahe bei alten Kirchen und verfallenden Kapellen vergraben sind, werden aber von jenen, so darüber gebieten, durch die Tugenden gesondert bereiteter Duftstoffe und Talismane dazu verleitet, diese zu bewachen. Im gegebenen Falle muß man sie füglich durch stärkeres Räucherwerk und überlegene Talismane vertreiben. Es sind jene, die man im Zeichen von Mond und Saturn fertigt, und sie wirken am meisten, wenn dabei der Mond im Zeichen des Stiers, des Steinbocks oder der Jungfrau stand.

Die aber nach Schätzen graben, sollen sich nicht fürchten, wenn es den Erdgeistern gefällt, sie mit scheußlichen Bildern und allerlei Blendwerk zu erschrecken. Es ist eine Lüge, daß die Erdgeister den braven Schatzsucher töten. Wenn einen bei der Schatzsuche der Tod ereilte, waren entweder schädliche unterirdische Gase oder ermangelnde Vorsicht die Ursache.

Item es ist unnütz, beim Graben das Maul zu halten, denn wer spricht und singt, hat weniger Furcht. Wenn man bei der Arbeit mehr Lärm vernimmt denn zuvor, soll man darob nicht erschrekken, aber mehr Räucherwerk verbrennen, und es soll einer mit lauter Stimme das Gebet der Salamander hersagen. Dann fügen sich die Geister und tragen den Schatz nicht hinweg.

Zuweilen verwandeln die Erdgeister edles Metall in wertlosen Unrat und täuschen damit das Auge des Unwissenden. Der kluge und erfahrene Schatzgräber aber, der in den Eingeweiden der Erde uneigentümliche Stücke findet, wird sie mitnichten verachten, sondern ans Licht des Tages befördern und sie in einem Feuer aus Lorbeerholz, Farnkraut und Eisenkraut läutern. Durch diese Behandlung gewinnen die Metalle ihre wahre Natur zurück.

Willst du wissen, ob dort, wo du gräbst, ein Schatz verborgen sei, dann fertige aus Tierruß eine dicke Kerze und tu sie in ein hohles Stück Haselholz. Die Kerze an dem unterirdischen Ort angezündet, so sie laut knistert und prasselt, ist ein gewiß Zeichen, daß man dort einen Schatz finden werde. Je näher man ihm rückt, um so heftiger knistert das Licht, und dicht davor erlischt es plötzlich. Darum trage Sorge, daß andere Lichter zur Stelle seien. Wenn du mit einigem Fug und Recht annehmen mußt, daß die Geister von Verstorbenen einen Schatz bewachen, befleiße dich, geweihte Kerzen zu gebrauchen.

2. Kapitel
Weitere Duftstoffe

Künstlichen Moschus zu bereiten, der dem natürlichen in nichts nachsteht

Hierzu benötigst du eine kleine Vogelvoliere, die der aufgehenden Sonne zugewandt sein soll. In dieses freundliche Gelaß setze sechs der schwärzesten männlichen Tauben, die du finden kannst.

Füttere den Tieren an den letzten drei Tagen des abnehmenden Mondes Lavendelsamen anstatt der gewohnten Körner und gib ihnen Rosenwasser zu trinken. Vom ersten Tag des zunehmenden Mondes aber nähre sie mit diesem Futter: Du knetest einen Teig aus sechs Pfund Bohnenmehl und Rosenwasser mit je sechs Drachmen Speik, Kalmuswurzel, Gewürznelken, Muskatnuß und Ingwer, alle zu Pulver fein zerrieben. Aus dem Teig forme Körner so groß wie eine Kichererbse. Laß sie an der Sonne trocknen, auf daß kein Schimmel sie verderbe.

Von diesen Körnern gib jeder Taube achtzehn Tage lang viermal am Tage sechs zur Speise, tränke sie mit Rosenwasser und trage Sorge, daß ihre Voliere stets reinlich sei. Nach dieser Zeit aber nimm ein glasiertes Tongeschirr, schneide den Tauben die Hälse durch und fange ihr Blut in dem Topf auf, den du zuvor gewogen haben sollst, damit du wissest, wie viele Unzen Blut im Topf seien. Nachdem du mit einer Feder den Schaum vom Blute abgeschöpft hast, vermische es mit ein wenig echtem Moschus, in etwas Rosenwasser gelöst.

Auf drei Unzen Blut nimm eine Drachme Moschus und sechs Tropfen Ochsengalle. Gieße das Gemisch in einen Glaskolben mit langem Hals, den sollst du gut verschließen. Dann laß es zwei Wochen lang in warmem Pferdemist, besser aber an der heißen Sommersonne reifen. Wenn es gut trocken ist, nimm es aus dem Glaskolben und lege es mit einem Stück Baumwolle in ein Kästchen aus Blei. Dieser Moschus ist so gut und duftet so stark wie der echte aus dem Orient.

Rosenduft in der Wäschetruhe

Nimm Rosenblätter, soviel dir beliebt, und breite sie an einem luftigen Ort zwischen zwei Tüchern auf einem Tisch aus. Wenn du siehst, daß sie trocken sind, so befeuchte sie mit Rosenwasser, das mit Moschus versetzt ward. Dann laß sie wieder trocknen. Besprenge und trockne sie dreimal. Dann vermische in einem Schälchen ein wenig Benzoe, Storax und Kalamit mit zwei oder drei Körnchen Moschus und Rosenwasser, gib es über die Rosenblätter, die du in eine Schüssel getan, und mische es drei Tage lang. Danach fülle kleine Säcklein aus altem weißen Linnen mit den Rosenblättern und lege sie in die Truhen und Schränke. In weniger als drei Tagen wird sich ihr Duft darin verbreiten.

Willst du es aber wohlfeiler bereiten, so laß die Rosenblätter trocknen wie vorgesagt. Dann siede in einem kleinen Topf bei gelindem Feuer ein wenig Rosenwasser mit Pulver und Wurzel von Hahnenfuß, Gewürznelke, Maiglöckchenblüten und wenig Moschus. Übergieße die Rosenblätter damit und fülle sie später in kleine Säcklein.

Handschuhe wohlriechend zu machen

Nimm süßes Mandelöl und vermische es in einem Glas mit feingepulvertem Storax, Moschus, Kalamit und Iriswurzel. Stelle das Glas eine Woche lang an die Sonne und trage Sorge, Öl und Pulver an jedem Tag gut zu schütteln. Dann tränke die Handschuhe mit Rosenwasser, dem Moschus beigegeben ward, und laß sie trocknen. Dies wiederhole dreimal. Wenn die Handschuhe beim letzten Mal befeuchtet sind, bestreiche sie mit dem vorgesagten Öle. Mit dem Öl kannst du dir auch öfter die Hände einreiben.

Rosenseife

Nimm ein Pfund geschabte Seife und anderthalb Pfund Rosen, die du frisch geschnitten und sehr fein zerkleinert hast. Verrühre sie gründlich mit Rosenwasser und laß alles vier Tage lang an der Sonne ruhen. Dann gibt anderthalb Unzen feingepulverte Gewürznelke und ein Viertel der Menge Iris dazu, mische es gut mit der Seife und verteile sie in kleine Kästchen.

Nelkenseife

Ein Pfund geschabte Seife weiche in Rosenwasser ein und stelle sie drei Tage an die Sonne. Dann gib von anderthalb Unzen zerstoßenen Gewürznelken die Hälfte in die Seife und rühre es gut um. Die andere Hälfte siede in Rosenwasser und laß es erkalten. Füge beides zusammen, gib nach Belieben Benzoe hinein, und du wirst eine wohlriechende Seife haben.

3. Kapitel
Geheime Schönheitsrezepte

Für die Haare

Willst du schöne Haare haben, nimm Efeurinde, verbrenne sie zu Asche, die vermischst du mit Rebensud zu einer Lauge, damit du deinen Kopf einreibst. Laß es an der Sonne trocknen. Dann verdünne ein wenig geschabte Kernseife mit der Lauge, reib es in die Haare. Das sollst du drei- oder viermal tun.

Damit die Haare wachsen: Weiche eine Handvoll Lupinen in Wasser ein, siede sie und bereite daraus eine Lauge, mit der du etliche Mal die Haare wäschst.

Wenn man Haupt und Haare mit Milch von einer Hündin einreibt, bewahren sie ihre Farbe.

Weiße Haare aber kann man schwarz färben. Hierfür soll man Bleiglätte zerstoßen und mit gleichviel Ätzkalk in warmes Wasser rühren. Mit diesem Wasser aber soll man die Haare waschen, so werden sie schwarz. Oder getrocknete Feigenblätter zu feinem Pulver zerrieben und mit Kamillenöl gemischt: schwärzt Bart und Haupthaar.

Für ein schönes Gesicht der Frauen

Samen von Petersilie und Brennessel mit Pfirsichkernen in Wasser gesotten. Damit wasche das Gesicht.

Item Saubohnen, Erbsen und Kichererbsen gepulvert, mit lauem Wasser, Eiweiß und Eselsmilch vermengt und getrocknet. Von diesem Pulver ein wenig mit Wasser gelöst. Damit wasche das Gesicht.

Für Hautflecken

Nimm eine lebende grüne Eidechse, siede sie in Öl, bis der dritte Teil davon verdampft ist, und gieß das Öl durch ein Seihtuch. Vermische das Öl mit weißem Wachs und reib dein Gesicht damit.

Item nimm Felsalaun, gut zerstoßen, misch ihn mit einem frischen Eiweiß und rühre es bei gelindem Feuer zusammen, bis es dick wird. Laß es erkalten, und reibe damit drei Tage nacheinander dein Gesicht, so wird es glatt und glänzend.

Für reine Haut

Salpeter, in feines Linnen gebunden und in reines Wasser getunkt, damit die Unreinigkeiten befeuchtet. Heilsamer denn Salpeter dünkt mich dies Wasser: Siede weiße Bohnen in zwei Pinten Wasser, bis sie zu Mus geworden. Vermische es in einer Destillierblase mit Ampferblättern, Schaffleisch, Silberfingerkraut, von jedem zwei Handvoll, einem Pfund gehacktem Kalbfleisch und sechs frischen Eiern, und gieß einen Schoppen hellen Weinessig darüber. Dies sollst du im Wasserbad destillieren. Mit diesem Wasser abends und morgens das Gesicht gewaschen, vertreibt die Hitzblattern.

Gar viele fürchten, diese Destillate würden sie vor der Zeit altern lassen. Doch ich weiß ein Mittel, das die Älteren jung erscheinen läßt. Knete einen Brotteig aus drei Pfund Weizen, einem Pfund Saubohnenmehl, Ziegenmilch und nicht zu saurer Hefe. So du es gebacken hast, schneide die Kruste ab und weiche sie in frischer Ziegenmilch und sechs geschlagenen Eiweiß ein. Verrühre alles gut mit einer Unze gebrannter Eierschale, und destillier es in einer Destillierblase, so erhältst du ein Verjüngungselixier. Wenn man es jeden Tag ins Gesicht reibt, wird es glatt und glänzend wie ein Spiegel...

Wer aber ein braunes Gesicht bleichen will, soll das echte venezische Wasser benutzen. Nimm zwei Pinten Maimilch von einer schwarzen Kuh, eine Pinte Wasser von schwitzenden Rebstöcken, acht Zitronen und vier Apfelsinen, in feine Scheiben geschnitten, zwei Unzen Kandis, eine halbe Unze gepulverten Borax und vier feinzerstoßene Narzissenzwiebeln, vermische und destilliere und läutere es und halte dies Wasser in einer gut verschlossenen Flasche. Item siede Bleiglätte und Sublimat mit starkem Weinessig in einem Glas und gebrauche es nach Belieben.

Item die Milch mit Apfelsinensaft und Weinsteinöl vermischt in das Gesicht gerieben.

Schönheitssalbe für das Gesicht

Nimm dreißig Füße vom Schaf und sechs vom Kalb und schneide das Fleisch ab, denn du brauchst nur die langen Knochen. Die aber zerstoße und sollst du sie mit Wasser in einem großen feuerfesten Tontopf drei Stunden sieden und Sorge tragen, die Unreinigkeiten abzuschäumen.

Wenn das Gesottene erkaltet ist, nimmst du mit einem silbernen Löffel das Fett und das Mark, so sich zuoberst formiert hat. Vermische es mit gleichviel Bauchfett vom Zicklein, mit Borax und gebranntem Felsalaun, von jedem eine Drachme, und einer Unze Keimöl. Dann siede alles mit einer Pinte hellem Weißwein. Laß es erkalten und hebe die Fettschicht ab. Das Fett aber sollst du zu etlichen Malen mit Rosenwasser waschen, bis es weiß geworden ist. Verschließ es in kleinen Steinguttöpfen, und nütze es, wann du es brauchst.

Item nimm Galle vom Hasen, Hahn, Huhn und Aal, verrühre sie mit Honig, fülle damit ein bronzenes Gefäß, das du gut verschließt. Reibe dir das Gesicht mit diesem Balsam, und es wird schön. Hab gleichwohl acht, daß es dir nicht in die Augen gerate.

Seife für Gesicht und Hände

Nimm ein Pfund Iris, vier Unzen Storax, zwei Unzen gelbes Sandelholz, Nelken und feinen Zimt, von jedem eine halbe Unze, eine Muskatnuß. Zerstoß es zu Pulver und schütte es durch ein Sieb. Vermenge es mit zwei Pfund geschabter Kernseife und drei Schoppen Schnaps, und laß es vier oder fünf Tage ziehen. Dann knete Orangenblütenwasser und feingesiebte Stärke hinein, bis du einen Teig hast. Vermisch ihn mit zwölf Körnern grauer Ambra, die du fein gepulvert mit Gummiarabikum und Duftwasser verrührt hast. Aus dem Teig forme Seifenkugeln, die du im Schatten trocknen läßt.

Für häßliche Haut am Leib

Wenn eine Frau etliche Kinder geboren hat und die Haut am Leib von Falten und Narben verunziert ist, bereite sie eine Salbe aus venezischem Terebinth, Milch von Spargelkraut, gesäuertem weißen Käse und gepulvertem Mineralkristall. Zuvörderst reibe sie den Leib mit Zitronensaft ein und bestreiche ihn hernach mit der vorgesagten Salbe. Dies soll sie etliche Male tun.

Feine Salbe

Nimm feines Schmalz vom Schwein, besser aber vom Hirsch, und vermisch es mit Iriswurzel und Äpfeln, alles sehr fein zerstampft. Rühre ein wenig gepulverte Nelken und Zimt hinein, binde es in feines Linnen und hänge es in klares Wasser. Danach wasche die Salbe noch dreimal mit Rosenwasser.

Für zarte Hände

Nimm süßes Mandelöl, wirf etliche ganze Gewürznelken hinein, und laß es acht Tage in der Sonne stehen. Dieses Öl, auf die Hände gerieben, macht sie gar zart und glatt.

Feines Duftwasser

Nimm Rosenwasser und Damaszenerwasser, ein Pfund von jedem, dazu Zitronenblütenwasser, und vermische sie. Dies verrühre mit dreiviertel Pfund Zypressenpulver, einem halben Pfund Moschus, ebensoviel Zibet und einer Unze Benzoeharz, alles gepulvert, und lasse es in einer Tonflasche zwei Tage an der Sonne ruhen.

Siebtes Buch
Die wundersamen und merkwürdigen Geheimnisse des Albertus Magnus und anderer gelehrter Männer

1. Kapitel
Die wahren Schätze des Lebens in der Natur

Als Gelehrter und Naturforscher hat sich Albertus ganz besonders intensiv damit befaßt, Naturerscheinungen zu untersuchen, die dem Menschen unbegreiflich sind, aber er experimentierte auch auf vielen Gebieten von Wissenschaft und Technik. Das trug ihm den Ruf eines Zauberers ein. Ein Wissender war damals gleichzeitig Mönch, Arzt, Philosoph, Alchimist und Astrologe.

Albert kannte die Geheimnisse der natürlichen Magie, des Himmels und der Erde, die dem einfachen Mann verborgen blieben. Bei geselligen Zusammenkünften wurden die Menschen jener Zeit schon in heitere Laune versetzt, wenn man den Raum mit Wein besprengte, der zuvor mit vier Verbenenblättern versetzt worden war. Mehr noch als derartige Späße mußte es in einer Zeit, da das Verbrechen der Zauberei einen leicht auf den Scheiterhaufen bringen konnte, als Teufelswerk gelten, wenn man sich unempfindlich gegen Feuer machen konnte. Das eifersüchtig gehütete Geheimnis bestand aber letztlich nur darin, sich den Körper mit einer einfachen Salbe aus Eibisch-

saft, Eiweiß, Petersiliensamen, Kalk und Meerrettichsaft einzureiben. Wer aber hätte das geglaubt?

Tatsächlich machten es einfache Tricks möglich, das Wunder zu vollbringen. Dabei steht das Wort Trick für das »Gewußt wie« und mündet in Technik und Wissenschaft. Natürlich fasziniert es, wenn wir von einem der spektakulären Versuche lesen, bei denen Albertus tollkühn von einem Turm springt und, an einer Art großem Regenschirm hängend, sanft zu Boden gleitet. Dieses Ereignis findet indessen im dreizehnten Jahrhundert statt!

Mehrfach überraschte Albertus seine Zeitgenossen mit Apparaten, die er selbst konstruiert hatte. Im neunzehnten Jahrhundert sollte JEAN EUGÈNE ROBERT-HOUDIN, der Reformator der Täuschungskunst, ebenfalls für seine Zeit unerklärliche magische Effekte produzieren, die auf Elektrizität und Elektromagnetismus beruhten. Er soll sogar als Kuriosität eine elektrische Glühbirne vorgeführt haben, bevor sie offiziell erfunden worden war.

Auch ich habe mich der natürlichen Magie bedient, als ich vor Jahren im Mogador-Theater in Paris bei der »Magic Story«, einer magischen Komödie, auf der Bühne leibhaftig sichtbar wurde, ohne dort zu stehen. Das Geheimnis war die Holographie. JEAN-LOUIS TRÉBILLON, ein Pionier dieses Verfahrens, hatte mich mit Hilfe eines Lasers auf einen besonders empfindlichen Spezialfilm gebannt, und auf der Bühne setzte ein Laserstrahl mein Bild wieder dreidimensional im Raum zusammen. Heute ist dieser Trick schon nicht mehr neu.

Einige Bauernregeln

Verhangene Sterne bei wolkenlosem Himmel: ein Gewitter ist nahe.

Wetterleuchten über dem Horizont und keine Wolke: schönes, warmes Wetter.

Donner des Abends bringt Gewitter, Donner morgens oder mittags bringt Regen.

Wenn der Regen dampfend niedergeht, wird es lange Zeit und ausgiebig regnen.

Wolken, die nach dem Regen zur Erde niedersinken und über Felder und Wiesen zu rollen scheinen, kündigen gutes Wetter an.

Nebel nach schlechtem Wetter: bald wendet sich das Wetter zum Guten.

Nebel bei schönem Wetter, der Wolken hinterläßt, nachdem er aufgestiegen ist: schlechtes Wetter ist in Sicht.

Schäfchenwolken am Himmel; im Sommer: Wind kommt auf; im Winter: es wird schneien.

Wolkenloser Horizont, kein Windhauch oder Nordwind: es kommt schönes Wetter.

Wenn es windig ist und der Rauhreif sich als Nebel zerstreut, kommt schlechtes Wetter.

Wenn die Kirchenglocken sehr entfernt klingen, ist es windig oder das Wetter ändert sich.

Wenn man alle Gerüche stärker wahrnimmt, wird es bald regnen.

Kommen tagsüber Winde auf, so sind sie viel heftiger und halten länger an als Wind, der sich nachts erhebt.

Beginnt der Frost mit Ostwind, so wird er lange dauern.

Wenn die Fledermäuse zahlreich und länger als gewöhnlich fliegen, wird der folgende Tag sonnig und warm.

Schreit das Käuzchen bei schlechtem Wetter und singt der Rabe in der Früh, dann wird das Wetter schön.

Wenn sich die Mücken vor Sonnenuntergang versammeln und eine wirbelnde Säule bilden, kündet dies gutes Wetter an.

Wenn die Insekten mehr als gewöhnlich stechen und lästig fallen, zieht ein Gewitter heran.

Irrlicht

Landbewohner halten die Irrlichter immer noch zu oft für übernatürliche Erscheinungen, um ihre Ursache nicht erklären zu müssen. Einem naiven Glauben zufolge werden Irrlichter nachts von Geistern entzündet, die sich damit vergnügen, den Wanderer vom rechten Weg abzubringen, ihn zu quälen und mitunter sogar in den Abgrund zu ziehen. Manche sagen auch, es seien die Seelen der Verdammten, die in der Nähe des Ortes, wo sie früher lebten, diese Gestalt annehmen.

Alles Märchen! Wenden wir uns der Wirklichkeit zu: Irrlichter sind nichts weiter als phosphorhaltiges Gas, das sich plötzlich entzündet. Dieses Gas, das sich in Böden bildet, die viel animalischen Stoff enthalten, wie auf Kirchhöfen, alten Schlachtfeldern und Schindangern, tritt hauptsächlich bei heißem Wetter an die Oberfläche des Bodens. Durch den Phosphor darin entzündet es sich aus sich selbst und gleicht einer flackernden Kerze oder einem brennenden Rutenbündel.

Bei Windstille gleicht das Irrlicht einem Heiligenschein oder einer Krone. Da es leicht und sehr beweglich ist, geht es mit der Luftströmung. Man sagt, es verfolge jene, die vor ihm fliehen, und fliehe jene, die es verfolgen. Die Ursache davon ist, daß beim Weglaufen vor dem Irrlicht ein Sog entsteht, der dieses hinterherzieht. Umgekehrt schiebt die Luft, die man bei der Verfolgung verdrängt, das Irrlicht mit der Geschwindigkeit des Verfolgers vorwärts. Wie jeder sich überzeugen kann, ist dies weder mysteriös noch übernatürlich.

2. Kapitel
Geheimnisse der Tiere

Ein nimmermüdes Pferd zu machen

Soll das Pferd in einer Stunde mehr Meilen zurücklegen als ein anderes an einem Tag, so mische eine Handvoll kleingehackte Blätter vom Knabenkraut unter seinen Hafer. Dann salbe seine vier Beine unterhalb des Leibes mit Hirschfett und drehe seinen Kopf, bevor der Ritt beginnt, gegen Sonnenaufgang, dabei sprich ihm dreimal die Worte »Kaspar, Melchior« ins linke Ohr. Dann reite von hinnen. Wenn du dem Pferd noch die Reißzähne eines jüngst getöteten Wolfes an den Hals hängst, wird es während des ganzen Rittes nicht ermüden.

Ein wildes Pferd lammfromm zu machen

Im Gebiet des Mont Cenis findet man kleine runde grünliche Steine mit wunderlichen Eigenschaften. Lege dem wilden Pferd in jedes Ohr einen solchen Stein und halte ihm die Ohren mit den Händen zu: Alsbald wird das Pferd sanft und gehorsam dich als Reiter dulden, und auch der Schmied darf ihm unbeschadet die Hufe beschlagen.

Einen wilden Stier kannst du zähmen, so du ihn an einen Feigenbaum bindest und unter diesem Baum für eine Weile grasen läßt. Du zähmst ihn auch, wenn du den rechten Vorderlauf über dem Knie mit Rinde vom Holunderstrauch bindest.

Zu machen, daß ein Pferd wie tot umfällt

Nimm eine Schlangenzunge und wickle sie in Jungfernwachs. Wenn du sie nun einem Pferd ins linke Ohr tust, wird es vor Schreck wie tot umfallen. Sobald du die Schlangenzunge herausnimmst, steht es auf und ist munterer denn zuvor. Gefährlich ist indessen, das Pferd zu lange durch die Angst zu lähmen.

Wider die Harnverhaltung beim Pferd

Wärme Wasser auf dem Herd und gib es dem Pferd zu saufen, so wird es alsbald brunzen.

Kahle Knie des Pferdes zu heilen

Diese Krankheit kann das edle Tier befallen, wenn es auf die Knie gestürzt ist. Ein Pferd mit kahlen Knien ist wenig wert, insonderheit, wenn sichtbare Spuren der Krankheit zurückbleiben, was oft der Fall ist. Um dies zu verhüten, sollst du das Pferd, so es gestürzt ist, im Schritt zum Stall zurückführen. Gieß etliche Eimer kalten Wassers auf die Wunde, sie zu reinigen, aber unterlaß alles Reiben. Dann trockne sie sanft mit weichem reinen Linnen und bedecke sie fingerbreit mit Scharpie, die du mit einer breiten Binde aus Flanell, aber nicht aus Linnen, befestigst. Binde einen Knieschutz aus Leder darum, es vor Stößen und Schlägen zu bewahren, aber nicht zu fest, und laß das Pferd drei oder vier Tage ruhen.

Dann nimm den Knieschutz und den Verband ab und berühre nicht den Schorf, der sich gebildet hat. Bewege das Pferd im Schritt, damit der Schorf nicht reiße. Lege frische Scharpie auf die alte, die du belässest, wickele die Binde darüber und befestige den Knieschutz. Nach zwölf oder dreizehn Tagen fällt der Schorf ab, und du siehst darunter neue Haut, die von Haaren in der Farbe des Fells bedeckt ist.

Wider die Fliegen auf dem Pferd

Wenn es heiß ist, werden die Pferde sehr von den vielen Fliegen und insonderheit den platten Pferdebremsen gequält, die sich nicht verjagen lassen wie die ersteren, sondern sich in das Fell krallen und wie Krabben schräg zur Leibesöffnung des Tieres wandern und dort ihre allgemeine Wohnung nehmen. Oft ist diese Gegend von einer schieren Armee des Ungeziefers besiedelt. Nicht nur ermüden sie die Pferde, sie sind auch so aufsässig, daß sie Ursache schlimmer Unfälle werden, die das Leben des Fuhrmanns in Gefahr bringen.

Viele Mittel gegen dieses Ungeziefer sind gerühmt worden, viele von ihnen teuer und unnütz. Probates Mittel aber ist der starke Sud von Blättern des Walnußbaums, den jeder, der ein Pferd sein eigen nennt, wohlfeil selber bereiten kann. Der Geruch des Nußbaumblattes verscheucht nicht allein die Fliegen, item wenn das Pferd im Lenz und öfter mit diesem Sud gewaschen wird, um den Schweif, am Gemächt, an der Mähne, am Maul, wo die Bremsen am liebsten ihre Eier ablegen, tötet er diese. Soll der Sud heilsam sein, so muß er überall angewendet werden, auf daß die Eier, die dem Sorgfältigen nichts anhaben, nicht beim Nachlässigen zur Wurmsucht führen.

Das Alter der Pferde

An den Schneidezähnen erkennt man bei Pferden bis zwölf oder vierzehn Jahre, wie alt sie sind. Beim Fohlen sieht man in den ersten Lebenstagen vier Schneidezähne hervorbrechen, etwas später kommen neben diesen vier Mittelzähne, und zum Schluß brechen die vier Eckzähne durch. Die kleinen weißen Milchzähne fallen später aus und werden durch das bleibende Gebiß ersetzt, beim dreijährigen Pferd die Schneidezähne, beim vierjährigen die Mittelzähne und beim fünfjährigen die Eckzähne. Beim Hengst brechen in diesem Alter zwischen den Mittelzähnen und Eckzähnen die Hakenzähne durch.

Später verliert das Gebiß die Kennung, das bedeutet, die Kauflächen werden mit den Jahren immer stärker abgetragen. Im Unterkiefer weicht die Kennung der Schneidezähne im sechsten, der Backenzähne im siebten, der Eckzähne im achten Jahr; im Oberkiefer weicht sie für die Schneidezähne im neunten, für die Mittelzähne im zehnten und für die Eckzähne im elften oder zwölften Jahr. Die Bohne oder Kunde, eine schwarze Markierung anstelle der Zahnhöhle, ist ohne Bedeutung. Lange und schiefe Zähne weisen auf ein altes Pferd. Etliche Pferde bewahren die Kennung auch im Alter.

Ein sicheres Mittel, das Alter eines Pferdes zu erkennen, das älter ist als acht Jahre: Am Oberlid bildet sich eine Falte, und jedes Jahr kommt eine neue dazu. Diese Entdeckung ist um so wichtiger, als sie erlaubt, das genaue Alter des Pferds zu erkennen und damit künftig Betrug zu verhüten.

Das Vieh zu retten bei Feuersbrunst

Der Verlust von Nutztieren ist das schlimmste, was bei Feuersbrünsten zu beklagen ist, welche ländliche Gegenden heimsuchen. Gewöhnlich liegt die Ursache des Verlustes in der Schwierigkeit, die Tiere, die sich in dem brennenden Gebäude befinden und die das Entsetzen störrisch macht, herauszutreiben. Die widerspenstigen Tiere aber können besänftigt werden, wenn man ihnen die Augen verbindet. Da sie vorübergehend der Sehkraft beraubt sind, kann man sie führen, wohin man will.

Für reichen Fischfang

An einem Ort, wo es dir bequem ist, kannst du sehr viel Fische fangen, wenn du diesen Köder ins Wasser wirfst: Nimm Blut vom Ochsen, von einer schwarzen Geiß und einem schwarzen Schaf, Mist von Ochs, Geiß und Schaf, gib dazu Thymian, Origanum, Pfefferkraut, Majoran, Knoblauch, Weinhefe und Fett oder Knochenmark der vorgenannten Tiere. Zerstampfe die Ingredienzen, vermische sie und mach daraus kleine Kügelchen. Wirf sie in den Fluß oder Teich und es wird Wunder wirken.

Oder nimm Brennesseln und Fingerkraut, zerstoße sie mit Saft von Hauswurz und Getreide, das du in Wasser mit Majoran und Thymian gesotten hast. Leg diesen Köder in eine Fischreuse, und alsbald wird sie gefüllt sein.

Oder nimm Kockelskörner, Kümmel, alten Käse, Weizenmehl und gute Weinhefe, vermische sie gründlich und forme daraus erbsengroße Kügelchen. Wirf sie dort in den Fluß, wo viele Fische sind. Wenn das Wasser still ist, versuchen die Fische den Köder, werden davon betrunken und schwimmen nahe ans Ufer, dann kannst du sie mit der bloßen Hand fangen. Alsbald aber geht die Trunkenheit vorüber, und die Fische sind so munter, als sie vor der Köderspeise waren.

Aus Ringelblume, Majoran, Weizenmehl, ranziger Butter, Geißenfett und Regenwürmern, zerkleinert und vermischt, gelingt dir ein Köder, der alle Arten Fische ins Netz oder in die Reuse lockt.

Köder für Meeresfische

Damit die Fische sich an einem Ort im Meer versammeln, nimm drei Muscheln der Art, so auf Felsgestein wachsen und den Fisch darunter locken. Mit deinem Blut schreib die Worte »JA SABAOTH« auf jede Muschel und wirf sie dort ins Meer, wo du willst, daß die Fische sich sammeln mögen. Alsbald werden sie in großer Zahl herbeischwimmen.

Köder für Krebse

Zuvörderst finde den Ort, wo die Krebse sich tummeln. Dort lege Reusen aus, die du mit Stücken vom Gedärm der Geiß oder abgehäuteten Fröschen beködert hast. Damit lockst du viele Krebse an und von den dicksten.

Die Fische einzuschläfern

Nimm Ringelblume, zerschneide sie fein und wirf sie dort ins Wasser, wo du die meisten Fische wähnst. Du wirst sehen, daß sie alle wie ohnmächtig an die Oberfläche des Wassers kommen: dann kannst du sie leicht mit der Hand fangen.

Salbe, um Forellen zu locken

Nimm eine halbe Unze Mumie, zwei Viertelunzen Vipernöl, eine halbe Unze Schwefelsäure, ein Gran Moschus, ein Gran Zibet, eine halbe Unze Reiherfett. Rühre daraus eine Salbe, mit der du die Fliegen und alles sonstige Angelgerät zum Forellenfang bestreichst.

Allerlei Vögel zu fangen

Hänge eine Eule des Nachts an einen Baum im Wald oder an Schlagholz. Nahe dabei zündest du eine große Kerze an, die helles Licht gibt. Während zwei oder drei deiner Gefährten um den Baum herum mit Tamburins Lärm machen, fliegen Vögel in großer Zahl so dicht an die Eule heran, mit ihr zu kämpfen, daß du sie leicht mit feinem Schrot abschießen kannst. Oder weiche Körner, so den Vögeln zur Speise dienen, mit wenig weißer Nieswurz in Weinbrand ein. Wenn die Vögel diese Körner fressen, werden sie alsbald betäubt sein, und du kannst sie mit der bloßen Hand fangen.

Willst du Krähen und Raben lebendig fangen, nimm feste Tüten von grauer oder grüner Farbe, bestreiche sie inwendig mit Vogelleim und leg ein Stück stinkendes Fleisch hinein, die Vögel anzulokken. So sie den Kopf in diese Tüten tun, kleben alsbald die Federn an dem Leim, und wie von einer Kapuze umhüllt, die ihnen die Sicht nimmt, können sie nicht davonfliegen, wenn sie es wollen, und du kannst sie leicht einfangen. Du kannst auch Brechwurz in die Speise der Vögel mischen: die davon essen, werden alsbald niederfallen und sind leicht einzusammeln.

Tauben zu halten und zu vermehren

Häng ins Taubenhaus ein Gefäß mit Milch einer Amme, die ein zweijähriges Mägdlein nährt, so weilen die Tauben dort gern und mehren sich sehr, indem sie Junge bekommen oder andere Tauben heranziehen, und alle werden dort in Frieden und Eintracht leben. So du aber ein großes Taubenhaus besitzest, wo du sie fütterst, bereite ihnen diese Nahrung, damit keine entfleuche, andere aber herbeigelockt werden:

Nimm dreißig Pfund Hirse, drei Pfund Kümmel, fünf Pfund Honig, ein halbes Pfund Samen von Pfefferkraut und ein Pfund Samen von Keuschlamm, siede es in Flußwasser, bis alles Wasser verdampft sei. Dann gieße drei oder vier Krüglein guten Weins und an die acht Pfund feingemahlenen Kalkstein hinein, und laß alles bei gelindem Feuer eine halbe Stunde sieden, so vermischen sich alle Ingredienzen zu einem Teig. Stelle den Teig inmitten des Taubenhauses, und alsbald wirst du entschädigt für deine Mühen. Die Erfahrung hat gelehrt, daß die Tauben am dicksten gedeihen, wenn du ihnen eine Paste aus zerstampften Saubohnen mit Kümmel und Honig zur Speise gibst.

Einen Köder zu machen, der viele Tauben in das Taubenhaus lockt

Nimm Mohrenhirse nach Belieben (sie wächst höher denn Roggen oder Kümmel, und die Samen sind größer und rot) und siede sie in Wasser. Wenn sie gar ist, drücke sie aus und vermisch sie mit Kümmel und Honig. Laß es zweimal sieden, dabei rühre, damit es nicht anbrenne. Trag es warm in das Taubenhaus, bestreiche die Öffnungen damit, die Tauben zu locken. So du etliche packen kannst, bestreich ihnen das Gebein mit dem Köder, denn sein Geruch wird ein paar Tage daran haften. Die andern Tauben, so sie diesen Geruch bemerken, folgen ihnen alsbald in das Taubenhaus und werden dort bleiben. Das ist erwiesen.

Vögel mit der Hand zu fangen

Nimm die Galle eines alten Ochsen, weißen Germer, Hirse oder Hanfsamen, und laß alles ein wenig sieden. Diesen Köder leg an dem Ort aus, wo die begehrten Vögel ihr Futter suchen. Sie werden eine halbe Stunde wie tot am Boden liegen.

Hühnchen, Tauben und andere Vögel mit der Hand zu fangen

Nimm Weinhefe und Schierlingssaft und rühre sie ineinander. Vermische dies mit Weizenkörnern oder anderem Getreide. Laß es eine Nacht ruhen. Leg diesen Köder dort aus, wo die vorgesagten Vögel ihr Futter nehmen, so wirst du sie leicht fangen.

Lästige Hunde zu vertreiben

Du hinderst die Hunde, über dich zu bellen, wenn du das Herz und die Augen eines Wolfs getrocknet bei dir trägst. Der Haß zwischen Wolf und Hund bewirkt dies, und das ist mannigfach bewiesen.

Tollwütige Hunde

Der Biß eines tollen Hundes ist gefährlich, und es braucht Heilmittel, die sogleich wirken und den Gebissenen vor dem Tod bewahren. Hierfür zerstoße Kohlsaat mit Laserkraut und gutem Weinessig, bereite daraus ein Pflaster und leg es auf die Wunde, die du zuvörderst mit Baumöl (Olivenöl) gereinigt hast. Die frische Wurzel der wilden Rose, zu einem wohlriechenden Brei zerstampft und auf die Wunde gelegt, ist nach Plinius ein probates Mittel gegen Hundebisse.

Etliche Naturheilkundige versichern, Haare vom Fell des tollen Hundes, zu Asche verbrannt und in gutem Wein getrunken, bringe Heilung. Auch Flußkrebse, während der Hundstage am vierzehnten Tag des zunehmenden Mondes, wenn die Sonne in das Zeichen des Löwen eintritt, zu Asche verbrannt und gepulvert, sind heilkräftig. Gib dem Kranken zwei Wochen morgens und abends eine halbe Drachme des Pulvers in dünner Suppe, und er wird genesen. Galenus berichtet, dies Mittel habe ihm in der Not stets geholfen.

Ich rate aber, nicht allein den vorgesagten Mitteln zu vertrauen und darüber das Baden im Meerwasser zu vernachlässigen, denn dieses ist das sicherste und bewährteste Mittel.

Wider lästige Wölfe

Trägst du Augen und Herz eines Hundes bei dir, der durch Gewalt sein Leben verlor, brauchst du nicht zu fürchten, daß ein Wolf sich dir nähere, denn er wird fliehen wie ein furchtsamer Hase. Wenn du den Schwanz eines Wolfes, der bei der Jagd getötet ward, in die Krippe oder den Stall von großem oder kleinem Vieh hängst, so wird kein Wolf sich hineinwagen. Auch vom Dorfe hältst du den Wolf fern, so du Stücke des Tiers in die Gassen hängst.

In den Berichten eines gelehrten Naturforschers las ich von einer wunderlichen Art, Wölfe in großer Zahl zu fangen und gar ein Land davon zu befreien: Man braucht eine gute Menge Fische, die Seebarben heißen. Sie werden ausgenommen, das Blut zur Seite gestellt, und wenn sie geschuppt und geputzt sind, zerstampft man sie mit Fleisch vom Lamm oder einem jungen Schaf. Diesen Köder bringt man in die Gegend, wo die Wölfe gewiß sind.

Man zündet ein großes Holzkohlenfeuer an, gegen den Wind, also daß der Wind dahin ziehe, wo die Wölfe sind, so wird auch der Rauch des Köders, der auf den Kohlen verbrannt wird, zu den Wölfen ziehen und sie zum Feuer locken. Sie werden sich über den gebratenen Köder hermachen und davon so betäubt, daß sie einschlafen und ganz leicht getötet werden können.

Von den Tieren, die du nicht töten sollst

Warum die Spinnen töten? Sie befreien uns von lästigen Mücken und Fliegen.

Warum den Goldkäfer zertreten? Bekämpft er doch im Garten Raupen, Schnecken und Maikäfer, indem er sie frißt.

Warum die ungiftige Natter töten, die von Maulwürfen und Mäusen sich nährt und uns nie ein Leides getan?

Warum die harmlose Blindschleiche töten, die Heuschrecken frißt?

Warum den Kuckuck töten, der am liebsten Raupen frißt, vor denen uns ekelt?

Warum den Baumläufer töten und die Grasmücke aus dem Nest werfen, sind sie doch die Feinde von Asseln und Wespen?

Warum die Sperlinge bekämpfen, die gar wenig Körner fressen, wenn es an Insekten mangelt, die aber viele Getreideschädlinge fressen?

Warum die Stare ausräuchern, die ihr Leben lang Larven fressen und vom Weidevieh die Flöhe vertreiben?

Warum die Meisen in Fallen fangen, vertilgen sie doch soviel Würmer und Insekten, um ihre Jungen zu ernähren?

Warum den Marienkäfer töten, der sich von Blattläusen ernährt?

Warum die Kröte töten, die Schnecken und Ameisen und anderes Ungeziefer frißt?

Warum Tausenden von Stechmücken das Leben retten, indem man den Ziegenmelker tötet?

Warum die Fledermaus töten, die mit den Nachtfaltern und Maikäfern im Krieg lebt wie die Schwalbe mit den Mücken?

Warum die Spitzmaus töten, die von Regenwürmern lebt wie die Maus vom Getreide?

Warum behaupten, daß die Schleiereule Tauben und Küken frißt, obwohl das nicht wahr ist? Warum sie töten, wenn sie die Arbeit von sechs Katzen leistet, indem sie wohl sechstausend Mäuse im Jahr frißt?

3. Kapitel
Für ertragreichen Ackerbau

Sträucher vor krabbelnden Käfern zu schützen

Fast unmittelbar über den Wurzeln soll man um den Stamm einen Ring aus Zink legen und mit Messingdraht befestigen. Durch die Feuchtigkeit der Luft wird aus diesem Ring ein elektrisches Element. Wenn die Käfer es berühren, werden sie so erschüttert, daß sie auf die Erde fallen und also gehindert werden, an die zarten Zweige und Blätter zu gelangen.

Blattläuse und anderes Ungeziefer zu vernichten

Blattläuse und Ameisen zählen zu den übelsten Geißeln der Obstbäume. Hier ist ein wohlfeiles, einfaches Rezept, dieses Ungeziefer zu vernichten. Man löst dreieinhalb Unzen Seife in einem Liter Wasser und bestreicht damit alle Stellen der Bäume, die von dem Ungeziefer befallen sind.

Sehr nützlich ist es, die Äste und Zweige in das Seifenwasser zu tunken, dann fallen die Schädlinge alsbald tot herunter. Wenn die Behandlung etliche der Insekten verschont hat, soll man sie wiederholen. Also sind Pfirsichbäume, Birnbäume und Zwetschgenbäume gerettet worden.

Bei Ungeziefer von Pflanzen und Tieren nimmt man auch mit Gewinn höchstens ein Gramm Aloe auf zwei Pinten Wasser und tränkt damit den Stamm und die Äste der Bäume oder das Fell der Tiere. Dies Wasser ist nützlich für das Saatgut, für Bohnenstangen, Pfähle und Spaliere, und man netzt damit die Beete, in denen sich Schnecken, Engerlinge, Raupen und andere Schädlinge tummeln.

Obstschädlinge, insonderheit die Äpfelblattlaus, verdirbt man mit Petroleum, auf die Zweige und Äste und den Fuß des Baums gestrichen. Dies Mittel ist bewährt, auch wenn das Räuchern, Laugen und Kälken nichts gefruchtet.

Vögel und andere Tiere von Saat und Erde fernzuhalten

Suche eine große Kröte und setze sie mit einer Fledermaus in einen Tontopf. Auf den Deckel schreibe zuvor innen mit Rabenblut das Wort ACHAZECH. Dann vergrabe den Topf mitten in dem Acker, den du bestellt hast, und kein Vogel wird wagen, sich zu nähern.

Willst du, daß Ratten, Wiesel und andere Tiere von Saat und Ernte fernbleiben, dann nimm zehn dicke Krebse, wirf sie in ein großes Gefäß mit Wasser und stelle es während zehn Tagen an die Sonne. Mit diesem Wasser aber netze die Saat acht Tage. Dann netze sie wieder acht Tage, nachdem sie aufgegangen ist. Und du wirst sehen, daß sie unbeschadet prächtig gedeiht.

Maulwürfe aus dem Garten zu treiben

Man macht ein Bündel aus grünem Hanf, legt es in einen zwei oder drei Fuß tiefen Graben und häuft Erde darüber. Indem der Hanf verfault, wird er so üblen Geruch verbreiten, daß die Maulwürfe verenden oder fliehen.

Zu wissen, wie die Ernte im nächsten Jahr wird

Willst du wissen, wie die Ernte im kommenden Jahr ausfallen wird, versuche dieses unfehlbare Rezept von Zarathustra: Richte im Juni bei zunehmendem Mond ein kleines Beet her und säe alles darein, was dir beliebt. Und weil dann große Hitze und Trockenheit herrscht, erschwert sie das Keimen. Sobald das Zeichen des Sirius am Horizont erscheint, beobachte, welche Saat am prächtigsten aufgegangen und gediehen ist: Von dieser Art wirst du im nächsten Jahr am meisten ernten.

Für süße, duftende Melonen

Nimm guten Melonensamen und weiche ihn zwei Tage lang in einem Sirup ein, den du aus Himbeeren, Zimt, Kardamom, zwei Körnchen Moschus und grauer Ambra bereitet hast. Danach lege die Samen in die Erde, in die du eine Schicht guten Pferdemist eingegraben hast. Die Sämlinge aber sollst du nicht zu fleißig netzen und zuviel Regen von ihnen abhalten. Wenn du diese Regeln beachtest, wirst du Melonen ernten, die der Tafel eines Königs würdig sind.

Für reife Trauben im Lenz

Man braucht einen Kirschbaum, der als Spalier gezogen ist und an sonniger geschützter Stelle auf guter Erde steht. Ein geschickter Gärtner kann zwei oder drei Rebschößlinge auf den Kirschbaum pfropfen. Er trage Sorge, daß der Baum vor den heftigen Stürmen gegen Ende des Winters geschützt sei. Item soll nicht mit Mist und bei Bedarf mit Wasser gespart werden. So die Kirschen reif sind, wird man dann auch Trauben ernten können.

Für eine schnell wachsende schöne Hecke

Sammle die reifen Früchte von Heckenrosen, Berberitzen und Wildem Weißdorn, auch etliche von Gartenrosen sollst du nehmen. Trockne sie. Wo die Hecke wachsen soll, ziehe einen Graben, zwei Hände breit und eine Handbreit tief, lege die Samen hinein und bedecke sie mit Erde. Breite Dornenreisig darüber, damit das Vieh davon wegbleibe. Wenn die Hecke wächst, sollst du sie schneiden, damit sie dichter werde.

Hagel und Reif vom Weinberg fernzuhalten

Plinius beschreibt, wie man den Weinberg vor Frost- und Hagelschäden schütze:

Zwei junge Männer stellen sich mit einem Hahn vor den Weinberg. Jeder packt einen Flügel und ein Bein, dann ziehen sie mit aller Gewalt und reißen das Tier in Stücke. Jetzt umwandeln sie, ihre Rücken gegeneinander gekehrt, den Weinberg, den sie mit dem Blut des Hahnes netzen. Seine Teile aber vergraben sie unterwegs. Dies hilft nicht nur gegen Hagel und Frost, es hält auch die Tiere vom Weinberg fern.

Ich habe mir von braven Leuten auf dem Land erzählen lassen, sie hätten etliche Male Hagel und Unwetter beschworen und vertrieben, indem sie der Wetterwolke einen Spiegel entgegenhielten.

Es ist auch eine Sitte, mehrere Schlüssel von verschiedenen Häusern auf ein kleines Seil zu binden. Diese legen sie in einem Kreis auf die Erde und in seiner Mitte eine Schildkröte dergestalt auf den Rücken, daß sie nicht aufstehen noch fortgehen kann. Solange die Schildkröte liegenbleibt, solange wird das Unwetter Weinberge und Äcker verschonen.

Vom Blitz

Nach etlichen Beobachtungen von Bäumen, in die der Blitz geschlagen ist, erkennt man verwundert, daß die Buchen auffallend selten vom Blitz getroffen werden. Von achtundzwanzig getroffenen Bäumen, die man in England gezählt hat, waren neun Eichen, sieben Pappeln, vier Ahornbäume, drei Weiden, eine Roßkastanie, ein Maronenbaum, ein Nußbaum, ein Weißdorn und eine Ulme. Es nimmt wunder, daß nur eine Ulme getroffen wurde, obwohl dieser Baum höher wächst denn die anderen vorgesagten Arten. Man hat erkannt, daß die Natur des Geländes die Blitzschläge bestimmt. Darum sind mancherorts die Gewitter schlimmer denn an anderen. Die Buche wächst für gewöhnlich auf trockenem sandigen Boden, und solches Gelände leitet die elektrischen Erscheinungen schlecht. Deswegen schlägt an solchen Orten der Blitz auch seltener ein.

Alte Bäume zu verjüngen

Alte Obstbäume, so nicht mehr tragen, soll man niemals ausreißen, wenn die Wurzeln gesund sind. Vielmehr soll man das tote Holz abschneiden und oberhalb der Wurzeln zwei, drei oder vier Pfropfreise in die Rinde oder Nebenkrone pfropfen. Mit Gewinn pfropft man Reise auf Birnbäume, Apfelbäume, Kirschbäume oder Mandelbäume, die keine Frucht mehr tragen. Die gepfropften Stellen aber werden mit Baumwachs oder Lehm verbunden. Dann häufelt man Erde an, bis nur ein oder zwei Augen zu sehen sind.

Für undichte Fässer

Um das Auslaufen von Fässern zu beenden, soll man die undichte Stelle kräftig mit einer Handvoll Brennesseln abreiben. Der Brennnesselsaft wirkt auf die Feuchte, durch das Reiben auf dem Holz gerinnt er und versiegelt die undichten Stellen. Man kann auch das Ausrinnen des Weines durch Ritzen zwischen den Faßdauben verhindern, indem man Wismutweiß mit Kaminruß vermischt und die undichten Stellen damit verschließt.

Gutes Brunnenwasser zu gewinnen

Brunnenwasser soll man dreißig bis sechsunddreißig Stunden in weiten reinen irdenen Gefäßen an die frische Luft stellen, damit es nicht Magenweh noch heftige Leibschmerzen verursache. Etliche glauben, das Brunnenwasser sei weniger rein, wenn der Brunnen mit Bruchsteinen an der Stelle von Ziegelsteinen gemauert ist. Die Ziegel nämlich sollen ihm eine alaunartige Beschaffenheit geben.

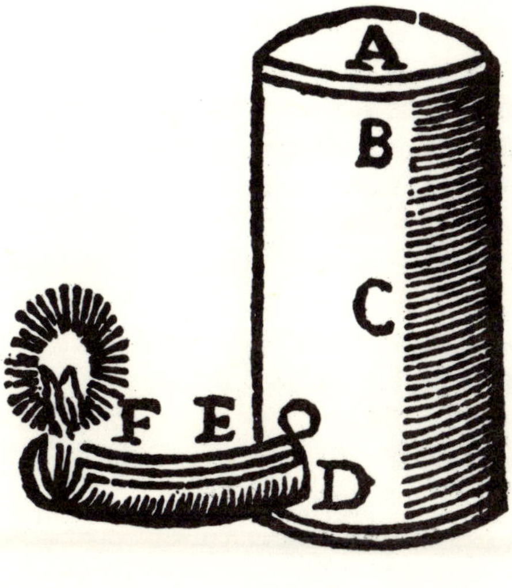

Will man, daß das Brunnenwasser klar sei und keinen sauren Geschmack habe, dann muß man zum Exempel für einen Brunnen von fünf Fuß Durchmesser ein Loch von zehn bis zwölf Fuß Breite graben. In diese große Höhlung fügt man den wahren Brunnen mit fünf Fuß Breite dergestalt, daß durch die locker gefügten Ziegelsteine das Wasser hindurchsickern kann. Der Raum um den wahren Brunnen aber wird mit Sand und Kieselsteinen ausgefüllt, damit das Wasser gereinigt in den Brunnen gelange. Dieses Verfahren ist wohlfeil und gibt klares gesundes Wasser.

Wasser zu reinigen

Nimm einen Blumentopf und lege ein Weidengeflecht hinein. Darüber breite eine vier bis fünf Daumen dicke Schicht Holzkohle und darauf Sand. Bedecke dies mit einem Stück Filz, in den du kleine Löcher gestochen hast. Das Wasser, das durch dieses wohlfeile Gerät läuft, wird frisch und rein sein. Kohle und Sand sollst du nach geraumer Zeit erneuern.

Die Blumenuhr

Die Blumen vermögen dir die Stunden fast so genau anzuzeigen wie die Zeiger einer Uhr. Du mußt nur wissen, zu welcher Stunde sich die Blüten öffnen.

Am Vormittag:
- Geißbart und Bocksbart um 3 Uhr
- Wegwarte und Pantoffelblume um 4 Uhr
- Zaunwinde und Löwenzahn um 5 Uhr
- Gänsedistel und Lattich um 6 Uhr
- Seerose und Greiskraut um 7 Uhr
- Primeln und Nelken um 8 Uhr
- Malve und Ackerhahnenfuß um 9 Uhr
- Eiskraut und Portulak um 10 Uhr
- Milchstern um 11 Uhr
- Mittagsblume und die meisten Eiskrautgewächse um 12 Uhr

Am Nachmittag:

Nelke und Quellkraut um 1 Uhr
Wiesenknöterich um 2 Uhr
Lungenkraut um 3 Uhr
Steinkraut und Dreifarbige Winde um 4 Uhr
Weiße Seerose um 5 Uhr
Geranium und Taglilie um 6 Uhr
Wunderblume um 7 Uhr
Nachtnelke um 8 Uhr
Großblütiger Kaktus um 9 Uhr

4. Kapitel
Von den Tugenden etlicher Tiere

Der Ziegenbock

Allen bekannt ist der Bock. Wird sein warmes Blut genommen und mit Essig und Saft von gemeiner Sena und mit Glas gesotten, so wird dieses weich wie ein Teig und bricht nicht, so du es gegen die Wand wirfst.

Der Hase

Von diesem Tier erzählt man Wunderdinge. Bestreicht man seine Füße mit seinem eigen Schmalz und fügt sie zu einem Drosselkopf, macht es den Menschen, der dies am linken Arm bei sich trägt, so kühn, daß er nichts fürchtet. Er mag gehen, wohin er will, und kommt sicher zurück und ohne Schaden. Gibt man es mit einem Wieselherz einem Hund zu essen, so schreit oder bellt er hinfort nicht mehr.

Das Steinkäuzlein

Ein jeder kennt das Käuzlein. Dieser Vogel hat besondere Tugenden. Legt man sein Herz und seinen rechten Fuß auf den Schlafenden, so sagt er dir alles, was er getan hat und was du zu wissen begehrst. Dies hat gerade einer unserer Brüder erfahren. So aber jemand das besagte unter der Achsel trägt, so bellt kein Hund über ihn. Hängt man es aber mitsamt seinen Flügeln an einen Baum, so versammeln sich die Vögel alldort.

Das Eichhörnlein

Wenn man seine Nägel oder Klauen verbrennt und gibt es in der Speise einem Pferd, so wird es drei Tage nicht fressen.

Vermischt mit Terebinth, wirkt es durchscheinend, dann dunkel und neblig. Gibt man ein wenig Blut des Tieres in Wasser, erzeugt es furchtbares Donnergetöse.

Der Löwe

Wenn man aus seiner Haut Gürtel macht, der damit gegürtet wird, fürchtet seine Feinde nicht. Wer am Viertagefieber leidet, esse von seinem Fleisch und trinke seinen Harn drei Tage lang, so wird er genesen. Das Auge des Löwen, unter der Achsel getragen, vor dem fliehen alle Tiere mit geneigtem Haupt zur Erde weit von dannen.

Der Adler

Evax und Aaron sagen, daß er eine wundersame Natur und Tugend habe, denn wenn sein Hirn oder Kopf gepulvert und mit dem Saft von Schierling vermischt, werden alle, so davon essen, sich ohne Unterlaß die Haare vom Körper reißen, bis man ihnen Essig zu trinken gibt. Ursache ist, dieses Hirn ist so heiß, daß es Trugbilder schafft und mit seinen Dämpfen und Rauch die natürlichen Gänge verstopft.

Der Rabe

Er ist ein wohlbekannter Vogel mit wunderbaren Tugenden. So seine Eier gekocht und wiederum in das Nest gelegt werden, holt der Rabe von einer Insel einen Stein, mit dem berührt er seine Eier, und sie werden alsbald wieder roh und unberührt sein. Dieser Stein, in den Mund getan, so gibt er Verstand aller Vögel Geschrei. Er wird Indierstein geheißen, weil man ihn meist in Indien findet, aber auch am Roten Meer. Er hat vielerlei Farbe. Er macht allen Zorn und Streit vergessen.

Die Turteltaube

Wer das Herz dieses bekannten Vogels in der Haut eines Wolfs trägt, dem wird Willen oder Lust zu Unkeuschheit genommen. Legt man das verbrannte Herz auf die Eier eines anderen Vogels, so werden sie niemals fruchtbar sein. Die Füße dieses Vogels, an einen Baum gehängt, so wird er nimmer Frucht tragen. Das Blut des Vogels mit Wasser vermischt, darin ein Maulwurf gesotten wurde, und das Fell eines Pferds damit bestrichen, so fallen ihm die schwarzen Haare aus und wachsen ihm andere nach.

Der Maulwurf

Fast jeder kennt den Maulwurf. Er hat wunderliche Tugenden. Wenn sein Fuß in ein Lorbeerblatt gewickelt und einem Pferd ins Maul gelegt wird, so ist es sanft wie ein Lamm. In des Pferds Ohr gelegt, so fleucht es vor Furcht. In eines Vogels Nest gelegt, wird aus den Eiern kein Vöglein schlüpfen.

Willst du die Maulwürfe von einem Ort verjagen, so fange einen von ihnen und verbrenne ihn dort mit reinem Schwefel, und alsbald werden sich die anderen Maulwürfe nähern. Das Wasser, in dem ein Maulwurf gesotten, macht ein schwarzes Pferd weiß, so man es damit wäscht.

Das Wiesel

Das Wiesel ist ein genugsam bekanntes Tierlein. Es lebt zumeist in Büschen oder in Scheuern, die das Heu und Stroh fassen. Wenn das Herz dieses Tierleins gegessen wird, dieweil es noch zuckt, gibt es Wissen über künftige Dinge. Wenn man einen Hund das Herz mit den Augen und der Zunge essen läßt, so verliert er alsbald seine Stimme und kann nimmer bellen.

Die Amsel
Ein sehr bekannter Vogel mit wunderlichen Tugenden. Wenn die Federn ihres rechten Flügels mit einem roten Faden, der noch nie gebraucht worden, in einem neuen Haus aufgehängt werden, so mag niemand darinnen schlafen, bis daß sie weggenommen werden. Legt man das Herz des Vogels unter das Haupt eines Schlafenden, so wird er laut alles sagen, was er getan hat. Wirft man es in Brunnenwasser, das mit dem Blut des Wiedehopfes vermischt ist, und reibt mit dem Wasser die Schläfen eines Kranken, so wird er alsbald seiner Schmerzen ledig sein.

Mit wahrem Nutzen kann man sich all der besprochenen Geheimnisse bedienen, wenn man sie beim rechten und günstigen Stand der Planeten, wie Jupiter und Venus, anwendet. Wer Böses stiften will, tut dies mit Fleiß im Zeichen von Saturn und Mars, und jeder dieser Planeten beherrscht bestimmte Tage und Stunden. Wenn man genau beachtet, was hier geschrieben steht, wird man ohne Zweifel die Wahrheit erkennen und daraus großen Nutzen ziehen.

Man beobachtet Menschen, die sich täuschen, weil sie nicht die Zeichen noch die Zeiten kennen, zu denen die Planeten herrschen. Kennten sie diese, so brächten sie ihre Unternehmungen zu Ende und bedienten sich mit Gewinn der Steine und anderen Dinge, von denen die Rede war.

Isidorus sagt, daß die Asche eines großen Frosches, am Gürtel getragen, den monatlichen Fluß der Frauen stillt. Und hängt man sie an den Hals der Henne und tötet sie, so wird kein Blut aus ihr fließen. Vermengt man die Asche mit Wasser und bestreicht jemand damit, so wachsen ihm keine Haare mehr. Trägt jemand eines Hundes Herz auf der linken Seite, so wird kein Hund mehr über ihn bellen. Das rechte Auge eines Wolfs, in den rechten Ärmel gebunden, bewahrt ihn vor Schaden durch Mensch und Hund und anderes Getier.

Und damit alles Vorgesagte und was noch gesagt werden soll, jenen nütze, die die Sterne kennen: Es sind erstens zwei Arten von Stunden zu unterscheiden, eine gleiche und eine ungleiche. Die gleiche Art nennen wir Uhrzeit, denn sie ist immer dieselbe und von derselben Dauer. Die ungleiche Zeit, auch Planetenzeit genannt, hängt ab von der Länge und Kürze der Tage, denn die Astrologen berechnen sie nach dem Lauf der Sonne über dem Horizont, das nennen sie Tag, und darunter, das nennen sie Nacht. Dann teilen sie den Tag in zwölf gleiche Teile, das sind die Tagstunden, und was vom Tage gesagt ist, gilt in gleicher Weise für die Nacht.

Damit du das Gesagte leichter verstehest, gehen wir davon aus, daß die Sonne nach sechzehn Stunden abends um acht Uhr am Horizont untertauche, mit sechzig malgenommen, gibt dies die Minuten dieser Stunden, neunhundertsechzig Minuten: und teilt man sie durch die Tagesstunden, zwölf an der Zahl, dann hat jede Sonnenstunde achtzig Minuten, das ist ein und ein Drittel der mathematischen Uhrzeit. Während dieser Zeit achte man auf den Planeten, der die Tagstunden beherrscht. Entsprechend hat jede Nachtstunde nur vierzig Minuten. Die Stunde zwischen Tag und Nacht ist keine Tagstunde, da wir nur die Stunden des Sonnenscheins Tag nennen. Wer die Herrschaft der Planeten kennen will, da diese im Wechsel über die Stunden des Tages wie der Nacht gebieten, muß darum die Stunden so betrachten, wie es oben gesagt ist. Nach genauer Betrachtung können sie gewiß sein, daß sie ihr Geschick erfahren. Bedenke, daß der Tag mit der ersten Stunde des Nachmittags vom Vortage anhebt. Und so wird zum Exempel der Sonntag in zwei gleiche Teile geteilt, ingleichen der Montag und die folgenden Tage.

ACHTES BUCH
Die wundersamen und merkwürdigen Geheimnisse des Albertus Magnus und anderer gelehrter Männer

Bisher haben Sie in diesem Buch ganz verschiedene, teils überraschende, teils amüsante Rezepte gefunden. Die folgenden Rezepte sind ganz einfach nützlich und erleichtern das häusliche Leben, ob es darum geht, hartnäckige Flecken zu entfernen, praktisch kostenlos zu heizen oder Licht zu haben, selbst wenn das Elektrizitätswerk streikt. Hier können Sie immer nachschlagen, wenn irgendein Problem auftaucht.

1. Kapitel
Geheime Rezepte für das Hauswesen

Flecken zu entfernen

Rote Obstflecken, die ein weißes Tischtuch verunzieren, entfernt man, indem man den Flecken und seine Umgebung mit Wasser durchfeuchtet. Darunter verbrennt man etliche Schwefelhölzlein

oder Schwefel in einem kleinen Tiegel. So der Flecken nicht alsbald verschwindet, erneuert man die Befeuchtung und verbrennt anderen Schwefel.

Ochsengalle bei Flecken

Man läßt zwei Pinten Ochsengalle auf starkem Feuer sieden und schöpft den Schaum ab. Dann rührt man eine Unze feingepulverten Alaun hinein. Man läßt die Mischung erkalten und zieht sie auf eine Flasche, die man nicht ganz dicht verkorken soll.

Auch kann man eine Unze feinzerstoßenes Kochsalz nehmen. Wenn die Mischung kalt ist, schüttet man sie in eine Flasche und verschließt sie nicht zu fest. Man läßt sie einen Monat stehen. Dann rührt man gleich viel fein zerstoßenes Kochsalz hinein und tut die Mischung in ein Gefäß, das gut verkorkt wird. Man nimmt davon bei Bedarf.

Eine Seife bei Fettflecken und anderen Unreinigkeiten zu nützen

Nimm ein Pfund gebrannten Felsalaun, zerstoße ihn zu Pulver, dazu ein halbes Pfund Pulver von Iriswurzel, ein frisches Ei und zwei Pfund geschabte weiße Seife, verknete sie miteinander und forme Kugeln daraus. So du aber einen Fleck beseitigen willst, benetze ihn auf beiden Seiten mit Wasser und reibe mit der Seife darüber. Dann wasche ihn etliche Male mit klarem Wasser, und du wirst sehen, daß der Flecken verschwunden ist.

Jegliche Flecken von gefärbtem Linnen oder Wolle zu nehmen

Wenn es das Ungeschick will, daß ein gefärbtes Tuch, sei es Linnen oder Wolle, mit Tinte oder schwarzer Farbe verunreinigt ward, soll man mit einer frisch aufgeschnittenen Zitrone oder Limone kräftig darüber reiben. Ist es getrocknet, wasche man das Tuch mit lauem Wasser und lasse es trocknen, dann ist der Flecken verschwunden.

Bei Flecken auf Sammet

Nimm Seifenkraut, presse den Saft heraus und streiche ihn auf den Flecken und warte im Sommer eine Stunde, im Winter vier Stunden. Dann wasche den Flecken mit lauem Wasser, und er verschwindet, aber die Farbe des Sammets bleibt.

Bei jeglichen Flecken

Fettflecken an Kleidern wäscht man mit dem nachbeschriebenen Wasser aus: ein halbes Pfund grobe Asche, zwei Unzen geschabte Seife, zwei Unzen Gummiarabikum, zwei Unzen Alaunschlamm und eine Unze Magnesia soll man zerreiben und gut miteinander mischen. Dann gibt man klares Wasser dazu. So kann man jegliche Fettflecken vertreiben.

Verfärbtes Tuch

Nimm Ätzkalk zwei Unzen, Asche von Eichenholz eine Unze, klares Wasser vier Pinten. Vermenge alles miteinander, laß es eine Viertelstunde ruhen. Dann wasche das verfärbte Tuch damit, und es wird seine frühere Farbe erhalten.

Fettflecken auf rotem Tuch

Siede vier Unzen zerstoßenen weißen Weinstein in vier Pinten Wasser, bis daß der dritte Teil entwichen sei. Schütte es durch ein Seihtuch. Willst du es gebrauchen, erwärme es, wasche das rote Tuch darin, und es wird sein wie neu.

Garn zu färben

Siede gehackte und zerstampfte Galläpfel mit ein wenig Wasser in einem kleinen Topf. Vermische nach einer Weile die Galle mit gleich viel Vitriol und rühre ein wenig Gummiarabikum hinein. Lege dein Garn in einen Topf, schütte die vorgesagte Farbe darüber und siede es bei gelindem Feuer. Dann nimm es heraus, es wird schimmernd schwarz gefärbt sein.

Wenn man Garn grau färben will, nimmt man die vorbeschriebene schwarze Farbe und Wasser, von jedem die Hälfte, und läßt das Garn darin sieden. So du mehr Wasser gebrauchst, färbt es heller.

Nimm getrocknete Schalen von Granatäpfeln und Apfelsinen, siede sie mit einem Stückchen Felsalaun, so groß wie eine Haselnuß, und etwas Wasser. So du die Farbe durch ein Seihtuch geschüttet hast, siede dein Garn darin, und du wirst sehen, wie es gefärbt ist.

Nimm Leinöl und die äußere Schale roter Zwiebeln und siede es bei gelindem Feuer. Blattsilber damit bestrichen, bekommt rötlichen Glanz.

Zerbrochenes Kristall zusammenzufügen

Nimm eine Unze gepulverten Fischleim und schmilz ihn mit gutem Essig im Wasserbad. Erwärme die zerbrochenen Stücke, bestreiche sie mit dem Leimstoff und füge sie zusammen.

Du kannst auch Firnis mit Wismutweiß und Leinöl befeuchten und auf die zerbrochenen Stücke streichen. Dann füge sie zusammen und sie werden fest.

Leim für mancherlei Gebrauch

Nimm getrocknete Haut vom Aal, sie sei ohne Salz, lege sie zwei Tage und zwei Nächte in Wasser, zerstoße sie oder schlage sie mit einem Stock und siede sie mit so viel Wasser, daß sie nur bedeckt ist. Das Feuer aber soll gelinde unterhalten sein. Nimm den Topf vom Feuer und schütte das Wasser ab. Den behaltenen Leim aber gib in ein Gefäß aus Metall und nütze ihn bei Bedarf.

Gepulverter Ätzkalk mit Mandelöl befeuchtet und damit etwas zusammengefügt. Laß es im Schatten trocknen, dann halte es ans Feuer, und es wird fest wie Eisen.

Item wirf Käse in siedendes Wasser und rühre ihn geschwind. Dann schütte ihn auf eine Steinplatte. So er zu Brei zerfallen ist, mische ihn mit einem Viertel Ätzkalk. Dieser Leimstoff ist vortrefflich, Glas zusammenzufügen.

Vor Schimmel zu bewahren

Ungezählte Dinge, deren wir im Alltag bedürfen, werden vom Schimmel befallen, zum Exempel der Leimstoff, die Tinte, das Leder, die Bücher. Die Duftstoffe, insonderheit die ätherischen Öle, machen das zerstörende Werk des Schimmels zunichte. Eine geringe Menge Terebinth, dem Gefäß zugesetzt, in dem der Leimstoff sich befindet, und nach einem Tage wird der Leimstoff so frisch sein, als man ihn zubereitet. Ein Quentlein Lavendelöl in die Tinte gemischt, und sie wird nicht verderben.

In den Magazinen der Heere, wo der Schimmel viel Verderbnis bringen kann, hat man sich allezeit darauf verstanden, ihn durch den Gebrauch der Essenzen Öle zu verhüten. Insonderheit das Terebinthöl ist nütze, den Schimmel von Büchern und Pergamenten fernzuhalten. Ist auch ein probates Mittel, mancherlei gesammelt Getier vor Schaden zu bewahren. Eine Blase mit Terebinth oder anderen Essenzen, gefüllt und in die Kammer gehängt, wo die Sammlung gehortet wird, hält die Insekten fern, die jene Stätten der Wissenschaft verwüsten.

Spanisch Wachs zu bereiten

Schmilz Schellack in einem Glastiegel über gelindem Feuer und trage Sorge, daß er nicht verbrenne. Wirf ein wenig Pechharzpulver dazu. Wenn das Wachs klebrig ist, vermische es mit Farbpulver und Wohlgerüchen deiner Wahl und forme es nach Belieben.

Marmor nachzuahmen

Nimm gebrannten Alabaster aus China, reibe ihn zu Pulver und schütte es durch ein Sieb. Das Pulver aber befeuchte mit Rosenwasser oder mit Harn, tu Farbe dazu nach Belieben, und was du aus dem Teig formst, wird aussehen wie Marmor.

Tinte zu bereiten

Nimm Regenwasser und siede es mit Galläpfeln, die du in kleine Stücke gebrochen. Gieße es durch ein Seihtuch. Dann siede die Flüssigkeit mit Gummiarabikum und prüfe, ob die Tinte gut sei.

Oder wirf vier Pfund zerstampfte Galläpfel in vier Pfund Brunnenwasser und vermische es mit drei Unzen Gummiarabikum und vier Unzen feingepulvertem Vitriol. Stelle es achtzehn Tage an die Sonne und versäume nicht, wieder und wieder kräftig zu rühren. Wenn die Tinte dick ist, verdünne sie mit ein wenig Essig.

Oder nimm acht Unzen weißen Wein und lasse eine Unze in Stücke gebrochener Galläpfel einen Tag und eine Nacht darin ziehen. Dann nimmt die Galläpfel heraus und mische den Wein mit anderthalb Unzen Gummiarabikum und einem Viertelpfund Vitriol und lasse ihn etliche Tage in der Sonne stehen.

So es der Tinte an Schwärze mangelt, gib noch Vitriol hinein. Die besten Galläpfel sind sehr gering und rauh, innen fest und hart. Vitriol aber sollst du das von himmelblauer Farbe nehmen. Gutes Gummiarabikum ist hell und zerbricht, so man es reibt.

Vom Gravieren

Zerreibe spanisches Quarzglas, Ätzkalk, Sublimat, Vitriol und Alaun zu gleichen Teilen, vermische es gut und lasse es einen halben Tag stehen, während du es oft umrührst. Dann male, was du gravieren willst, mit einem Gemisch aus Ocker und Leinöl oder aus Leinöl und Zinnober, bestreiche es mit dem Graviermittel und lasse es einen Tag lang einwirken oder länger, wenn du eine tiefere Gravur wünschst.

Oder vermische eine Viertelunze spanisches Quarzglas mit gleich viel Alaun, Salmiaksalz, Weinstein, Vitriol und Kochsalz, befeuchte es mit starkem Essig, und laß es eine Stunde ruhen.

Willst du gravieren, so male, was dir gefällt, mit feinverrührtem Ocker und Leinöl auf das Glas. Laß es trocknen. Erwärme das Graviermittel, aber nicht zu stark, und gieß es mit einem Löffel etliche Male über das Glas. Dann reibe es mit Asche oder Ätzkalk, und das Gemalte wird erhaben sein, aber der Rest eingeätzt.

Du kannst auch mit Salpetersäure gravieren. Reinige deine Gravurplatte. Mische geschmolzenes Jungfernwachs mit schwarzer Farbe, forme eine Kugel daraus, die du längs mit Tuch und mit Taffet umwickelst. Streiche damit über die warme Kupferplatte, und sie wird von einer dünnen Kruste bedeckt. Laß sie trocknen.

Dann sollst du sie mit dem Ruß einer brennenden Lampe schwärzen und mit Bleiweiß überziehen und dein Bild mit einem Stichel anlegen. Auf das bloßgelegte Kupfer aber gieße Salpetersäure und laß sie ihr Werk verrichten, bis es genug ist. Dann reinige die Platte und du siehst deine Gravur.

Sympathietinte für geheime Botschaften

Tinte, mit der unsichtbar auf Pergament oder auf Tuch zu schreiben, und so man dieses am Feuer erhitzet, werden die Lettern sichtbar. Schreibe mit dem Saft von Zitronen oder Zwiebeln. Willst du das Geschriebene lesen, halt es an ein munteres Feuer, und es wird schwarz erscheinen.

Oder nimm Kristallpulver und gepulverten Leib von Glühwürmchen und mische es mit Eiweiß. Tunke deine Feder darein und schreibe. Laß es trocknen. Du wirst sehen, daß die Lettern bei Nacht und im Finstern leuchten.

Bei Brandflecken

Siede zwei Unzen Walkerde mit einer halben Pinte Essig. Dann vermische es mit einer Unze Hühnergalle, einer halben Unze Seife oder dem Saft von zwei Zwiebeln, bis du einen gleichmäßigen Brei erhältst. Bestreiche die Brandflecken damit, und sie werden schwinden, so nicht das Tuch zu sehr gebrennt.

Geschmeide zu reinigen

Reibe sie eine kurze Weile mit Seife und einer weichen Bürste, alsdann mach sie glänzend mit Brotkrumen oder einem weichen Leder.

Oder löse Preußischrot in wenig Wasser oder Weingeist, tränke ein weiches Tuch mit dieser Paste und reibe damit die güldenen Geschmeide. Hernach wasche sie ab und mache sie mit einem weichen Leder glänzend.

Bartmesser zu schärfen

Nimm ein Pfund Rotkreide, eine Unze Zitronenessenz und so viel gesalzenes Schweinefett, daß du eine fette Paste kneten kannst.

Bestreiche damit die Klinge deines Bartmessers, und es wird jegliche Haare scheren.

Rosen frisch zu halten

Nimm frisch geschnittene Rosen, fülle damit ein Kästchen aus Eichenholz und verschließ es, damit kein Wasser einzudringen vermag. Lege das Kästchen auf den Grund eines fließenden Gewässers, und die Rosen halten sich ein ganzes Jahr lang frisch.

Bei üblem Geruch in der Kammer

So eine Kammer, die neu erbaut oder gekälkt, üblen Geruch ausdünstet, soll man sie räuchern. Auf einen Stein inmitten der Kammer, damit keine Feuersbrunst entstehe, stelle eine Pfanne mit glühenden Holzkohlen und wirf zwei oder drei Handvoll Wacholderbeeren hinein. Dann verstopfe den Kamin, schließe die Fenster und verlasse die Kammer. Wenn du am Tage danach die Tür zur Kammer öffnest, ist der üble Geruch verschwunden. Der Rauch des Wacholders verdirbt keine Möbel noch Tapisserien.

Wider nächtliche Wanzen

Lege Farnkraut auf das Stroh, wo du dich bettest. Du kannst gewiß sein, daß die Wanzen in dem Kraut bleiben und dich verschonen werden.

Wider Flöhe im Haus

Nimm Sublimat, siede es eine Viertelstunde in Wasser und versprenge dieses Wasser vier Tage nacheinander im Haus.

Kröten zu vertreiben

Bereite eine Salbe aus zwei Drachmen geschabter Seife, einer Drachme zerstoßenem Schwefel, einer halben Drachme gepulverter Aloe, anderthalb Drachmen mit Speichel verrührtem Quecksilber. Damit bestreiche die Stellen, wo Kröten hausen, und sie werden alsbald tot sein.

Läuse und Nissen zu vertreiben

Vermische anderthalb Unzen Gallseife, eine halbe Drachme zerstoßene Aloe und eine Krume Schwefel zu einer Salbe, und streiche sie auf die Stellen, wo das Ungeziefer nistet. Ein unfehlbares Mittel.

Fliegen zu vertreiben

Nimm einen frischen Zweig von einem Baum oder ein Stück Linnen und streiche Bibernellensaft darauf. Alle Fliegen werden davon magisch angezogen und dem Verderben preisgegeben. Jeden sechsten Tag aber sollst du einen anderen Zweig bereiten.

Ein immerwährender Lampendocht

Schneide große Stücke Federalaun zu Dochten zurecht. Die Lampen damit gezündet, werden sie sich nicht verzehren.

Wohlfeile Wärme

Man kann eine Lagerstatt oder eine Kammer wärmen, wenn man etliche Stücke Ätzkalk in ein Kästchen aus Eisen legt und mit kaltem Wasser anfeuchtet. Das Kästchen aber soll man fest verschließen. Alsbald wird es so heiß sein, daß man es nicht zu berühren vermag. Die Hitze, die das Kästchen ausdünstet, ist milde und wohlfeil zu bereiten.

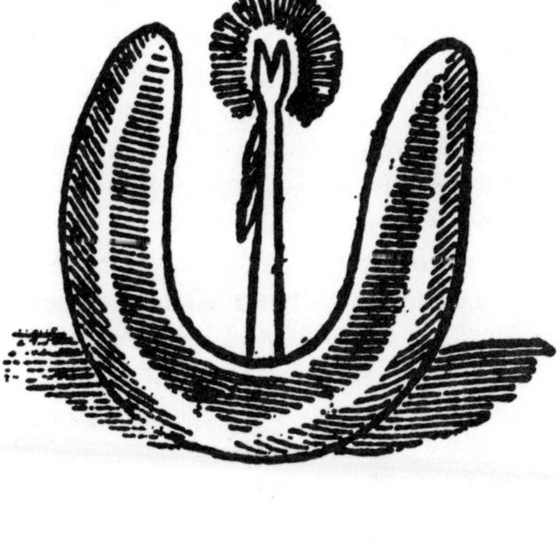

2. Kapitel
Wider die Verderbnis der Speisen

Von den Suppen

Im Sommer plagt man sich oft mit der Verderbnis der Suppen. Sie werden in der besten Speisekammer sauer, und so sie im Keller stehen, bekommen sie einen üblen Geschmack. Siede die Suppe des Morgens und des Abends, und sie wird im hitzigsten Sommer der Verderbnis entgehen. Da nun die Suppe aber beim Sieden immer kräftiger wird, soll man sie zuerst nur gering salzen. Wenn eine Suppe sauer geworden ist, kann man sich behelfen, indem man sie aufs Feuer setzt und, sobald sie aufwallt, etliche Stücke glühende Kohlen hineinwirft.

Ist die Suppe sehr sauer, rührt man löffelweise auf vier oder sechs Pinten eine halbe Unze Pottasche hinein, die in einem halben Becher Wasser gelöst ward. Dazwischen soll man prüfen, ob die Suppe wieder gut sei. Wenn aber keine Pottasche im Hause ist, verrührt man zwei Löffel Asche mit einem Becher Wasser.

Vom Fleisch

Frisches Fleisch, damit es bei heißer Witterung nicht verderbe, soll man in saure Milch legen. Es wird zarter und bekommt einen feineren Geschmack. Man kann das Fleisch auch zwei Tage in Essig legen, manch einer aber verabscheut das Saure. In Gegenden, wo selten geschlachtet wird, mangelt es recht oft an frischem Fleisch. Indes kann man es haltbar machen:

Man schneidet das Fleisch in Stücke, so groß wie man für eine Mahlzeit braucht, bestäubt sie auf allen Seiten mit feingepulverter Holzkohle. Dann legt man sie in Schüsseln aus Ton oder Holz und bedeckt sie zwei Daumen dick mit gepulverter Holzkohle. Nach zwei Wochen ist das Fleisch noch wie frisch geschlachtet. Man muß es nur fleißig waschen, bevor man es zubereitet.

Eier haltbar zu machen

Das Gefäß soll nicht mehr als vierzig bis sechzig Eier fassen. In einem größeren Gefäß würde die Last der oberen Eier die unteren zerdrücken. In zweihundert Pinten Wasser rührt man nach und nach zehn Pfund Kalk ein. Nachdem das Wasser etliche Stunden gestanden hat, schüttet man es in das Gefäß und schichtet jeden Morgen die frisch gelegten Eier hinein. In einem anderen Topf hat man vorsorglich Kalkwasser aufgehoben und gießt bei Bedarf davon über die Eier, die zwei oder drei Daumen hoch bedeckt sein sollen.

Das Gefäß aber soll im Keller stehen, damit es gleichmäßig kühl gehalten werde. Man soll es auch bedecken oder fest verschließen, daß keine Luft daran gelange. Die Eier bleiben so bis zu einem Jahr frisch.

Weintrauben haltbar zu machen

Im Norden Italiens pflücken sie die Trauben im Herbst bei sehr trockener Witterung und schneiden alle verdorbenen Früchte ab. Sie schichten die Trauben in Kistlein übereinander und trennen jede Lage durch Pfirsichblätter von der nächsten. Die Kisten stellen sie auf Bretter in eine luftige kühle Kammer. So halten sich die Trauben bis in den Januar oder Februar.

Item man kann die Trauben, die nicht zu reif sein sollen, mit den Stengeln in Siegellack tunken und mit einem dicken Faden an einen Bügel binden, der von der Decke herabhängt. Von Zeit zu Zeit muß man prüfen, ob keine Früchte gefault seien. Vor dem Essen schneidet man das versiegelte Stück ab und legt die Trauben in kaltes Wasser, so werden sie prall und frisch.

Oder man nimmt bauchige kleine Flaschen nach Bedarf und schiebt die Trauben, wenn sie sich eben zu bilden beginnen, hinein. Die Flaschen bindet man am Weinstock fest, verstopft die Öffnung mit Werg, damit Luft eindringe, aber kein Wasser die Trauben verderbe. Wenn man um Weihnachten erntet, sind die Trauben wundersam frisch und reif.

Ranzige Butter

Butter, so ranzig geworden ist, soll man sieden und abschäumen. Dann wirft man eine Brotkrume hinein, die auf allen Seiten geröstet wurde. Der üble Geschmack aber zieht aus der Butter in die Brotkruste. Ist die Butter gering ranzig, muß man sie nur kräftig mit viel kaltem Wasser waschen.

Vom Bier

In einem Kessel beträchtlicher Größe siedet man eine halbe Stunde lang ein bis vier Scheffel sauber verlesenen Weizen in klarem Wasser, in das man etliche getrocknete Holunderblüten und eine Handvoll Hopfen wirft. Wenn es fast erkaltet ist, gießt man es durch ein Sieb in ein Fäßlein, das ein halbes Mud faßt (*altes französisches Hohlmaß, nach Regionen und Zweck verschieden [die Übersetzerin]*) und zuvor Wein enthalten haben soll. Durch das Spundloch schüttet man Hefe, die in Wasser gelöst ward, und rührt kräftig. Alsbald setzt die Gärung ein, und nach ungefähr einer Woche ist das Bier fertig. Die ersten vier oder sechs Pinten sind oft trübe, man stellt sie beiseite, bis sie sich gesetzt haben.

Wenn man lieber süßeres Bier trinkt, kann man vor der Gärung zwei Pfund Honig oder einige Handvoll getrocknete Trauben daran geben. Ist das Faß erst angestochen, dann soll das Bier alsbald getrunken werden.

Man kann Bier auch aus den Schoten grüner Erbsen brauen, sein Duft und sein Geschmack gleichen dem der echten Bierwürze, so man Salbei und Hopfen hineingibt. In einen Kessel wirft man reichlich Erbsenschoten und bedeckt sie fast daumenbreit mit Wasser. Dann kocht man sie an die drei Stunden, filtriert die Flüssigkeit und versetzt sie mit genügend Salbei und Hopfen. Danach verfährt man weiter wie beim gewöhnlichen Bierbrauen. Das Bier erhält besonderen Wohlgeschmack, wenn man in den ersten Sud, bevor er erkaltet, noch einmal frische Erbsenschoten schüttet.

Vom Wein

Wenn ein Faß mit Wein verdorben ist, schüttet man einen Eimer siedenden guten Weines hinein und verstopft es gut. Nach zwei Wochen hat sich der Wein erneuert.

Oder man bereitet einen Sud aus Majoran, Thymian, Lorbeer, Myrrhe, Wacholderbeeren, von jedem eine Handvoll, dazu die Schale von zwei Zitronen und zwei Apfelsinen, in zwanzig Pinten Wasser gesotten, bis der vierte Teil verdunstet ist. Mit dem siedend heißen Sud wäscht man das Faß aus, das den schlechten Wein aufnehmen soll. Dann netzt man zwei Armvoll Hobelspäne mit dem Sud und schüttet sie mit dem schlechten Wein in das Faß. Nach acht Tagen wird der Wein besser sein denn vor seiner Verderbnis.

Oder man versucht, trüben und verdorbenen Wein zu klären, wie es der Kellermeister eines deutschen Prinzen tut: Im Ofen trocknet man fünfzig Rispen guter Trauben und einen halben Scheffel Mandelschalen. In der Zwischenzeit schlägt man zwölf Eiweiß zu Schnee, schüttet sie in das Faß mit dem verdorbenen Wein und rollt das Faß ein wenig hin und her. Dann wirft man die heißen Mandelschalen und Trauben in den Wein und läßt das Faß acht Tage ruhen. Er wird wieder gut sein.

Saurer Wein wird wieder gut, wenn man den zehnten Teil davon mit Roggen siedet, bis er aufwallt, und in das Faß zurückschüttet.

Einen kleinen Wein kann man schönen. Man nimmt dazu den besten Weinstein, kalziniert ihn und streut ihn auf eine Marmorplatte, darüber man Weingeist sprengt. Den angefeuchteten Weinstein destilliert man etliche Male bei gelindem Feuer in einer Destillierblase und versetzt damit den Wein.

Ob aber ein Wein gefärbt sei, prüft man mit Brotkrumen. Man tränkt ein Stück Brot mit dem Wein und legt es in eine kleine Schüssel mit Wasser. Ist der Wein gefärbt, so wird das Wasser alsbald dunkelrot. Ist er nicht gefärbt, so rötet sich das Wasser erst nach langer Zeit.

Wenn der Wein nach Muskat schmecken soll, bereitet man ein Säcklein mit getrockneten wilden Trauben. Sobald der neue Wein gärt, wirft man das Säcklein mit den Trauben in das Weinfaß. Man kann es mit Gewinn auch bei altem Wein tun.

Malvasierwein wird so bereitet: Der Wein soll drei Jahre alt sein, und auf ein Mud Wein nimmt man vier Pfund Honig, eine Drachme gepulverte Gewürznelken und gleich viel Ingwer und Muskatblüte, vier Pinten Quellwasser. Dies soll man zwei Stunden lang sieden und fleißig abschäumen. Die Gewürze aber sollen in ein weißes Linnentüchlein gebunden werden, und man hängt dasselbige noch warm in das Faß. Nach einer Woche ist der Malvasierwein reif. Soll er besonders trefflich sein, dann nimmt man für zehn Krüge guten Weines je eine Drachme Moschus und Aloe, je zwei Drachmen Zimt, Paradieskörner und Nelken und zwei Pfund Honig in vier Pinten Wasser gesotten.

Wenn man schnell einen guten Gewürzwein bereiten will, nimmt man auf vier Pinten Wein ein Pfund Honig, zwei Unzen feinzerstoßenen Zimt, je eine Unze Paradieskörner und Kardamom und zwei Körnlein beste gepulverte Ambra. Aus diesen Ingredienzen bereitet man einen hellen Sirup, seiht ihn etliche Male und vermischt ihn dann mit dem Wein. So erhält man den vortrefflichsten Gewürzwein.

Neuntes Buch
Die wundersamen und merkwürdigen Geheimnisse des Albertus Magnus und anderer gelehrter Männer

1. Kapitel
Traktat über die Gesundheit

Auf den folgenden Seiten werden die Geheimnisse einer Heilkunde dargelegt, die heute als alternativ bezeichnet wird, indessen aus dem Dunkel der Zeit auf uns gekommen ist. Die Definition stimmt, wenn man zugibt, daß der Mensch nicht bloß eine Maschine ist und seine Organe ebenso wie die Teile eines Motors defekt werden können. Der Mensch ist eine Einheit aus Körper und Geist. Behandelt man nur einen dieser beiden einander ergänzenden Aspekte, dann wird die Heilung stets unvollständig sein. Um wirksam zu sein, muß die Medizin immer Leib und Seele gleichermaßen behandeln. Zwei komplementäre therapeutische Ansätze münden schließlich in einer ganzheitlichen Behandlung, die allein zu wirklicher Heilung führen kann.

Bei der klinischen Prüfung neuer Arzneimittel differenziert man heute zwischen eigentlicher Substanzwirkung und Plazeboeffekt. Auch die Alten kannten diese beiden Wirkprinzipien, die vom Hei-

lungsprozeß untrennbar sind. Manche Methoden der Erfahrungsheilkunde, etwa die spiritualistische Chirurgie philippinischer Heiler, beruhen auf aufsehenerregenden Kunstgriffen, mit denen durch Suggestion geheilt wird, indem man die Einbildungskraft stark reizt, nach dem Motto: »Steh auf, dein Glaube hat dir geholfen!«

Von der Heilkunst des Plinius des Älteren

Will man Verstauchungen des Fußes heilen, dann muß man sie alsbald behandeln, damit sich keine Entzündung bilde und die Verstauchung schnell kuriert werde. Zu diesem Ende soll der Heiler seinen linken Fuß entblößen und damit dreimal den kranken Fuß berühren, indem er über diesen mit dem nackten Fuß ein Kreuz (+) schlägt und dabei folgende Worte spricht: beim ersten Mal »ANTE (+), beim zweiten Mal »ANTE TE« (+) und beim dritten Mal »SUPER ANTE TE (+). Der kranke Fuß soll über der Verstauchung berührt werden. Auf diese Weise kann man nicht nur Menschen, sondern auch Pferde behandeln.

Jene, die sich unterfangen, diese Heilverfahren als Aberglauben abzutun, sollten bedenken, daß klügere Leute als sie wundersame und unerklärliche Geheimnisse der Medizin anerkannt haben. Wer zum Beispiel vermöchte das folgende unfehlbare Mittel gegen Schlaflosigkeit oder zu starke Schläfrigkeit vernünftig zu begründen:

Nimm eine ausgewachsene Kröte, trenne ihr mit einem einzigen Hieb den Kopf vom Rumpf und laß den Kopf trocknen. Stets ist nach der Abtrennung des Kopfes das eine der beiden Augen offen, das andere geschlossen. Wer nun von Schlaflosigkeit geplagt wird, soll das geschlossene Auge bei sich tragen, wer aber zu träge ist und wach sein will, das offene Krötenauge.

Auch das Pulver von Schädelknochen ist zu rühmen, heilt es doch alsbald die ältesten Geschwüre! Dies scheint aller Vernunft und den Grundgesetzen der Medizin zu widersprechen, die da lauten, daß Gegensätzliches durch Gegensätzliches zu heilen sei. Und doch behauptet ein anerkannter Gelehrter, daß Schädelknochenpulver, das ja nichts ist als Zersetzung, eine andere Zersetzung heile.

Er beschreibt auch ein Rezept gegen Herzenge: Der Geplagte

trage um den Hals einen kleinen Beutel, gefüllt mit den drei Kräutern Kermesbeere, Beifuß und Mistel. Die Kermesbeere soll am 23. September, dagegen Beifuß und Mistel am 24. Juni, immer vor Sonnenaufgang, gesammelt werden.

Gegen Augenweh soll man auf Holzkohlen die abgestoßene Haut einer Schlange verbrennen und den Rauch in die Augen dringen lassen. Diese Methode weist Ähnlichkeit auf mit der Wunderheilung, die Jesus vollbrachte, als er die Augen des Blinden mit Lehm bestrich.

Ebenso kann man sich gegen widerwärtige Begegnungen auf Reisen schützen, indem man die Zunge einer Natter in der Scheide des Degens trägt.

Die »Naturgeschichte« des Plinius enthält eine große Zahl anderer Geheimnisse, die nicht mit dem Verstand zu begründen sind, doch werten die Gelehrten sie mitnichten als Aberglauben, sondern führen sie auf okkulte oder unerkannte Ursachen zurück. Plinius beschreibt auch, daß man in Gegenden und Klimaten, wo Skorpione heimisch sind, diese vom Hause fernhält, indem man über der Haustür ein kleines Säcklein mit Haselnüssen aufhängt.

Die Wirkung dieses natürlichen Heilmittels beruht auf der Antipathie zwischen dem Ungeziefer und dem Haselstrauch, dessen Frucht die Haselnuß ist. Ebenso besteht zwischen Meerrettich und Skorpion eine so starke Antipathie, daß dieser verendet, wenn diese Frucht über ihm hängt.

Wider allerlei Gift

Von Natur aus ist übler Geruch für die Gesundheit des Menschen widrig und manches Mal gar tödlich. Nimmt man zum Beispiel die trockenen Teile von Blut, aus dem Wasser und Feuchtigkeit vertrieben wurden, vermischt es, so man es getrocknet hat, mit Storax und verbrennt es in einer Kammer, so ist der davon ausgehende Gestank tödlich. Also schreibt schon Fiozarentus. Zum Schutz vor diesen tödlichen Verpestungen weiß ich ein unfehlbares Gegenmittel, das jedwede Art von Gift unschädlich macht.

Pflücke im Hochsommer vor der Blüte soviel Blätter von Johanniskraut, als deine zwei Hände zu fassen vermögen. Gieß acht Pinten Baumöl darauf, und laß es sechs Tage in einem Glas an der Sonne stehen. Dann erwärme es im Wasserbad auf dem Herd. Danach presse den Saft heraus, und fülle damit ein Gefäß oder eine Flasche aus dickem Glas.

Wenn das Johanniskraut geblüht und Samen gebildet hat, wirf eine Handvoll davon in das Gefäß, siede es eine Stunde im Wasserbad und gib dann dreißig Skorpione, eine Viper und einen Laubfrosch dazu, von denen du zuvor die Köpfe und die Füße abgeschlagen hast. Siede die Ingredienzen noch eine kurze Zeit, schütte dazu, zerrieben oder gehackt, je zwei Unzen Enzianwurzel, Weißen Diptam, Blutwurz, Rhabarber, armenische Siegelerde, Theriak und ein wenig pulverisierten Smaragd. Sodann stelle das Gefäß, das du dicht verschlossen hast, während der Hundstage an die Sonne, und vergrabe es endlich für drei Monate in warmem Mist, damit der Inhalt reife. Dann gieß die Mischung in ein Sieb und bewahre sie sorgfältig in einem Gefäß aus Zinn oder dickem Glas, auf daß du dich ihrer bedienen könnest.

Du sollst aber die Schläfen und die Nasenlöcher damit befeuchten, dich über dem Herzen, an den Flanken und entlang dem Rückgrat damit einreiben, und alsbald wirst du spüren, daß dieses Mittel gegen alle Arten Gift heilsam ist. Es heilt auch Bisse von giftigem Getier.

Arznei für den Biß der Viper und anderer Gifttiere

Wenn eine Viper jemand gebissen hat, sollst du sogleich das Glied ober dem Biß mit einem Sacktuch oder Halstuch fest abbinden. Streue etwas Alkali über die Wunde und lege einen trockenen Schröpfkopf darüber, bis die Schwellung vollständig vergangen, und dann wasche die Wunde mit viel Wasser. Wenn kein Apotheker zur Hilfe eilen kann, mußt du das Schröpfen selbst besorgen. Hierzu nimm ein Glas, entzünde auf seinem Grund ein wenig trocken Kraut, und setz das Glas sogleich mit der Öffnung fest auf die Stelle am Körper, von der das Gift gezogen werden muß. Die Flamme im Glas verbraucht die Luft darin, dann erlischt sie, und die Leere im Glas zieht das Gift aus der Wunde heraus. Wenn das

Glas herabfällt, sollst du die Behandlung wiederholen, so oft bis die Heilung eintritt.

Für Schußwunden und andere Wunden

Nimm zwei Teile Kretzenkraut, Samen vom Lorbeerstrauch, im Ofen getrocknete Süßwasserkrebse, die du bei Vollmond gefangen hast, ein Teil Moschus, ein Zweiglein blühende Schlehe, die du im Schatten zwischen zwei Linnentüchlein getrocknet. Zerreibe und vermische alles sehr gründlich und fülle damit ein Säcklein, das du aus neuem Tuch genäht, oder binde es mit einem Faden in ein Tüchlein ein.

Leg das Säcklein mit zwanzig Zweiglein Immergrün in einen feuerfesten glasierten Tontopf, und gieße drei Schoppen vom besten Wein, den du findest, darüber. Decke den Topf zu, damit nichts entweiche, setze ihn auf Holzkohlenfeuer, und laß den Inhalt sieden, bis er auf ein Drittel eingekocht sei. Nimm den Topf vom Feuer, laß den Sud erkalten, gieße ihn durch ein doppelt gefaltetes Linnen, und fülle ihn in ein dickwandiges Glas. Gebrauche davon, wann immer es nötig sei. Trage Sorge, das Gefäß gut zu verschließen, damit nichts verdunste.

Und so sollst du es nützen, um Wunden zu heilen:

Um tiefe Wunden damit zu behandeln, brauchst du eine kleine silberne Klistierspritze, die sehr rein gehalten werden muß. Die Wunden aber sollen dreimal am Tage mit einem kleinen sauberen Linnen, das mit der Abkochung getränkt ist, sanft gereinigt, dann dreimal unter Zuhilfenahme der Spritze mit dem Sud ausgespült werden. Dann bedecke sie mit einem Blatt Rotkohl, auf das du ein Stück Linnen legst, das mit dem Sud befeuchtet ist, und wickele eine Binde darüber. Alsbald wird die Wunde heilen. Sei bedacht, die Wunde, während sie sich schließt, immer gut zu reinigen, auf daß kein Wundbrand entstehe.

Mit großem Erstaunen beobachtete ich einst, wie ein Krieger schnell und ohne Arznei einen seiner Gefährten heilte, der durch zwei Speerhiebe tödliche Verletzungen erlitten hatte. Zuvörderst spülte er sich Mund und Zähne stark mit Schnaps, danach mit Rosenwasser, damit sein Atem milde und wohlriechend werde, darauf näherte er sich dem Kranken und nahm die heftig blutende Wunde in Augenschein. Nachdem er sie mit Wegerichwasser gespült und gereinigt hatte, stillte er die Blutung, indem er die Wunde sanft zusammendrückte. Er tupfte sie mit einem Linnen, das mit Wegerichwasser angefeuchtet war, und näherte seinen Mund der Wunde, so daß sein Atem darüber streifte, wobei er folgende Worte sprach und das Zeichen des Kreuzes über der Wunde machte:

»Jesus Christus ward geboren, Jesus Christus ist gestorben, Jesus Christus ist wiederauferstanden, Jesus Christus befiehlt der Wunde, daß sie nicht mehr blute, Jesus Christus befiehlt der Wunde, daß sie sich schließe, Jesus Christus befiehlt der Wunde, daß sie nicht Eiter noch schlechte Düfte bilde, gleich den fünf Wunden, die seinen heiligen Körper schändeten!«

Dann fuhr er fort: »Speer, ich befehle dir im Namen und Kraft dessen, dem alle Geschöpfe gehorchen, diesem Geschöpf nicht mehr Übles zu tun denn die Lanze, die unserem Herrn Jesus Christus, da er am Kreuze hing, in den heiligen Leib gestoßen wurde. Im Namen des Vaters, des Sohnes und des Heiligen Geistes. Amen.«

Falls die Wunde durchgehend ist, muß die gleiche Zeremonie auch auf der anderen Seite vorgenommen werden. Man bedeckt die Wunde mit einem mehrfach gefalteten Tuch, das in Wegerichwasser getränkt wurde, und dieses soll alle zwölf Stunden erneuert werden. Also wird der Kranke alsbald genesen.

Bei Splittern, Stichen, Quetschungen und mancherlei Verletzungen

Holzsplitter müssen alsbald herausgezogen werden, im anderen Falle verursachen sie leicht eine kleine örtliche Entzündung, und es bildet sich ein eitriger Abszeß. Darum soll man die Stelle ritzen und ein bißchen bluten lassen und versuchen, den Splitter herauszuziehen. Dies ist leichter zu bewerkstelligen, wenn man das verletzte Glied ein bis zwei Stunden in warmem Wasser badet, weil dadurch die Haut erweicht wird.

Stiche soll man stark ausbluten lassen, wenn nötig, sie sogar aussaugen, und wenn die Verletzung tief ist, durch örtliche Bäder oder Umschläge verhüten, daß sie sich entzünde.

Wenn ein Finger gequetscht wurde, weil eine Tür darauf schlug oder ein schweres Gewicht darauf fiel, soll die Hand nicht in warmem, sondern ausgiebig in kaltem Wasser gebadet werden. Überdies sollen kühle Umschläge mit Salzwasser oder mit Kampferspiritus (ein Teil auf zwei Teile Wasser) gemacht werden. Wer die Quetschungen mit Kataplasmen behandeln will, verwende Auflagen aus Sauerampfer oder aus frischer Butter.

Wie andere Wunden müssen auch Schnittwunden und Hautabschürfungen, sollen sie ohne häßliche Narben verheilen, mit höchster Reinlichkeit behandelt werden. Die Verletzung soll man mit viel klarem Wasser waschen und starkes Bluten stillen, indem man Feuerschwamm oder gebranntes Linnen oder Spinnweben auflegt. Schließlich müssen die Wundränder zusammengefügt werden. Fette fördern die Wundheilung nur insofern, als sie die verletzte Stelle vor unmittelbarer Berührung schützen, indem sie Verklebungen und Reibungen verhüten, die das Wirken der Natur hemmen könnten. Wenn diese Fettkörper harte Teilchen umschließen, reizen diese die Wunde, führen zu Entzündung und schließlich zu Blutvergiftung.

Lorbeer bei Wunden

Viele Pflanzen sind für ihre lindernde Wirkung bei juckenden Hautausschlägen und bei Hautveränderungen durch Krankheit oder Unfall gepriesen worden. Von allen, die erprobt wurden, ist keine, deren Tugenden an die des Lorbeers heranreichten. Die Entdeckung ist einem Zufall zu verdanken. In einer Spiegelglasmanufaktur in Montluçon zog sich ein Arbeiter furchtbare Verbrennungen an den Armen zu. Da es Winter war, fehlten Kartoffeln und andere natürliche Linderungsmittel, und in der Not hatte ein Werkmeister den Einfall, Umschläge mit Lorbeer zu machen, da nichts anderes zur Hand war.

Diese Maßnahme brachte nicht nur vorübergehende Linderung, sondern wirkte Wunder, so daß der erstaunte Arbeiter schon nach ein paar Tagen seine Hände gebrauchen und wieder arbeiten konnte. Diese unerwartete Heilung machte den Lorbeer in den Werkstätten von Montluçon berühmt, und seither wächst dort dieser Strauch in der Umgebung von Schmieden, Hochöfen, Gruben und Metallwerkstätten.

Der Gebrauch ist einfach, besonders bei kleinen Wunden. Die Blattrippen werden entfernt und die oberste Schicht der Blattunterseite abgeschabt. Das zutage tretende saftreiche Gewebe wird unmittelbar auf die Brandwunde gelegt und diese Pflanzenkompresse jede Stunde erneuert. Dadurch wird die Narbenbildung beschleunigt, Schwellung und Schmerz klingen ab, und die Wunde heilt viel rascher als bei den üblichen Behandlungsmethoden.

Sympathiepulver für die Wundheilung

Hierzu braucht man gutes Eisenvitriol, das gebrannt oder vielmehr von seiner übermäßigen Feuchtigkeit gereinigt werden muß, indem man es drei bis vier Tage in einem Glasfläschchen an die grelle Sonne stellt. Dann wird das Vitriol in einer kleinen Schale je Unze mit einer Pinte Regenwasser verdünnt, das durch Filz gefiltert ward.

Will man nun mit diesem Wasser im Sommer eine Heilung vollbringen, soll man es nicht zum Feuer setzen, denn es soll gelinde sein, aber nicht heiß noch kalt. Dann weicht man in dem Vitriolwasser ein Stück Linnen, das mit dem Blut der Wunde getränkt ist, die geheilt werden soll.

Wenn der Kranke nicht an Ort und Stelle weilt und nur ein einziges mit seinem Blut getränktes Linnen zur Hand ist, begnügt man sich damit, das Tuch alle zwölf Stunden in das Vitriolwasser zu tauchen und an einen mäßig warmen Platz zu legen. Jedesmal, wenn das Tuch eingetaucht wird, spürt der Kranke so angenehme Linderung, als hätte ihm ein geschickter Wundarzt die Wunde neu versorgt. Durch die unschätzbare Tugend des Vitriols wird der Kranke alsbald genesen.

Für Abschürfungen

Wasche die Verletzung mit viel klarem Wasser. Sobald sie sauber ist, bedecke sie mit der Haut, die sich unter der Schale eines gesottenen Eies befindet. Dabei trage Sorge, die feuchte Seite aufzulegen, die dem Ei zugewandt war. Der Schmerz hört sogleich auf. Der Verband aber soll die Wunde bedecken, bis sie geheilt ist.

Für Wunden von scharfem Werkzeug

Gärtner und Ackersmann sind zumeist nachlässig, die Verletzungen zu behandeln, die sie sich bei der Arbeit an Händen, Füßen und Beinen zuziehen. Wenn sie sich verletzt haben, waschen sie die Wunde mit Schnaps, in dem sie Balsaminen oder andere Kräuter mazeriert haben, oder bedecken sie mit Salbe, Balsam oder Blättern von Eisenkraut.

Diese Mittel aber reizen das Gewebe und verhindern, daß sich die Wunde schließt. Sie entzündet sich und eitert, und so geschieht es, daß eine Wunde, die bei richtiger Behandlung wahrscheinlich in wenigen Stunden zu heilen begonnen hätte, statt dessen nun viele Tage und Wochen dazu braucht. Richtig ist, diese Wunden mit viel Wasser zu säubern, sie zu trocknen, die Wundränder zusammenzuziehen und durch einen festen Verband zusammenzuhalten.

Winzern droht besondere Gefahr. Wenn sie sich beim Zurückschneiden eines pilzbefallenen Weinstocks verletzen, kann dieser Pilz gar in die Blutbahn eindringen, sich verbreiten und eine schwere Krankheit hervorrufen. Um dies zu verhüten, soll man die Wunde ausbluten lassen und mit Salzwasser oder Essig waschen.

Einfache Arznei bei Verbrennungen

Nimm eine Handvoll Hühnermist, ein halbes Pfund frische Butter oder Schmalz, zwei oder drei Blätter Salbei. Wirf alles in einen Topf, und siede es ungefähr drei Viertelstunden. Drücke es fest durch ein Linnentuch aus, und gieß die erhaltene Flüssigkeit in ein Gefäß oder in ein Glas. Mit dieser Arznei bestreiche die Verbrennung des Morgens und Abends, bis sie ganz geheilt ist. Fast sogleich hört der Schmerz auf, die Brandblasen vergehen, und auch tiefe Verbrennungen heilen ohne Narben.

Bei schweren Brandwunden

Bei einer sehr üblen Verbrennung des Unterarms wußte ein Doktor sich keinen Rat mehr, wie er die Vereiterung kurieren sollte, die seinen Patienten hinwegzuraffen drohte.

In seiner Verzweiflung nahm er seine Zuflucht bei einem starken Sud von Ruß, nämlich eine Handvoll Kaminruß, gesotten in zwei

Pinten Wasser, bis nur der dritte Teil übrigblieb. Mit dem durchgeseihten Sud tränkte er Stücke von Scharpie und bedeckte mit diesen den eitrigen Arm des Kranken. Diese Behandlung, die zuerst leichtes Prickeln verursachte, führte zu gänzlich unerwarteten Ergebnissen.

Am Morgen danach zeigte sich anstelle eines Eitersees der Verband trocken und die Wunde in vortrefflichem Zustande. In den folgenden Tagen schritt die Besserung rasch voran. Das Fieber, das den Kranken bis dahin geplagt hatte, wich vollständig, und er war bald genesen.

Eine der besten und einfachsten Arzneien bei Verbrennungen ist ein Mehlbrei, den man auf die Brandwunde aufträgt und dann feucht hält. Dieses Mittel, das wohlfeil und einfach zu beschaffen ist, braucht man doch nur ein wenig Mehl, das man in Wasser rührt und dann auf die Verbrennung streicht, vertreibt den Schmerz fast augenblicklich, und nach ein paar Stunden ist keine Spur des Mißgeschicks mehr zu erkennen.

Bei Umlauf und Nagelgeschwüren

Nimm ein frisches rohes Ei, mach an das eine Ende ein Loch, das weit genug ist, damit du den Finger hineinstecken kannst. Schiebe den kranken Finger hinein. Wickele um den Finger mit dem Ei eine Leinenbinde und laß den Verband über Nacht oder einen Tag ruhen. Wenn du danach den Finger aus dem Ei ziehst, wird er gesund sein.

Auch was mancher verachtet und als nutzlos wegwirft, kann bei Gelegenheit sehr hilfreich sein, zum Exempel vermodertes Holz. Lege es auf ein eiterndes, unreinliches Geschwür, es wird gereinigt und geheilt werden.

Bei Umlauf empfiehlt ein Doktor dieses volkstümliche Mittel:

Man zerstampft Schnecken mit ihrem Häuslein zu einem gleichmäßigen, feinen Brei, den man um den kranken Finger streicht und mit einem Verband aus Linnen versieht. Nach drei Stunden tut der Finger nicht mehr weh. Nach vierundzwanzig Stunden wird der eingetrocknete Brei entfernt, indem man den Finger in warmem Wasser badet. Dann wiederholt man die Behandlung. Nach drei bis fünf Tagen ist der Umlauf geheilt.

Salbe bei Schrunden und Frostbeulen

Nehmen Sie 30 Gramm gutes Leinöl und lassen Sie 16 Gramm reines Bienenwachs darin schmelzen. Geben Sie alles in einen Mörser und verrühren Sie es gründlich mit 8 Gramm Benzoetinktur und 14 Gramm Glyzerin zu einer Salbe, der Sie durch Lavendelessenzen einen gewissen Wohlgeruch verleihen.

Frostbeulen suchen für gewöhnlich Kinder und Erwachsene heim, die unreines Blut haben. Auch Unreinigkeit von Händen und Füßen ist oft eine Ursache.

Folgendes aber soll man beachten, um Frostbeulen zu verhüten oder zu heilen:

1. *Im Winter täglich die Füße mit lauwarmem Wasser und fetter Seife waschen.*
2. *Zu große Erhitzung vermeiden, besonders bei Tauwetter.*
3. *Kranke Stellen morgens und abends mit Wasser waschen, dem Alkali zugesetzt wurde. Wenn sich tiefe Schrunden bilden, soll man aber einen Apotheker oder einen Doktor um Rat fragen, damit Schlimmeres verhütet werde.*

Für Erfrierungen nehmen Sie Austernschalen und erhitzen sie, bis sie weißglühend sind. Sobald sie zerfallen, zerstoßen Sie sie zu feinem Pulver. Vermischen Sie dieses mit gleich viel weichem oder geschmolzenem Schweineschmalz, so erhalten Sie eine Salbe, die Sie auf die kranken Stellen streichen. Zwei oder drei Tage dergestalt behandelt, vertreibt das Übel.

Für Zahnweh

Das Zahnweh hat verschiedene Ursachen. Darum müssen auch die Arzneien so verschieden sein wie die Krankheiten, die Zahnweh machen. Für jedes Zahnweh aber gilt:

1. *Die Entzündung lindern, die im Augenblick in der Pulpa sitzt oder vom Zahnfleisch oder einer anderen Stelle im Mund auf den Zahn ausstrahlt.*
2. *Eine Stelle des Körpers, die vom kranken Zahn entfernt liegt, stark reizen und dadurch den Schmerz vom Zahn ablenken.*
3. *Den schmerzenden Zahn betäuben oder seine Empfindlichkeit auslöschen.*

4. Schließlich den kranken Zahn schonen, indem man die Berührung durch Luft, Nahrung und andere Reizstoffe von ihm fernhält.

Wenn der schmerzende Zahn unbeschädigt, das Zahnfleisch rot entzündet und geschwollen ist und der Kranke eine dicke Backe hat, soll er aufweichende Spülungen mit einem Tee aus Malven machen und den Rauch von brennenden Holunderblüten einatmen. Wenn die Entzündung gering ist, genügt es oft, eine heiße, weichgekochte dicke Feige auf das kranke Zahnfleisch zu legen. Ist die Ursache der Schmerzen vorübergehender Natur, kann man folgendes versuchen: Man schüttet einen Teelöffel voll Schießpulver auf ein Läppchen feinen und dichten Mousselin und bindet dies mit einem gut gewachsten Faden ordentlich zusammen. Sobald der Zahnschmerz auftritt, steckt man die Arznei in den Mund und kaut langsam darauf herum. Den überreich gebildeten Speichel aber soll man ausspeien. Nachdem man eine Zeitlang gekaut hat, spürt man, wie der Schmerz nachläßt.

Wenn ein Nerv das Zahnweh verursacht, kann man diese Arznei versuchen: 6 Gramm reinster Weingeist und 6 Gramm Buchenholzteerkreosot mit 2 Gramm Koschenille, 3 Tropfen Minzöl oder Nelkenöl vermischen und die schmerzenden Stellen damit bestreichen. Wenn der Zahn ein Loch hat, kann man diese Arznei auch in den Zahn stopfen. Die Behandlung hilft aber nur im Notfall und vorübergehend.

Damit aber das Zahnweh fernbleibe, soll man zwanzig Efeublätter mit ein wenig altem Wein und etlichen Salzkörnern in einem kleinen Topf sieden. Wenn sie weich sind, nimmt man den Topf vom Feuer, läßt sie erkalten, so daß man sie in den Mund nehmen kann. Dann nimmt man einen Schluck vom Wein in den Mund und spült damit jene Stelle, an der man den Schmerz nahen fühlt, dann wird er alsbald verschwinden.

Pulver für das Bleichen der Zähne

Nimm Weinstein, ein Stücklein rote Koralle, die mußt du fein schneiden und bei gelindem Feuer auf einem kleinen eisernen Tiegel trocknen, bis alles zu Pulver wird. Darunter mische ein Teil Mastix, einen halben Teil Muskatblüte und wenig Zucker und zerreibe es sehr fein. Mit diesem Pulver aber reibe die Zähne, wann es dir gefällt. Es hilft auch bei Zahnweh und wenn die Zähne sich lockern. Reibe sie mit dem genannten Pulver ein und behalt es längere Zeit im Munde. Das wunderbare Ergebnis wird dich in Erstaunen setzen.

Faule Zähne ohne Schmerz zu brechen

Zerstoße die kleinen Wurzeln des Schwarzen Maulbeerbaums, und laß sie in starkem Weinessig ziehen. Gib Eisenvitriol dazu, soviel wie eine Bohne groß ist. Fülle damit ein starkes Glasgefäß, und stell es zwei Wochen an die Sonne. Dann gieß es über eine grüne Eidechse in einen feuerfesten Topf, den du gut geschlossen in den Ofen stellst. Laß es bei gelinder Hitze trocknen, und bereite daraus ein Pulver, das du auf den faulen Zahn streust. Alsbald lockert sich seine Wurzel und er fällt aus dem Munde.

Für leichtes Zahnen bei den Kindlein

Nimm das Hirn eines Hasen und laß es sieden. Wenn es weich ist, reibe damit dem zahnenden Kinde die Kiefer. Es ist gewiß und wahr, daß die Zähne unbemerkt hervorbrechen.

Gegen stinkenden Atem

Nimm eine Unze Salbeipulver, drei Unzen Rosmarinblüten, fünf Drachmen Gewürznelken, anderthalb Drachmen gestoßenen Zimt, eine halbe Drachme Muskatnuß und ein Körnlein Moschus, dazu genug Honig, um die vorgesagten Ingredienzen zusammenzukneten. Nimm davon bei Bedarf ein Kügelchen von der Größe einer Haselnuß. Diese Arznei tut dem Magen wohl und macht einen starken und reinen Atem. Sie hilft auch in Zeiten der Pestilenz.

Für gute Augen

Wenn du des Nachts bei Kerzenlicht schreiben oder studieren mußt, gib acht, daß du dein Augenlicht bewahrst: Nimm eine große runde Phiole aus klarem dünnen Glas oder Kristall. Gieß destilliertes Brunnenwasser hinein. Willst du nachts arbeiten, stelle deine Lampe oder Kerze genau in die Mitte hinter das Glas, so wird sie große Helligkeit verbreiten.

Für ein gutes Gedächtnis

Nimm das Herz einer Schwalbe, Rosmarinblüten, Borretsch, Ochsenzunge, von jedem zwei Drachmen, und dazu feingestoßenen Zimt, Walnuß, Maiglöckchen, Muskatblüte, Gewürznelken, Pfefferschoten, von jedem eine halbe Drachme, zwei Körnlein feinen Moschus, je eine Unze Veilchenzucker und Rosenzucker. Dies alles zerreibe sehr fein und aromatisiere es mit Zitronenessenz. Dann vermische das Pulver mit einer Unze Rosensirup. Nimm von dieser Arznei einen Monat lang jeden Morgen ein Stück von der Größe einer Haselnuß, so wird dein Gedächtnis gestärkt.

Für eine wohlklingende Stimme

Nimm Kümmel und Wacholderbeeren, Steinquendel, Zimt und Tausendgüldenkraut, von jedem zwei Unzen, zerstoße es und mische es mit Honig soviel not tut, und nimm davon jeden Morgen einen Löffel voll.

Für sanften Schlummer

Genesende und Kinder und junge Frauen sollen des Nachts neun bis zehn Stunden schlafen, arbeitende Männer sieben, müßige dagegen sechs Stunden; dem Greis genügen fünf, dem Kranken drei Stunden. Vier Stunden Nachtschlaf erneuern die Kräfte stärker denn sechs Stunden Schlaf am Tage. Menschen, die wenig schlafen, sind reizbar, magerer, weniger ausdauernd bei der Arbeit. Haben eine schlechte Verdauung, brennende Hände, einen hitzigen Körper, sind schlechte Esser, sind oft traurig und sorgen sich.

Nicht alle Organe sind des Schlafs bedürftig. Herz, Lungen und Zwerchfell arbeiten Tag und Nacht, darum sind sie auch öfter krank und kündigt sich durch sie das Alter an. Nur diese Organe sind bei einem Fünfundsiebzigjährigen auch wirklich so alt, während die anderen vielleicht noch die Frische eines Fünfzigjährigen haben.

Wenn man sich dem Schlaf hingeben will, soll die Verdauung mindestens begonnen haben, besser vollendet sein, der Rumpf und die Glieder sollen nicht eingeengt noch eingeschnürt oder gedrückt sein. Auch ist es gut, sich gegen Lärm, Helligkeit und Zugluft zu schützen, ohne indes sich in finstere Alkoven zu legen, deren Luft sich nicht erneuert. Von der Schlafkammer soll man ferner Duftstoffe, erstickend riechende Pflanzen wie Veilchen, Narzissen, Rosen, Tuberosen, Jasmin und Nelken fernhalten. Zu weiche Betten treiben den Schweiß und schwächen den Körper. Der Kopf soll erhöht liegen und mäßig bedeckt sein, die Füße sind warm zu halten, die Bettdecke sei leicht, den körperlichen Bedürfnissen soll stattgegeben und der Geist befriedet sein.

Am besten ist es, man lernt auf der einen wie der anderen Seite zu schlafen, damit die Organe der linken und der rechten Körperhälfte im Gleichgewicht bleiben, das aber durch Ermüdung gestört würde, wenn man eine Seite stärker als die andere belastet.

Für nächtliches Bettnässen

Nimm Brennesselsamen, zerreibe ihn zu Pulver und tu zwei Unzen Mastix dazu. Vermische die Pulver und knete sie in einen Klumpen Brotteig so groß wie eine Faust. Forme einen Fladen und back ihn im Ofen. Den fertigen Fladen brich in drei Teile und gib dem Bettnässer drei Tage lang morgens ein Stück zu essen. Fahre damit vierzehn Tage fort, indem du alle drei Tage einen Fladen bäckst. Wenn er dann immer noch ins Bett macht, mußt du die Laken wechseln.

Für triefende Nasen

Ein Doktor hatte vor ein paar Monaten einen starken Schnupfen mit Triefnase, Fieber und heftigem Kopfweh. Er half sich, indem er Joddämpfe inhalierte. Morgens um neun hatte der Schnupfen ange-

fangen. Um drei Uhr nachmittags begann der Doktor mit seiner Behandlung: eine Stunde lang atmete er alle drei Minuten etwa eine Minute lang die Joddämpfe ein. Zuerst ließ das Kopfweh nach und hörte ganz auf. Sodann mußte er seltener niesen, die Nase lief nicht mehr über, und abends gegen sechs Uhr war der Schnupfen vollständig verschwunden, wenn auch ein Brennen im Hals geblieben war. Dieses einfache und harmlose Mittel ist einen Versuch wert. Zum Inhalieren genügt es, ein Fläschchen mit Jodtinktur in der Hand zu erwärmen und sich geöffnet unter die Nase zu halten. Die Körperwärme reicht aus, damit sich die Joddämpfe entwickeln.

Für die Krankheit der Milz

Nimm Kürbiswurzel, säubere sie unter fließendem Wasser, aber weiche sie nicht ein. Dann gieße ein halbes Siebtel Olivenöl und gleich viel Weinessig in einen feuerfesten Tontopf, setze ihn aufs Feuer und erhitze es, bis es siedet, wirf die Kürbiswurzel fein gerieben dazu und rühre gut um, damit nichts anbrenne. Wenn sich alles gut vermischt hat, drücke es durch ein Mundtuch in ein sehr sauberes Gefäß. Mit diesem Balsam sollst du die Milz dort einreiben, wo sie weh tut. Du sollst ihn stets erwärmen, bevor du ihn gebrauchst. Dann lege ein Tuch darüber und binde es fest.

Für Trunkenheit vom Wein

Insofern der Mensch nichts Höheres hat als den Verstand und es oft geschieht, daß er diesen verliert, weil er zuviel des Weins genossen, ist es angeraten, ihm eine Arznei zu geben, mit der er sich dagegen schützen mag.

So du fürchtest, der sanften Gewalt des Bacchus zu erliegen, trinke, bevor du dich zum Tische setzest, zwei Eßlöffel Sud vom Betonienkraut und einen Eßlöffel Olivenöl, dann kannst du unbeschadet Wein genießen.

Gibt acht, daß dein Glas oder Becher, aus dem du trinkst, nicht nach Pfefferkraut oder nach abgeschabten Nägeln rieche, denn diese Ingredienzen fördern die Trunkenheit.

Hat aber der Wein erst die Sinne gefangen, dann soll der Mann sein Gemächt in ein Tuch wickeln, das mit starkem Essig gut getränkt ist, und die Frau tue das gleiche an ihren Brüsten: so werden sie alsbald nüchtern sein.

Einen Betrunkenen kann man alsbald zu Verstand bringen, wenn man ihm ein Glas süßes Wasser zu trinken gibt, in dem ein bis zwei Tropfen Ammoniak gelöst sind.

Jahr für Jahr sterben Tausende im Vollrausch, weil sie, auf dem Rücken liegend, an ihrem Erbrochenen erstickt sind. Wenn Sie also einen sinnlos Betrunkenen sehen, der auf dem Rücken liegt, erbarmen Sie sich und drehen Sie ihn zur Seite oder auf den Bauch. Falls ihm dann schlecht wird, kann er nicht ersticken.

Für Blitzschlag

Wenn Mensch oder Tier vom Blitz getroffen wurden, kann man sie ins Leben zurückrufen, indem man ihnen mit Riechessenz getränkte feine Tuchstreifen in die Nasenlöcher schiebt und ihren Mund mit ein paar Tropfen Riechessenz in kaltem Wasser auswischt. Erkennt man danach die ersten Lebenszeichen, dann erneuert man die Behandlung und läßt den Geretteten außerdem drei bis vier Eßlöffel kaltes Wasser mit Riechessenz schlucken.

Bei Bissen von tollwütigen Tieren

Wer von einem Tier gebissen wird, das die Tollwut hat oder derselben verdächtigt wird, soll sofort die Wunde von allen Seiten zusammenpressen, damit mit dem Blut auch der Speichel entweiche. Dann soll die Wunde gewaschen werden, entweder mit Wasser, in dem Riechessenz gelöst wurde, oder mit Waschlauge, Seifenwasser, Kalkwasser, Salzwasser oder, wenn nichts anderes zur Hand ist, mit klarem Wasser.

Es ist nützlich, beim Auswaschen ein rauhes Linnentuch zu benutzen, um die Wunde zu reizen und das Blut herauszudrücken. Sodann erhitzt man ein Stück Eisen, bis es weißglühend ist, und drückt es fest auf die Wunde.

Nach dem Ausbrennen soll man die Wunde etliche Stunden mit einem großen blasenziehenden Pflaster bedecken. Dann nimmt man es weg. Richtig angewandt, bannen diese Mittel jede Gefahr.

Für den Gebissenen ist es ein Vorteil, wenn ein Wundarzt zugegen ist, der die Behandlung vornimmt. Und immer soll ein Arzt gerufen werden, auch wenn diese Mittel gebraucht worden, weil nur er die Tiefe der Wunde erkennt und weil das Ausbrennen nicht nützt, wenn es nicht tief genug ist.

Für die Krätze

Ein Antwerpener Doktor hat erkannt, daß Lampenöl die Krätze vertreibt. Es tötet sogleich die Krätzmilbe, welche die Ursache dieser Krankheit ist. Die Arznei ist einfach anzuwenden. Man muß nur die kranken Stellen mit dem Petroleum bestreichen, ohne es einzureiben. Damit die Kleidung milbenfrei werde, soll man sie den Dünsten des Petroleums aussetzen. Es ist erwiesen, daß Petroleum auch andere Krankheiten der Haut aus ähnlicher Ursache heilt, als da sind schädliche Insekten, und sollen es darum auch die Gärtner und Ackerbauern nutzen.

Eine Mischung von Petroleum mit Schlangenöl, das Fell damit bestrichen, heilt die Krätze beim Hund und beim Pferd.

Wohlriechende Seife für die Krätze

Nimm starke Waschlauge, vermisch sie mit etwas Salz, Rosenwasser, Zitronensaft, feingeschabter Kernseife und Pulver von Gewürznelken. Laß es ruhen, bis es wie Teig ist. Diesen rühre in eine tiefe Schüssel, dann laß ihn an der Sonne trocknen, bis er fest genug ist, daß du Kugeln daraus formen kannst. Mit dieser Seife wasche dir jeden Morgen die Hände.

Balsam für die Pest

Diese Arznei vertreibt die Pest und alle ansteckende Krankheit. Nimm ein Dutzend Schwarzwurzeln, und siede sie in drei Pinten Weißwein. Der Topf soll bedeckt sein. Sind sie gar, so schütte sie durch ein Linnentuch, drücke es aus, und gib zu der Flüssigkeit den Saft von zwölf Zitronen, je eine halbe Unze Ingwer, Gewürznelken, Kardamom und Aloeholz, alles sehr fein gepulvert. Dann wirf noch frische Kräuter hinein, von jedem eine Unze: Raute, Holunder, Brombeere und Salbei. Laß es bei gelindem Feuer sieden, bis ein Viertel verdampft ist. Dann gieß es durch ein doppeltes Linnen oder Seihtuch, fülle es in eine Glasflasche mit engem Hals, und trinke davon morgens nüchtern neun Tage lang ein Drittel von einem halben Siebtel, so bist du gegen die schlechten Dünste gefeit, auch wenn du mit Pestkranken Umgang pflegst.

Wer aber schon von dem Übel befallen ist, soll dieser Arznei den Saft von Ochsenzungenwurzel und Skabiosa zufügen, der mit gutem Theriak verdünnt wurde, denn dies wird ihm das tödliche Gift austreiben. Wenn aber jemand von schwarzen Beulen bedeckt ist, soll man Brombeerblätter und Holunderkraut mit Senfkörnern zerstoßen und ein Kataplasma bereiten, das man ihm auf die schwarzen Beulen legt, und so Gott will, wird er genesen.

Oder man bereite einen Sud aus einer halben Unze Sauerdorn und einer Drachme Theriak und lasse den Kranken davon trinken. Der Sud aber soll heiß sein, und man deckt den Kranken zu, so soll er schwitzen. Wenn er noch nicht lange die Pest hat, wird er genesen.

Zu erkennen, daß eine Frau empfangen kann

Nimm Wilde Malve oder Eibisch und soll die Frau drei Tage lang morgens einmal darauf brunzen. So die Pflanze stirbt, kann die Frau nicht empfangen. Gedeiht aber das Gewächs, so ist gewiß, daß die Frau Kinder gebären wird.

Wie viele Kinder eine Frau gebären wird

Nachdem die Frau das erste Kindlein geboren, soll die Hebamme sogleich achten, wie viele Knoten in der Nabelschnur des Kindleins seien, und wird die Frau so viele Kindlein empfangen wie Knoten sind in der Nabelschnur. Ist aber kein Knoten, wird sie nicht mehr gebären, denn bei jeder Geburt vergeht ein Knoten von der Schnur.

Wie viele Knäblein sie gebären wird

Beim ersten Knäblein, das die Frau gebiert, zähle die Haarkränzlein, die es hat, und so viele Knäblein wird die Frau empfangen.

Für die Nachgeburt

Zuerst soll man neun Körnlein Ambra fein zerstoßen, bis es Pulver sei, dazu zwei Dutzend Blätter fein zerkleinert Eberwurz. Laß es einen Tag und eine Nacht in fünf Schoppen weißem Wein ziehen. Dann gieß es durch ein Linnen und gib der Kranken neun Tage lang morgens davon zu trinken. Und soll die Frau das Bett hüten und mit einer Binde fest gewickelt sein, die vier Finger breit und zwei französische Ellen lang ist, und vor die Scham ein Pflaster aus neuem Bienenwachs gelegt, damit die Nabelschnur an ihren Platz zurückweiche. Das Pflaster soll mit einem Umschlag bedeckt werden. Die Frau aber soll liegen und gewickelt werden, so lange sie es erträgt.

Für die Krankheit der Frauen

Siede Esparsette in Wasser, filtriere es und laß die Frau drei Tage lang morgens einen großen Becher davon trinken. So die Frau ihre Krankheit nicht oder zu seltenen Malen hat, wird sie alsbald von diesem Übel genesen.

Den natürlichen Fluß der Frau zu mindern

Nimm zerstoßenen Weihrauch und Gallapfel und mische es mit gutem Rotwein. Den Brei, auf der Frauen Scham gestrichen, trocknet den Fluß. Welcher Frauen die heimlich Statt versehrt, die nehme Saft von Lauch und tu es darüber. Es heilt's.

Unfruchtbarkeit von Mann oder Frau zu erkennen

Nimm zwei Näpfe und fülle sie mit Lehm. Dann laß in den einen Napf den Mann brunzen, in den anderen aber die Frau. Warte drei Tage, und des Napf, der mit Unfruchtbarkeit geschlagen, wird voller Würmer sein, aber der andere nicht.

2. Kapitel
Andere heilkräftige Arzneien

Elixier für jegliche Schmerzen

In eine Glasflasche mit einem Liter Schnaps gibt man eine halbe Unze Zimt, der in kleine Stücke gebrochen und im Mörser zerstoßen ward. Die Flasche wird gut verschlossen und kräftig geschüttelt. Dann vermischt man sehr rotes Rosenwasser und ein halbes Pfund feingepulverten Zucker und schüttet es in die vorgenannte Flasche. Von diesem Elixier soll man trinken bei allen Beschwerden, denn es wirkt Wunder, auch bei Herzweh, Schleimwasser, Katarrhen und anderen Übeln.

Elixier der Königin Isabella von Ungarn

Nimm anderthalb Pfund frische Rosmarinblüten, je ein halbes Pfund Blüten von Poleiminze, Majoran und Lavendel, tu es in eine Destillierblase, und gieß drei Pinten guten Schnaps darüber. Nachdem du das Gefäß gut verschlossen hast, damit nichts entweiche, lege es vierzehn Stunden in sehr warmen Pferdemist, danach destilliere es im Wasserbad.

Von diesem Elixier soll man ein- bis zweimal in der Woche morgens nüchtern eine Drachme, mit anderer Flüssigkeit verdünnt, trinken, sich das Gesicht damit waschen und alle Glieder, in denen Weh und Blödigkeit sitzen. Die Arznei erneuert die Kräfte, klärt den Geist, reinigt die Säfte und stärkt das Augenlicht bis ins Greisenalter.

Universalmittel

Die Zwischenwand der Walnuß hat geheime Tugenden: Man soll sie gebrannt und gepulvert mit Weißwein vermischen. Getrunken, vertreibt dies Elixier die Koliken, und wenn man es auf den Nabel streicht, läßt es die Blutung der Frauen verstummen.

Auch in den Schalen der Nuß hat der Allmächtige mannigfache Tugenden verborgen. Wenn man sie brennt und zerreibt und mit Wein und Öl vermischt, verhüten sie, daß die Haare ausfallen. Die Asche der ganzen Nuß auf den Nabel gestrichen, lindert die Kindsnöte. Das Öl der Walnuß, mit Holunderblüten versetzt und an die Sonne gestellt, heilt stechende und schneidende Nerven. Galenus bereitete aus der grünen Schale der unreifen Walnuß einen Saft, der mit Honig gesotten jedwedes Gurgelweh heilt.

Das Geheimnis des Einhorns

Das Horn eines Tieres, Einhorn geheißen, hilft bei allen Übeln. Soll gut sein auch bei Pestilenz. Item das gebrannte Gehörn von Hirsch und Geiß bleicht und reinigt die Zähne und festigt das Zahnfleisch, und in Wein getrunken, heilt es den Durchfall und das Leibweh.

Heiliges Öl

Auch Oleum lateribus mensae geheißen, das ist Öl von den Ziegeln des Opfertisches. Das Pulver von alten Ziegeln und Töpfen, mit Honig vermengt, ist trefflich zum Bleichen der Zähne. Rührt man es in starken Essig, vertreibt es die Krätze und lindert das Jucken der Haut. Heilt auch die Pusteln. Wenn man es mit Bienenwachs vermischt und auf die Skrofeln schmiert, sind sie alsbald geheilt. Hilft auch bei anderen Übeln.

Von der Salzbrühe

Galenus hat bei den Bauern die Geschwulst am Knie geheilt, indem er Umschläge mit altem Käse machte, der in Salzbrühe vom Schinken eingeweicht war. Die Salzbrühe reinigt, ist gut für Klistierlein bei Koliken.

Von den Schwalbennestern

Jeder weiß, daß Pulver vom Schwalbennest, mit Honig verrührt, die Entzündungen innerlich und äußerlich heilet.

Wenn man ein Schwalbennest mit Weißwein siedet und die Kehle damit bestreicht, wird alsbald das Weh gelindert. Glaube dies, wer wolle! Ich ziehe dieses Mittel aber allen Arzneien des Abendlandes und des Morgenlandes vor und allen Spezifika, welche die Scharlatane und Marktschreier preisen.

Die Tugenden von Ruß

Die alten Gelehrten gebrauchten Ruß von Weihrauch, Myrrhe, Terebinth, Storax und Zedernholz. Doch soll man den Ruß aus dem Kamin nicht verachten. Vermischt mit starkem Essig, heilt er die Erfrierungen. Diese aber soll man zuvor reiben, bis sie rot sind. Item der Ruß heilt die Säfte und lindert das Jucken der Haut nach Krankheit. Den Ruß aber gewinnt man, wenn man Butter in einer Lampe verbrennt, und soll man ihn gut aufheben. Er hilft bei Augentriefen und bei anderer Augenkrankheit. Ruß aus Pechharz, mit warmem Rosenöl vermischt und ins Ohr geträufelt, vertreibt das Ohrenweh.

Von Spinnen und ihren Netzen

Die Doctores sagen, daß die Spinne dem Menschen viel schaden und viel nützen kann. Ich will hier nur von den Tugenden berichten. Zerstoßene Spinnen, mit einem Tuch als Umschlag auf die Stirn und die Schläfen gelegt, heilen das Dreitagefieber. Spinngeweb aufgelegt, macht das Blut stocken und verhütet den Wundbrand.

Von dem Hirn etlicher Tiere

Das Hirn des Hasen ist eine bewährte Arznei beim Zahnen der Kinder. Wer sich leicht ängstigt, soll oft davon als Speise genießen, so wird er frei von Angst und Schrecken. Heilt auch Bettnässen bei Knaben und Mägdlein, so man sie vor dem Schlafen hellroten Wein trinken läßt, in dem ein Hasenhirn gesotten ward. Reibt man die Kehle außen mit dem Hirn einer Katze, so heilt es die entzundene Gurgel.

Von den Austernschalen

Diese Schalen soll man roh oder gebrannt zu Puder reiben und mit frischer Butter zu einer Salbe vermengen. Trocknet blutende Hämorrhoiden und reinigt eitrige Geschwüre.

Die Schale der Eier

Galenus preist das Weiße und das Gelbe vom Ei, sind sie doch gute Arzneien. Item die Schale eines Eies, dem ein Küken entschlüpft, ist heilsam, wenn man sie gepulvert mit weißem Wein vermischt. Vertreibt die Steine aus Blase und Niere.

Vier-Diebe-Essig

Nimm Minze, Rosmarin, Raute, Wermut und Zitwer, von jedem zwei Drachmen, und gieß vier Pinten Essig darüber. Wirf eine Unze Lavendel dazu und Gewürznelken, Kalmus, Muskat und Zimt, eine halbe Unze von jedem. Dann gib noch vier gehackte Knoblauchzehen hinein und eine halbe Unze Kampfer, den du in einem halben Becher Weingeist gelöst hast. Laß alles einen Monat ziehen und filtrier's.

Diesen Essig gebraucht man bei Seuchen zum Ausräuchern der Kammern, man reibt den Körper damit ein, nimmt auch die Ohnmachten. In Zeiten der Pest und Cholera soll man sich damit einreiben und immer wieder daran riechen.

Chinarinde zu nehmen bei allen Fiebern

Bei Hitzigkeit des Leibs, ob sie einen Tag währe oder acht und länger und abwechsele mit Anfällen von Kälte, und nachdem der Kranke nach Gebühr seiner Krankheit, seines Temperaments und seiner Kräfte ein- oder zweimal zur Ader gelassen, so soll man ihm, sobald sich das Fieber ankündigt, zwei Drachmen feingepulverte Chinarinde geben, die mit Sirup von Frauenhaarfarn zu Kügelchen formiert ward. Und soll er darauf ein halbes Glas Rotwein trinken.

Dann soll er drei Stunden sich des Trinkens enthalten. Zum Ende des Fiebers aber soll er Brotwasser oder Krankentee trinken und endlich Speise zu sich nehmen. Am nächsten Morgen nimmt der Kranke nüchtern eine Drachme Chinarinde, wie vorgesagt, und trinkt ein halbes Glas Wein. Zwei Stunden danach soll er essen, und soll man ihn so traktieren während acht oder zehn Tagen. Danach gibt man dem Kranken acht Tage lang keine Arznei, dann wiederum gibt man ihm acht Tage lang morgens Chinarinde und Wein, und so noch zweimal.

Und soll der Kranke kein rohes Obst noch Salat und Milchiges und Saures essen. Und wenn er keinen Stuhlgang hatte, so soll man ihn in der zweiten Woche purgieren: Gib ihm in der Frühe eine Drachme Pulver von Rhabarberwurzel, Sennesblättern oder Jalappa, das du mit der Chinarinde in Pillen geknetet hast. Zwei Stunden danach soll er eine Suppe trinken.

Item kann man den Stuhlgang fördern mit linden leichten Klistierlein.

Von Arznei, die das Herz, das Haupt und den Magen stärket

Nimm sechs Pfund der schönsten Weichselkirschen, entledige sie der Stiele und Kerne, und laß sie mit einer Pinte Brunnenwasser eine gute Stunde sieden. Dann drücke sie durch ein Seihtuch. Aus dem Saft aber bereite einen Sirup, indem du drei Pfund feinen Zucker, vier Unzen Zimt, je eine Unze Gewürznelken, Muskat, Paradieskörner und Karadamom, je vier Körnlein gepulverten Moschus und graue Ambra mit grob gestoßenem Zucker hineintust. Ist der Sirup gesotten und geklärt, vermische ihn mit vier Pinten gutem Schnaps, gieß ihn in eine große Flasche, die du gut verkorkt zwei Wochen an die Sonne stellst. So erhältst du ein treffliches Elixier, das bei mancherlei Übeln heilsam ist.

Von den Tugenden und Eigenschaften der Milch

Die Muttermilch ist gewiß und unwidersprochen die beste Milch, denn sie ist milder und nahrhafter und ob ihrer Vollkommenheit zu unserer frühesten Speise bestimmt. Item sie ist heilsam bei den Mageren und Abgezehrten, für Blödigkeit des Magens, für die Hitzblattern und das Augentriefen.

Es ist kein Zweifel, daß eine Frau nicht genugsam Milch für mehrere Menschen gibt. Indes kann man mehrere Frauen haben und sie ihre Milch so absaugen lassen, daß sie noch warm ist, wenn man sie trinkt. Heilsamer ist aber für die Schwindsüchtigen, wenn sie direkt an der Brust trinken. Etliche sagen, daß die Milch einer Frau, die von einem Knäblein genas, besser sei als die von der Mutter eines Mägdleins.

Nach der Muttermilch ist Kuhmilch am dicksten und nahrhaftesten. Sie stärkt Abgezehrte und Geschwächte nach langer Krankheit, heilt auch etliche andere Gebreste.

Die Ziegenmilch ist trockener und nicht so wäßrig. Ist gut für die mit feuchtem Temperament und wird leicht sauer. Man kann es verhüten, indem man etwas Zucker und Salz hineinstreut. Für den Magen ist sie heilkräftiger denn andere Milch, insonderheit aber für die Kindlein, die der Schnupfen oder das Bauchgrimmen heimsucht.

Von allen ist aber die Eselsmilch die magerste, darum ist sie sehr feucht, erfrischt auch mehr denn die anderen, und sollen sie trinken, welche leiden an Krankheiten der Brust und Lungen. Sie heilt und stärkt die Schwindsüchtigen und macht rosige Wangen.

Die Schafsmilch gibt weniger Buttermilch denn die anderen. Sie ist sehr fett. Darum geben die Doctores sie selten zu trinken und trinken sie fast nur die Armen, denn oft als Speise genommen, macht sie weiße Flecken auf der Haut. Etliche trinken auch die Milch der Stuten, gleichwohl ist dazu nicht zu raten. Die Milch ist verschieden nach dem Alter der Tiere und nach den Jahreszeiten, und ist die Frühjahrsmilch, insonderheit im Mai, die beste, weil die Tiere dann frisches Gras fressen. Die Muttermilch ist die beste drei Monate nach der Geburt eines Kindleins und soll man dann viel davon trinken. Von den Tieren ist die Milch am besten nach sechs Monaten und von schwarzen Tieren besser denn von anderen. Die Tiere, die am Wasser weiden, geben dünnere und weniger Milch denn die Tiere aus dem Gebirge.

Die Milch soll weiß sein, nicht feist noch wäßrig, und soll ein Tröpflein, auf den Fingernagel getan, nicht herunterfließen. Gut sei ihr Duft und ihr Geschmack nicht sauer noch bitter, streng oder salzig. Man soll nur Milch von gesunden Tieren trinken. Wenn ein Tier eine zweifache Zahnreihe hat, gerinnt seine Milch nicht im Magen des Menschen.

Die Milch, so einer trinkt, soll seinem Temperament gemäß sein, damit sie ihm wohl bekomme.

Will man einen geschwächten Leib wiederherstellen, dem es an Feuchtigkeit mangelt, so ziemt es nicht nur, die Blutadern zu füllen, man muß ihm auch zuerst mit viel mineralischen Wässern die üblen Säfte erweichen und austreiben. Wenn er dann die Milch trinkt, wird sie ihm wohl bekömmlich sein und nicht in seinem Leib gerinnen.

So man aber dem Körper nicht alle Gärungsstoffe ausgetrieben hat, die Ursache der meisten Gebresten sind, wird die Milch nicht bekömmlich sein. Man soll aber dann die Gedärme mit Rhabarber putzen. Wird die Milch bei Bauchgrimmen, Durchfall oder Schlagfluß getrunken, soll man sie sieden und abschäumen und die Haut abnehmen. Auch ist es nützlich, rote Rosenblätter etliche Stunden darin ziehen zu lassen oder rotglühende Kieselsteine oder Stücke von Schmiedeeisen, so ist die Milch heilkräftiger und nützer denn andere Arzneien. Jegliche Milch soll frisch gemolken und durch ein Seihtuch in ein reines Gefäß gegossen werden.

Eine Frau soll nicht melken, wenn sie ihre Krankheit hat.

Muttermilch aber soll man nur von einer Frau trinken, die ein sanguinisches Temperament, frische Wangen, schöne Zähne und braune Haare hat. Wer Milch trinkt, soll davor und danach seine Zähne reinigen, denn sie erträgt keine Unreinigkeit, ihre Weiße zeigt es genugsam. Man soll sie morgens, mittags, abends und zur Nacht trinken.

Wer aber nur wenig Milch ertragen mag, der soll alle drei Stunden nicht mehr denn drei Unzen davon trinken, zuvor aber aus Krebsaugen und Perlen bereitete Pillen nehmen.

Wenn du Milch als Arznei nimmst, sollst du meiden, was sie gerinnen macht, insonderheit stark gewürzte Fleischspeisen, saures Obst und neuen trüben Wein. Essen sollst du aber gute Suppen von Geflügel, Kalb und Schaf, feingesäuert Brot, gesottene Aprikosen, Äpfel, Birnen und Quitten.

Esse mit Lust und sättige dich nicht ganz, sondern höre mit Lust auf zu essen. Und so du Milch trinkst, vermeide den Wein, schwere leibliche Arbeit und geistige Mühsal, aber suche Freude und Lustbarkeit, denn es nützt der Gesundheit.

Wenn du fieberst, meide die Milch. Sie schadet dann mehr denn sie nützt, weil sie die üblen Gärungsstoffe mehrt. Item ist sie nicht bekömmlich bei Blödigkeit des Magens und Hauptweh und manchmal bei Durchfall. So man die Milch meiden muß, soll man zur Ader lassen und purgieren und Mäßigung beim Essen beachten.

Heilsam aber ist die Milch bei Katarrhen und bei Entzündungen der Augen, der Kehle und des Zäpfleins im Hals, bei Krankheit von Lungen, Magen, Därmen und Galle, bei Tripper, Weißfluß und Franzosenkrankheit, bei Krätze, bei Verbrennungen, bei Gicht und Gliederreißen, heimlichem Fieber und bei Wassersucht.

Molke und Buttermilch

Die Tugenden der Buttermilch nützt man bei verschiedenen Krankheiten. Zu Abkochungen und Waschungen bei Trockenheit der Gedärme, bei Entzündung und Quetschungen, bei Verstopfung der Gedärme, der Milz und der Venen, bei hitziger Leber und Gelbsucht, bei Harngrieß und Flechten.

Damit aber die Buttermilch sich nicht im Leib festsetze und den Schlaf raube, soll man sie klären. Zu diesem Ende gieße man die geronnene Milch durch ein Seihtuch. Wes Magen die Frische nicht erträgt, soll diese Molke mit ein wenig Honig trinken und sich lieber der Bewegung hingeben denn dem Schlafe.

Anhang

MAGISCHE REZEPTE

Gesammelt, ausgewählt, bearbeitet und zu Nutz und Frommen der verehrten Leserinnen und geneigten Leser zusammengestellt von DOMINIQUE WEBB

Im vorangehenden Hauptteil dieses Buches habe ich – wie Sie hoffentlich nicht ohne Interesse und Vergnügen wahrzunehmen vermochten – aus den Werken und Schriften des ALBERTUS MAGNUS und anderer gelehrter Männer von PLINIUS DEM ÄLTEREN bis zu PARACELSUS (um nur diese beiden zu nennen) die vielfältigsten wundersamen und merkwürdigen Blüten des magischen Geheimwissens früher Jahrhunderte zu einem bunten Strauß gebunden. Von Geheimrezepten, um künstlich Gold zu machen, bis zu heilkräftigen Arzneien, von der magischen Wirkung von Duftstoffen bis zu den Geheimnissen der Liebe, von der Macht der Talismane bis zu den geheimen Rezepten für das Hauswesen konnte ich Sie führen.

Soweit möglich ließ ich die Originalzeugnisse für sich sprechen, seien sie nun aus dem Lateinischen oder Altfranzösischen übersetzt, dem Kanon der *»Opera omnia«* des ALBERTUS MAGNUS oder irgendwelchen obskuren Schriften entnommen. Diese Originaltexte konnten Sie an der normalen, geraden Schrift des Satzes für dieses Buch erkennen. Nur dort, wo einige einführende, verbindende oder erläuternde beziehungsweise paraphrasierende Worte angebracht erschienen, habe ich mich selbst gleichsam als Herausgeber zu Wort gemeldet. Sie erkennen diese Passagen an der *kursi-*

ven Schrift (Schrägschrift). Natürlich werden Sie auch festgestellt haben, daß ich den alten Originaltexten nach Möglichkeit den altertümlichen Sprachduktus und die heute veraltet anmutende Wortwahl erhalten habe. Auch in der deutschen Übersetzung von ULLA SCHULER sollte dadurch nicht nur das Lesevergnügen erhöht, sondern auch die Authentizität der alten Texte vermittelt werden.

Wie ich Ihnen eingangs bereits sagte, sind viele dieser Geheimrezepte nicht oder nicht mehr dafür geeignet, heute zubereitet und angewendet zu werden. Um Sie vor etwaigem Schaden zu bewahren, möchte ich Ihnen sogar dringend davon abraten! So ist es denn auch kein Unglück, sondern erhöht eher den Reiz der alten Geheimrezepte, wenn in diesen die historischen und heute gar nicht mehr geläufigen Maße und Gewichte bei den Angaben der Zutaten so belassen wurden, wie sie sich im Original fanden.

Etliche der Ingredienzen, die für die Rezepte der Alten benötigt werden, sind heute nicht mehr exakt zu identifizieren und zu beschaffen. Inzwischen haben Wissenschaftler, Heilkundige und Eingeweihte jedoch viele andere Grundstoffe, Zutaten und Heilpflanzen entdeckt, die geradezu phantastische Wirkungen entfalten können, wenn man sie in der richtigen Weise kombiniert.

Deshalb werde ich Ihnen zur Ergänzung des Vorangegangenen – und um Ihnen somit auch ein für heutige Leser praktisch anwendbares Buch in die Hand zu geben – in den folgenden Kapiteln und Abschnitten moderne »magische« Rezepte vorstellen, deren Grundlage gleichfalls esoterische Lehren sind. Es handelt sich also nicht – seien Sie sich dessen bitte bewußt – um eine beliebige Sammlung von Allerweltsrezepten, wie Sie sie dutzendfach in anderen Büchern finden könnten.

Da diese modernen magischen Rezepte von mir selbst für Sie abgefaßt wurden, ist eine Abhebung meines Textes durch Kursivschrift (Schrägschrift) von hier ab nicht mehr erforderlich. Ich weise nur der Ordnung halber darauf hin, damit nicht etwa eilige Leser auch die folgenden Kapitel für Schriften des großen Albertus halten – mit dem ich mich weder messen kann noch mit dessen Federn ich mich schmücken möchte und dürfte. Einige der Geheimrezepte stammen jedoch von ihm – ich habe das jeweils angemerkt.

I
Nichts ist magischer als die Liebe

Da unser Körper letztlich das ist, was wir essen und trinken, leuchtet ein, wie eng unsere Ernährung auch mit dem Energiepotential, das wir in der Sexualität ausagieren, verknüpft ist.

Die im folgenden beschriebenen Rezepte sind zumeist für zwei Personen berechnet. Wer allerdings selbstlos auch seinem Freundeskreis die segensreichen Wirkungen der magischen Rezepte gönnt, sollte vielleicht einmal zu einer kulinarischen Orgie einladen, um die Beziehungen untereinander zu festigen und die gegenseitige Zuneigung zu vertiefen.

In den folgenden Rezepten sind die Zutaten *kursiv* gesetzt, damit Sie sie auf den ersten Blick erfassen können. Bei den Mengenangaben finden Sie die gebräuchlichen Abkürzungen für Eßlöffel (EL), Teelöffel (TL), Liter (l), Milliliter (ml), Gramm (g) und so weiter.

Aphrodisische Gaumenfreuden

Magischer Pfeffer
30 Körner grauer Pfeffer
30 Körner schwarzer Pfeffer
30 Körner rosa Pfeffer
30 Körner weißer Pfeffer
1 Zimtstange, in kleine Stücke gebrochen
2 Gewürznelken
2 Messerspitzen grober Cayennepfeffer
Vermischen und in eine große Pfeffermühle geben.

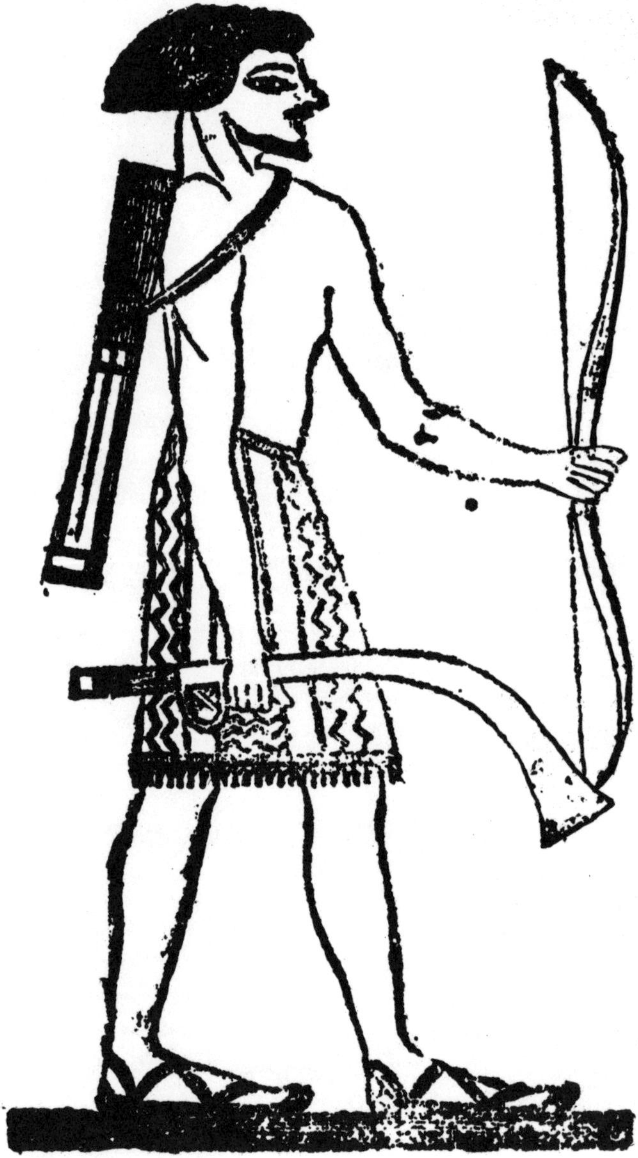

Dieser »magische Pfeffer« wirkt äußerst anregend und sollte immer dann, selbstverständlich frisch gemahlen, zum Würzen verwendet werden, wenn ein Gericht eine gewisse Schärfe bekommen soll.

Ihr pfiffiges Aroma erhält diese Pfeffermischung durch die getrockneten Blütenknospen des Gewürznelkenbaums, welche die stimulierende Wirkung des Pfeffers auf die Drüsen, und nicht nur die der Verdauung, verstärken. Der »magische Pfeffer« erleichtert eine Empfängnis. Im übrigen ist er gut gegen Kopfschmerzen und gegen Zahnweh. In puncto Liebe ist er praktisch ein Universalmittel.

Überraschungshäppchen

Die Muskatnuß mit ihren verdauungsfördernden und gärungshemmenden Eigenschaften macht dieses Gericht leicht verdaulich. Und durch die Verbindung des »magischen Pfeffers« mit dem Muskat wirkt es überaus stimulierend. Die angegebenen Mengen der Zutaten, vor allem an Muskat, sollten nicht überschritten werden.

Wenn man zu den Häppchen zuviel Wein trinkt, lindert der Muskat die Kopfschmerzen, und das Vitamin C der Zitrone beugt dem Kater vor. Das Rezept ist für zwei Personen berechnet.

Für die Soße:
2 sehr reife Avocados
1 EL scharfer Senf
1 EL Weißweinessig
1 EL Olivenöl
1 TL Limettensaft
magischer Pfeffer
Salz
2 mittelgroße Zwiebeln
10 Tropfen Tabasco
1 EL Tomatenketchup

Avocados halbieren, Kern herausnehmen, Fruchtfleisch im Mixer pürieren und sofort mit dem Limettensaft beträufeln, damit es sich nicht verfärbt. Die anderen Zutaten mit den pürierten Zwiebeln daruntermischen. In den Kühlschrank stellen und dann die Fleischbällchen zubereiten.

Für die Fleischbällchen:
250 g Hühnerbrust
2 EL Zucker
3 EL Sojasoße
2 EL Rum
1 EL Erdnußöl
¼ TL geriebene Muskatnuß
magischer Pfeffer
Salz
½ Sträußchen frischer Koriander

Das kleingeschnittene Hühnerfleisch, den gehackten Koriander, zwei Eßlöffel Sojasoße, magischen Pfeffer, Salz und Muskatnuß im Mixer zu einer homogenen Masse zerkleinern und daraus kleine Bällchen formen.

In einer Teflonpfanne das Öl erhitzen und die Bällchen darin etwa zehn Minuten lang goldbraun backen. Bällchen herausnehmen und auf Küchenkrepp legen, um überschüssiges Fett aufzusaugen. Pfanne auswischen und Sojasoße, Rum und Zucker (vorher in einer Tasse verrührt, damit sich der Zucker löst) darin erwärmen. Die Bällchen hineingeben und bei kräftiger Hitze karamelisieren, bis die Flüssigkeit verdampft ist.

Mit der Avocadosoße servieren.

Hochzeitssuppe

In der Verbindung mit Milch und Gänsefett entwickelt die Muskatnuß schon in geringen Mengen ihre erstaunlichen kräftigenden und stimulierenden Eigenschaften.

Das Rezept dieser köstlichen Suppe, die nach einer langen heißen Nacht wieder fit macht, stammt aus dem Béarnais. Man schlürfte sie zwischendurch in der Hochzeitsnacht.

½ l Milch
2 Zwiebeln
1 EL Gänsefett
Muskat
grauer Pfeffer, Salz

Zwiebeln sehr fein hacken und in dem Gänsefett glasig dünsten, dann die Milch zugießen und ungefähr zwölf Minuten köcheln lassen.

Mit Salz, einer Prise Muskat und reichlich frisch gemahlenem Pfeffer abschmecken.

Scharfmacher

Wer diese höllisch scharfe Suppe in trauter Gemeinsamkeit schlürft, wird garantiert eine tolle Nacht erleben.

2 Zwiebeln
½ l Fleischbrühe
1 EL Butter
1 EL Öl
1 EL Mehl
ein paar dünne Scheiben Weißbrot
1 Ei
60 g geriebener Gruyère
100 ml Portwein oder Madeira

Zwiebeln in feine Scheiben schneiden. Butter mit Öl bei kleiner Flamme schmelzen und die Zwiebeln darin goldgelb werden lassen. Mit dem Mehl liebevoll bestäuben, dann die Brühe angießen.

Eine Messerspitze geriebene Muskatnuß, eine Spur Salz und einen Teelöffel frisch gemahlenen Pfeffer unterrühren und bei geringer Hitze dreißig Minuten ziehen lassen.

Suppe in feuerfeste Schüsselchen füllen, die zuvor gerösteten Brotscheiben darauflegen und mit dem geriebenen Käse bestreuen. Zehn Minuten im Backofen überbacken, herausholen, die gratinierte Schicht aufreißen.

Eigelb mit Portwein oder Madeira verschlagen und über die Suppe gießen.

Eier »Aphrodite«

APHRODITE ist die Göttin der Liebe, Tochter NEPTUNS und aus dem Schaum des Meeres geboren. Damit ist klar, warum alle Früchte des Meeres aphrodisierend wirken.

Insbesondere die Eier, erst recht, wenn man sie mit den Eiern der gefiederten Bewohner der Luft und des Bodens kombiniert.

50 g Kaviar oder Kaviarersatz
1 Hühner- oder Entenei oder 5 Wachteleier
1 kleine Zwiebel
2 EL Crème fraîche
1 Zitrone
Schnittlauch
weißer Pfeffer

Zwiebel und Schnittlauch sehr fein hacken, Ei (oder Eier) hart kochen und mit einer Gabel zerdrücken. Mit Crème fraîche, Pfeffer und etwas Zitronensaft verrühren, den Kaviar darunterheben. Auf einem Bett von Algen servieren.

Gut gekühlt schmeckt diese raffinierte Vorspeise am besten. Deswegen muß man sich gedulden und sie vor dem Verzehr ein bis zwei Stunden in den Kühlschrank stellen.

Gefüllte Eier »Kupido«

Ein einfaches, köstliches und vielversprechendes Rezept, bei dem die Eier von Huhn und Fisch sich auf das glücklichste vereinen. Die Farce von VENUS und KUPIDO, aufgeführt für NEPTUN ...

einige Löffelchen Kaviar (je nach Einkommen mehr oder weniger)
pro Person ein Ei

Eier weich kochen, vorsichtig köpfen und Kaviar auf das Eigelb häufen. Mit der abgehobenen Schale bedecken und servieren.

Man kann auch pro Person zwei Eier auftischen. Dann sollte das eine mit Kaviar, das andere mit Lachsrogen gefüllt werden. Auch mit Kaviarersatz gefüllt, schmecken Eier sehr lecker. Und aphrodisierend wirken sie ebenfalls.

Lachsmousse »Erotikon«

Dieses Gericht beschert unvergeßliche Erinnerungen an hemmungslose Liebesspiele; vor allem Dill und die herrlichen grünen Zitronen haben es in sich. Ich sagte ja schon, daß alle Meeresfrüchte, vor allem die roh verzehrten, aphrodisierend wirken. Natürlich gilt diese Regel auch für Fisch. Er muß selbstverständlich ganz frisch sein.

1 kleiner Lachs

1 Bund Dill
rosa oder grüner Pfeffer
5 Zitronen, davon 2 grüne
Tabasco
2 EL Crème fraîche
Aus dem Zitronensaft, rosa oder, falls nicht erhältlich, grünem Pfeffer, feingehacktem Dill und ein paar Spritzern Tabasco eine Marinade bereiten.

Den Lachs läßt man sich am besten beim Einkauf vom Fischhändler filetieren. Lachsfilets vierundzwanzig Stunden in der Marinade ziehen lassen, dann mit derselben im Mixer pürieren. Zwischendurch die Crème fraîche zugeben. Mit ein paar Dillzweiglein garnieren und gekühlt servieren.

Dieses Rezept schmeckt auch sehr delikat, wenn man es mit einer schönen Lachsforelle zubereitet. Die Wirkung ist ebenso überwältigend.

Schenkelchen im Grünen

Oder die Kunst, ein Bett aus Kresse zu bereiten, deren aphrodisierende Wirkung bereits DIOSKURIDES rühmte. Vorausgesetzt freilich, daß man die Kresse roh ißt und einen darauf heiße hübsche Schenkelchen verlocken. Hier sind die Zutaten zu dieser köstlichen Leckerei:
1 Glas weißer Rum
8 Froschschenkel
½ Schachtel Kresse
10 g Ingwer
2 TL Petersilie
1 Limette
Salz
magischer Pfeffer
Für die Vinaigrette:
2 EL Jerez-Weinessig
2 EL Erdnußöl
1 EL Walnußöl
1 EL Traubenkernöl

Froschschenkel von den Knochen lösen und eine gute Stunde in Rum und Limettensaft marinieren. Ein walnußgroßes Stück Butter in einer Pfanne erhitzen und die Froschschenkel darin drei Minuten braten.

Petersilie fein hacken, Ingwer schälen und sehr fein wiegen. Zu den Froschschenkeln geben und noch zwei Minuten mitbraten.

Auf einem Teller die gewaschenen, abgezupften Kresseblättchen anrichten, die heißen Froschschenkel darauflegen, mit der Vinaigrette übergießen und sofort servieren.

Getrüffelter Puter »Napoleon«

Ohne dieses Gericht wäre die Geschichte Frankreichs anders verlaufen. Dazu muß man wissen, daß NAPOLEON in den Liebeskünsten nicht sehr bewandert war.

Einer Anekdote zufolge soll dieses bemerkenswerte Gericht, das im Ruf steht, »in den Bedürftigen die rechte Hitze zu entfachen«, für den kleinen Stammhalter verantwortlich sein, mit dem NAPOLEON und MARIE-LOUISE Frankreich beglückten.

Dieses Rezept wurde BONAPARTE von einem Adjutanten anvertraut, der aus der Dordogne stammte, ihm wohlgesonnen und eifrig auf die Erhaltung der Menschheit bedacht war, was er mannigfach bewiesen hatte. Er kam aus einer Familie mit neunzehn Kindern, und sein Vater hatte ihm das Geheimnis seines Ungestüms vererbt. Das Rezept ist einfach nachzukochen, sehr schmackhaft und vielversprechend.

Der einzige Nachteil: die Zutaten sind ausgesprochen teuer. Doch die Liebe rechnet nicht in Mark und Pfennig. Hier ist also das kaiserliche Geheimrezept:

Einen schönen Puter auf die übliche Weise vorbereiten und innen und außen salzen und pfeffern. Das Geflügel je nach verfügbaren finanziellen (und erotischen) Mitteln mehr oder weniger reichlich (lieber mehr) mit schönen Trüffeln füllen. In eine mit Butter und Öl gefettete Reine legen, mit Alufolie abdecken und in den Backofen stellen. Bei mittlerer Hitze braten, ungefähr fünfzehn Minuten je Pfund Gewicht, und den Puter zwischendurch immer fleißig mit dem eigenen Saft begießen. Zwanzig Minuten bevor der Braten gar ist, die Alufo-

lie entfernen, ein Glas guten Champagner darübergießen und bräunen lassen.
Dann mögen Sie Puter, Trüffeln und das Objekt Ihrer Begierde genüßlich vernaschen, und zwar Geflügel und Trüffeln zuerst und zusammen, das Objekt der Begierde separat, es sei denn, er wäre ein Trottel oder sie eine blöde Gans.

Fleischbällchen zum Einheizen

Diese Vorspeise macht Appetit in jeder Hinsicht. Die unterirdischen Wurzeln des Ingwers wirken unleugbar stimulierend. Die Verbindung mit Muskat ergibt eine explosive Mischung, welche die Genitalien stark erregt.
150 g Rindfleisch
200 g Schweinefleisch
Ingwer
Muskat
1 kleine Pfefferschote
2 Eier
1 Zwiebel
Anislikör
Erdnüsse
weißer Pfeffer, Salz
Ingwer, Zwiebel und Pfefferschote pürieren, einen Eßlöffel Anislikör hineinrühren und mit frisch geriebener Muskatnuß würzen.

Rind- und Schweinefleisch durch den Fleischwolf drehen und mit dem vorher bereiteten Püree vermengen, salzen und großzügig pfeffern. In ein Küchentuch gehüllt eine Stunde lang kalt stellen.

In der Zwischenzeit die Erdnüsse schälen und fein mahlen.

Anschließend zwei Eigelb unter den Fleischteig mischen.

Bällchen formen, von jeder Seite drei bis fünf Minuten grillen und zum Schluß in den gemahlenen Erdnüssen wälzen.

Kartoffeln in Folie

Zu den Fleischbällchen passen sehr gut in Alufolie gebackene Kartoffeln, ein einfaches und gutes Essen.

Schöne, mehlig kochende Kartoffeln unter fließendem Wasser

sauber bürsten, kreuzweise einschneiden und einzeln in Quadrate aus Alufolie einwickeln. Je nach Größe dreißig Minuten bis eine Stunde im vorgeheizten Backofen oder, falls die Möglichkeit besteht, in der heißen Asche eines Kaminfeuers garen. Dann Kartoffeln halbieren, salzen und großzügig pfeffern, Crème fraîche darübergeben und mit Schnittlauch, geriebener Muskatnuß und Ingwer bestreuen.

Heiß servieren. Die Kartoffeln, die den Geschmack der Gewürze angenommen haben, vorsichtig aus der Folie lösen und sofort genüßlich verspeisen.

Dänischer Tatar

Diese leckere Vorspeise entdeckte ich an der Bar des Kopenhagener Theaters. Die heiße skandinavische Nacht danach werde ich nie vergessen.

Möge es Ihnen ebenso ergehen, wenn Sie sich mit diesem Tatar verwöhnen!

300 g Schabefleisch vom Rind
50g Kaviarersatz
50 g Lachsrogen
1 TL Ingwer, gemahlen
2 Eigelb
Pfeffer, Salz
Tabasco
2 EL Crème fraîche

Schabefleisch in zwei Portionen teilen und auf zwei Tellern anrichten. In die Mitte jeweils eine kleine Höhlung drücken und einen Eidotter hineingeben.

Mit wenig Salz, reichlich Pfeffer, ein paar Spritzern Tabasco und dem Ingwer würzen, die Teller mit dem Rogen und der Crème fraîche garnieren.

Bei einem zärtlichen Tête-à-tête genießen. Und mit Wodka oder Aquavit begießen.

Zimtsorbet

100 g Zucker
½ l Wasser
½ Limette
1 EL dunkler Rum
1 Eiweiß
1 TL Zimt
Sogar geeist heizt der Zimt kräftig ein!

Wasser, Zucker und Zimt fünf Minuten kochen und durch ein spitzes Haarsieb gießen. Limettensaft und Rum unterrühren. In den Gefrierschrank stellen.

Nach zwei Stunden das zu steifem Schnee geschlagene Eiweiß mit einer Gabel untermischen, bis das Sorbet gleichmäßig schaumig ist, und für weitere zwei Stunden ins Gefrierfach stellen.

Explosives Soufflé

Die magische Wirkung des Ingwers im Verein mit weißem Rum animiert zu Liebesspielen.
125 g Butter
50 g Mehl
4 Eier
150 g Zucker
½ l Milch
2 EL weißer Rum
1 Stück frischer Ingwer (etwa 3 cm lang)
Butter in einer Kasserolle schmelzen, Mehl einrühren. Vom Feuer nehmen und Zucker und Milch zugeben.

Die Eigelb mit dem Rum und dem geriebenen Ingwer vermischen und hineinrühren. Die sehr steif geschlagenen Eiweiß vorsichtig darunterheben. Eine gebutterte Souffléform mit der duftigen Mischung füllen und 30 Minuten bei Thermostat Stufe 6 im Backofen hochgehen lassen.

Gefrorenes Soufflé

Dieses Rezept empfehle ich für den unwahrscheinlichen Fall, daß das vorhergehende nicht die erwartete Wirkung gezeigt hätte, vor allem aber für diejenigen, die Zimt besonders mögen.
½ l Ananassaft
160 g Puderzucker
2 EL Rum
4 Eiweiß
100g Hagelzucker
1 EL Zimt
Ananassaft, Rum, Zucker und Zimt gründlich verrühren und für zwei Stunden in einer Eismaschine gefrieren lassen.

Eiweiß sehr steif schlagen und den Hagelzucker unterziehen.

Diese Meringe für eine Stunde in den Kühlschrank stellen und danach unter das Gefrorene mischen. In eine hübsche Form geben und zweieinhalb Stunden in den Gefrierschrank stellen. Stürzen und servieren.

Buffet für eine kulinarische Orgie

Rohkostplatte

Die knackigen Gemüse werden mit drei diabolischen Dressings serviert.
1 kleiner sehr weißer Blumenkohl
500 g Cocktailtomaten oder möglichst kleine Tomaten
300 g kleine Champignons
je 1 rote, gelbe und grüne Paprikaschote
1 Stangensellerie
250 g Karotten
1 Kopf Endivie
1 Kopfsalat
1 Bund junge weiße Zwiebelchen

Gemüse kurz und gründlich waschen. Karotten schälen, Paprika vierteln und entkernen. Alles in ein Zentimeter breite Streifen schneiden. Stiele der Champignons um einen halben Zentimeter kürzen. Zwiebelchen schälen. Blumenkohl in ganz kleine Röschen zerteilen.

Einen länglichen flachen Korb oder eine Platte mit den Salatblättern auslegen und darauf die Gemüse hübsch anrichten.

Dressings

Scharf-aromatische Mayonnaise

Unter eine frisch zubereitete Mayonnaise ein steif geschlagenes Eiweiß ziehen. Zwei feingewiegte rote Pfefferschötchen, eine Spur Salz, reichlich magischen Pfeffer, eine Prise Ginseng, Thymian und Rosmarin darunterrühren.

Mayonnaise »Inferno«

Eine normale, dicke Mayonnaise bereiten und mit zwei Eßlöffeln würzigem Tomatenketchup, zwei Teelöffeln Paprika und zwei Eßlöffeln Wodka gut verrühren. Mit einer winzigen Messerspitze Rhinozerospulver bestreuen.

Stimulierendes Kräuterdressing

In einer kleinen Schüssel flüssige Crème fraîche mit dem Saft einer Zitrone verrühren. Dieses Dressing mit folgenden Ingredienzen innig verbinden:

1 TL Sojasoße
1 TL gehackte Petersilie
1 TL Koriander
1 TL Kerbel
1 TL Bohnenkraut
magischer Pfeffer
Salz

Sellerieherzen

Jeder kennt die anregende, potenzsteigernde Wirkung des Selleries. Das folgende Rezept ist wirklich einen Versuch wert. Dankschreiben erbeten!

2 Stangensellerie
220 g Gorgonzola
100 ml flüssige Crème fraîche
1 EL Anissamen
Tabasco

Sellerie waschen und zerteilen. Nur die zarten Herzen werden verwendet. Diese in gleichmäßige Stücke schneiden und mit der Gorgonzolasoße servieren, die folgendermaßen zubereitet wird:

Gorgonzola mit einer Gabel zerdrücken, Crème fraîche, Anissamen und einige Spritzer Tabasco darunterrühren.

Selleriestückchen mit Holzspießchen aufnehmen und in die Soße stippen.

Magische Marinade

Wen Sie einladen und mit dieser sehr speziellen Marinade verführen wollen, müssen Sie sich zwei Tage im voraus überlegen.

1 geriebene Muskatnuß
25 neue Zwiebelchen
120 g Smyrnatrauben
4 Nelken
2 Limetten
Safran
magischer Pfeffer
Salz
3 EL weißer Rum
3 EL Olivenöl

Rum, Nelken, Muskatnuß und Limettensaft in einem tiefen Teller verrühren. Öl, eine Messerspitze Safranpulver, magischen Pfeffer und Salz zugeben. Dreißig Minuten bei sehr geringer Hitze köcheln lassen. Nach dem Erkalten Trauben und Zwiebelchen hinzufügen und achtundvierzig Stunden im Kühlschrank ziehen lassen.

Rogenmousse Cadabra

200 g Rogen vom Kabeljau
2 EL Wodka
2 Zitronen
150 ml dicke Crème fraîche
10 Blinis (Fertigprodukt)
magischer Pfeffer
Kapern

Den Rogen von der Haut befreien, die ihn umhüllt, und im Mixer pürieren. Zitronensaft und Wodka zugeben und mixen, bis eine homogene Paste entsteht. Crème fraîche, Salz und magischen Pfeffer zugeben und nochmals mixen.

Blinis vierteln und die Mousse darauf verteilen. Mit Kapern garniert servieren.

Macumba-Pastetchen

600 g Krabbenfleisch (Konserve, TK-Ware oder beim Fischhändler als Block gepreßt)
1 Messerspitze Cayennepfeffer
2 EL Zitronensaft
200 g dicke Crème fraîche
2 TL Curry
1 TL Chilisoße
100 g geriebener Gruyère

Krabbenfleisch mit Küchenkrepp trockentupfen. Crème fraîche, Zitronensaft, Cayennepfeffer, Curry und Chilisoße in einer Schüssel verrühren und vorsichtig mit dem Krabbenfleisch vermischen.

Kleine Pasteten damit füllen und den geriebenen Käse darüberstreuen. Im vorgeheizten Backofen, Thermostat Stufe 8, etwa acht bis zehn Minuten überbacken.

Frischkäse-Kaleidoskop

Einfach zuzubereiten, ein gepfefferter köstlicher Augen- und Gaumenschmaus!

20 Ecken Gervais-Frischkäse
Paprika

grauer Pfeffer
Gelbwurz
Curry
gemahlener Ingwer
Cayennepfeffer
gehackte Petersilie
magischer Pfeffer
2 halbe Walnußkerne
8 Rosinen

Zwei Käseecken in Paprika wälzen, zwei in grauem Pfeffer, zwei in Gelbwurz, zwei in Curry, zwei in Ingwer, zwei in Cayennepfeffer, zwei in gehackter Petersilie, zwei in magischem Pfeffer. Zwei Ecken werden nur mit einem halben Walnußkern und die beiden letzten mit je vier Rosinen garniert.

Besonders köstlich schmeckt das Käsekaleidoskop, wenn das berühmte »Pain grenoblois« von Gaston Le Nôtre dazu gereicht wird.

Fruchtsalat mit dem Geschmack der Sünde

Dieses Dessert krönt das kulinarische Buffet.

5 kleine Ananas
5 Mangofrüchte
5 Orangen
10 Kiwis
5 Bananen
30 Litschis
150 g Zucker
10 EL weißer Rum
10 Kardamomsamen
Schlagsahne

Ananas längs halbieren und mit einem spitzen Messer das Fruchtfleisch vorsichtig herausheben. Faserige Teile entfernen, Fruchtfleisch würfeln und in eine große Schüssel geben.

Geschälte und in kleine Würfel geschnittene Mangos, geschälte und entkernte Litschis und in Scheiben geschnittene Kiwis und Bananen daruntermischen.

Den Saft der Orangen mit Rum, Kardamom und Zucker verrühren und über die Früchte gießen. Vorsichtig durchmischen. Zwei Stunden in den Kühlschrank stellen. Dann die ausgehöhlten Ananashälften mit dem Fruchtsalat füllen und mit Schlagsahne garniert servieren.

Liebeselixiere, Arzneien, Salben und andere Aphrodisiaka

Trüffelelixier

Dieses Rezept zählt zu den teuersten, die wir in den alten Arzneibüchern finden. Den Gastronomen, die den »schwarzen Diamanten« schätzen, dürften sich angesichts dieser Verwendung einer kulinarischen Rarität die Haare sträuben.

Zuallererst vier Pfund Trüffeln schälen.
Dann in ½ Liter Wasser folgende Ingredienzen kochen:
die Trüffeln
1 Pfund Melisse
8 Pfund Mariendistel
Reduzieren und, um eine sirupartige Konsistenz zu erhalten, mit Zucker destillieren. Zugeben:
ein Gläschen reinsten Honig
15 ml Weingeist
1 Gläschen Rosenwasser
Mit Moschus parfümieren und heiß trinken.

Dieses Elixier kann man sich natürlich nur leisten, wenn man sehr wohlhabend ist. Andernfalls hält man sich besser an die Rezepte, die demselben Zweck dienen sollen und den Geldbeutel viel weniger strapazieren.

Trüffeln pur freilich sollte man unbedingt einmal genießen (aber nicht allein)!

Salbeiwein

Drei Handvoll Salbeiblätter in einer Flasche guten Muskatellers eine Woche lang mazerieren. Schütteln und filtrieren.

Vor dem Liebesspiel ein Gläschen dieses Elixiers trinken.

Am Morgen danach

Um am Morgen danach wieder zu Kräften zu kommen, empfiehlt es sich, die Marmelade für das Frühstücksbrötchen mit einem Teelöffel feingepulvertem Brennesselsamen zu vermischen.

Zum Anheizen

Zur Vorbereitung auf den intimen Clinch ist dieses Rezept nützlich:
20 g Pfefferminzschnaps
50 g Zimt
100 g Zuckersirup

Glühwein gegen Kälte

Dieses interessante Getränk bringt wirklich den Körper zum Glühen – überall!

Die Bewohner der Berge wärmen sich damit auf. Skiläufer stärken sich damit zwischen zwei Abfahrten.

Hauptbestandteil des Getränks ist der Wein, und zwar wahlweise Weißwein oder Rotwein . . .

Den Wein erhitzen, mit Zimt und Nelken, einem Schuß Cognac sowie ein wenig Orangen- und Zitronenschale versetzen und sehr heiß schlürfen.

Der Trick mit den Fröschen

Oponicon ist ein Knochen, der sich auf der linken Körperhälfte von Fröschen findet. Trinkt man ein Glas Wein, in dem dieser Knochen mazeriert wurde, dann drängt es einen unaufhaltsam zu amourösen Aktivitäten. Wenn man den Knochen möglichst dicht an der intimsten Körperstelle trägt, ist man sehr liebeswillig und zu allerlei Experimenten geneigt.

Dieser Ratschlag stammt nicht von den Druiden, sondern von ALBERTUS MAGNUS!

Glückstee aus Glücksklee

Schwarzer Tee
Kleehonig
Limette
Ingwer
1 Dutzend Pinienkerne

In ein großes Glas schwarzen Tee gibt man einige Eiswürfel, den Saft einer halben Limette, etwas frisch gemahlenen Ingwer und Kleehonig zum Süßen. Ein paar Pinienkerne hinein, wie man es beim afrikanischen Minzetee macht. Den Glasrand mit einer Zitronenscheibe garnieren. Gekühlt trinken.

Chinesisches Elixier

Für dieses Rezept benötigt man echte chinesische Ginsengwurzel. Japanischer, amerikanischer oder kanadischer Ginseng ist wohl leichter erhältlich und billiger, aber er hat nicht die gleiche Wirkung wie der chinesische.

Die Wurzel soll höchstens vor drei Wochen geerntet worden sein. Zubereitung:

Ginsengwurzel in hauchdünne Scheibchen schneiden, in eine Tonschüssel legen und mit kochendem Wasser übergießen. Dann sechs Stunden lang im Wasserbad halten. Der fertige Sud ist dunkelbraun wie starker schwarzer Tee.

Morgens nüchtern und abends vor dem Schlafengehen ein Gläschen davon trinken.

Man sollte keine größere Menge ansetzen, denn das Elixier hält sich nur etwa zwei bis drei Tage.

Aphrodisierende Kräutertees

Johanniskrauttee

Eine gute Handvoll Johanniskrautblüten mit einem Liter kochendem Wasser übergießen und zehn Minuten zugedeckt ziehen lassen. Durch ein Sieb schütten. Nachmittags eine Tasse davon trinken.

Salbeitee

Einen Liter kochendes Wasser über eine Handvoll Salbeiblätter gießen. Zehn Minuten ziehen lassen, abseihen. Zweimal täglich nach dem Essen eine Tasse trinken.

M'Yaujung-Salbe

Wachsen und Gedeihen kann schmerzlich sein.

Das uralte Rezept für diese Salbe stammt aus Persien:
feingewiegte Brennesseln
gemahlener Pfeffer
Speiseöl
Die Ingredienzen gründlich zu einer Salbe verrühren und den Penis sanft damit einreiben. Er wird augenblicklich zu eindrucksvoller Größe anschwellen.

Doch geben Sie acht – schon das Sammeln der Brennesseln in der freien Natur kann teuflisch brennen. Ich habe Sie gewarnt!

Galante Pastillen

Im neunzehnten Jahrhundert waren die galanten Pastillen begehrte aphrodisierende Bonbons, die in Paris teuer gehandelt wurden. Wenn man die Rezeptur dieser inzwischen vergessenen Süßigkeit liest, versteht man, daß die Pastillen teuer sein mußten.
Aloeholz
Moschus
graue Ambra
Sandelholz
Kalmus
Mastix

Zimt
Rhabarber
Wermut
Galgant
Myrobalanen
und vor allem: zu Pulver zerriebene Edelsteine

Für die Liebe war einem damals nichts zu teuer. Wenn die Steine im Kollier einer Dame immer weniger wurden, mochten mangelnder sexueller Appetit und seine Behandlung dahinterstecken.

Ich weiß nicht, ob die Pastillen ihren Ruf zu Recht hatten, aber erwarten Sie nicht, daß die Krankenversicherung Ihnen die Kosten erstattet!

Aphrodisierender Badezusatz

Wer Lust hat, seine Forschungen nach mehreren Richtungen auszudehnen, sollte das Objekt seiner Begierde zu einem gemeinsamen Bad verführen und heimlich den folgenden Zusatz ins Badewasser schütten:

1 Handvoll Rosmarin
1 Handvoll Salbei
1 Handvoll Kamillenblüten
1 Handvoll Minze
mit 3 Litern kochendem Wasser übergießen

Eine halbe Stunde ziehen lassen und die Wartezeit nützen, um sich (gegenseitig) zu entspannen. Durchseihen, verwenden.

Männersalbe zum Wohl der Frau

Galle eines Ziegenbocks mit Weizenmehl mischen und trocknen lassen. Zerreiben, mit Öl zu einer Salbe verrühren und erwärmen. Vor dem Koitus die Vorhaut mit der erkalteten Salbe einreiben, und es ist gewiß, wie ALBERTUS behauptet, »daß deine Frau nur noch dich lieben wird«.

Die Verantwortung für dieses merkwürdige Rezept liegt beim Erfinder, und ich gestehe, daß ich es nicht ausprobiert habe. Vielleicht wäre ich sonst in eine Ziege verwandelt worden.

Wolfspfotensalbe

Man bereitet eine Salbe aus dem Mark, das sich ausschließlich in der linken Pfote des Wolfs findet, wobei offenbleibt, ob in der Vorder- oder Hinterpfote. Glücklicherweise begegnet man heute nicht mehr an jeder Straßenecke einem Wolf, wie es in der Blütezeit dieser Rezeptur gewesen sein mag.

Jedenfalls braucht die Frau oder der Mann deiner Träume diesen balsamischen Duft nur oft genug zu schnuppern, um niemals auf die Idee zu kommen, sich mal anderweitig umzusehen.

Liebesbalsam

Bereite eine Salbe aus dem Fett eines jungen Ziegenbocks, einem für seinen sexuellen Appetit bekannten Tier, sowie aus Zibet und zerstoßener grauer Ambra.

Der Mann soll sich, bevor es »in den Kampf« geht, mit diesem Balsam die Eichel einreiben (lassen). Die geheimen Rezeptbücher rühmen, daß der Balsam ein überaus lustvolles Kitzeln auslöse.

Indisches Armband

Ein aus Indien überliefertes, ganz einfaches Rezept für ein Amulett. Es bewirkt, daß ein Ehemann treu bleibt, wenn er längere Zeit abwesend sein muß.

Um unser Sprichwort »Aus den Augen, aus dem Sinn« Lügen zu strafen, muß man bloß wie die Inderinnen drei Hanfschnüre zu einem Band flechten, das der Mann am Arm trägt.

Für Experimentierfreudige

Immergrün
Regenwürmer
Wenn Sie Fleisch grillen wollen, reiben Sie es zuvor mit der appetitlichen Mischung aus getrockneten Regenwürmern und Immergrün ein, die zu feinem Pulver zerrieben wurden. Das soll gut für die Liebe sein.

Magisches Pulver

Bekanntlich sind Rhinozeroshorn und Hirschgeweih hochwirksame Aphrodisiaka. Die Tiere selbst wissen um diese Wirkung; denn sie lecken und nagen an dem Horn ihrer toten Artgenossen, bis nichts mehr davon übrig ist. Freilich sind diese Aphrodisiaka nicht leicht aufzutreiben. Man kann sie wohl in Afrika kaufen, doch die größten Verbraucher sind die Asiaten, die sich sehr gut mit Aphrodisiaka auskennen. Wer lange genug sucht, kann in Singapur fündig werden.

Noch schwieriger ist es, Pulver von Dinosaurierknochen aufzutreiben. Die Chinesen zahlen enorme Summen dafür, weil sie ihm stark erotisierende Eigenschaften nachsagen. Diese Substanz ist ziemlich selten, und ihre Verwendung bedeutet eigentlich eine selbstsüchtige Zweckentfremdung unseres prähistorischen Erbes.

Phantastischer Ritt

Um einen riesigen Penis zu bekommen:
Indische Methode: *»Suche dir einen Dornkissenstrauch aus der Tragantfamilie. Laß die Hosen herunter und reite auf dem dornigen Gewächs. Reibe dich daran, ohne zurückzuschrecken.«*
Das todsichere anschließende Jucken und Kratzen provoziert eine Entzündung, die das kostbarste Stück Männlichkeit zu bewunderungswürdigen Ausmaßen anschwellen läßt.

Es gibt Schlimmeres, und dazu kann man noch weniger raten:

Früher ließen sich manche Inder an der delikatesten Stelle (ja, genau dort!) von einer Biene stechen. Die Größenzunahme dürfte wohl garantiert sein, aber wie steht es mit der Kosten-Nutzen-Rechnung?

Liebe, Liebe ohne Ende

Manche Pflanzen fördern die Liebe dermaßen, daß man sie nicht einmal essen muß. Für ihre Zauberkraft genügt es, daß man sie am Körper trägt. Dies sind die kostbaren Hilfsmittel der VENUS:

Eisenkraut

Es schenkt erotischen Einfallsreichtum. Als Duftstoff ist es ein starkes Liebeselixier. Den Galliern galt es als heiliges Kraut, sie nannten es Venuskraut. Pflücke es im September.

Rosen und Narzissen

Weiße Rosen und die Ende März blühenden wilden Narzissen haben ähnliche wundersame Eigenschaften.

Damit aber diese Pflanzen ihre aphrodisierenden Schwingungen aussenden können, muß man ein bestimmtes Ritual beachten.

Die jeweilige Pflanze muß drei Tage vor Vollmond geerntet werden. Sollte dies ein Freitag sein, der Tag der VENUS, dann wirkt der Talisman um so mächtiger. Die Pflanze soll genau zur ersten Planetenstunde gepflückt werden. Die Blüten sollen sich geöffnet haben, aber ihre Stunden nicht gezählt sein.

Legen Sie die Pflanze zum Trocknen in ein helles Seidentüchlein. Nehmen Sie das Tüchlein und die darin gehüllte Pflanze zwischen Vollmond und Neumond täglich in die Hand, und denken Sie dabei ganz intensiv an das Objekt Ihrer Begierde.

Tragen Sie anschließend den Talisman oder schenken Sie ihn der begehrten Person.

Weitere Liebeselixiere

Getränke mit magischer Wirkung

Alkohol ist ein echter Kuppler, er hat schon manche Liebschaft gefördert. Er enthemmt, zunächst jedenfalls. Doch es gibt eine Grenze, die man nicht überschreiten sollte, wenn man nicht Gefahr laufen will, vorzeitig einzuschlafen. Was ja manchmal wirklich schade wäre.

Deswegen habe ich einige Rezepte zusammengestellt, die nüchtern machen. Besser ist es natürlich, wenn man sie gar nicht erst braucht.

Ansonsten erzeugt Alkohol eine gewisse Euphorie. Man sollte

sich allerdings vorsehen: Es gibt Menschen, die der Alkohol keineswegs fröhlich stimmt. Wie die Liebe sollte aber auch das Trinken ein Fest sein, ein Fest für die Augen und den Gaumen. Die folgenden magischen Cocktails sind daher nicht nur Fitmacher, sondern sie sprechen auch das Auge an und trinken sich so angenehm zu zweit, daß man das Tête-à-tête gern in der Horizontalen fortsetzen wird. Sie sind erprobt und haben noch niemanden enttäuscht. Sie stellen die vollendete Kunst der richtigen Dosierung und Mischung dar und symbolieren damit die wunderbare Harmonie des Lebens.

Unter bestimmten Voraussetzungen genossen, werden sie durch ihre starke alchimistische Wirkung zum Symbol für höchste Verfeinerung und Harmonie.

Busenschmeichler

Den Namen dieses Cocktails habe nicht ich erfunden, sondern er ist aus dem Englischen übernommen, wo er »bosom caresser« heißt. In einem Cocktail-Rezeptbuch ist dieses Getränk in die Gruppe der Aphrodisiaka eingeordnet:
einige Eiswürfel
1 Meßbecher Grand Marnier
2 Meßbecher Cognac
1 Eigelb
1 TL Grenadinensirup
Im Shaker kräftig schütteln und ohne die Eiswürfel in einem großen Glas servieren.

Zwischen den Bettlaken

Dies ist ein ähnlich aphrodisierend wirkender Cocktail wie der vorhergehende:
einige Eiswürfel
1 Meßbecher Cognac
1 Meßbecher weißer Rum
1 Meßbecher Cointreau
1 Spritzer frisch gepreßter Zitronensaft

Zutaten etwa zehn Sekunden in einem Shaker schütteln. Dieser Cocktail schlürft sich am besten aus einer Champagnerschale.

Macumba

Dieses Gebräu ist Yemeña, einer Meeresgöttin des brasilianischen Macumba, geweiht. Am besten genießt man es um die Weihnachtszeit, weil es dann die stärkste Wirkung entfaltet, ohne daß man sich dem Bannstrahl NEPTUNS aussetzt.

2 Meßbecher weißer Rum
1 Meßbecher Gin
½ Meßbecher Himbeersirup
1 Meßbecher Zitronensaft
zerstoßenes Eis
In einem Shaker schütteln und sofort servieren.

Cola-Rum

30 ml weißer Rum
1 Scheibe Zitrone
Coca-Cola
In ein großes Glas 30 Milliliter weißen Rum über eine Zitronenscheibe schütten. Mit Coca-Cola oder einer ähnlichen Limonade aufgießen. Drei Eiswürfel hineingeben.

Magischer Kokospunsch

Kaufen Sie eine schöne, frische Kokosnuß. Beim Schütteln soll sie gluckern, dann ist das Fleisch gut. Kokosnuß anbohren, Milch herausfließen lassen und mit der gleichen Menge Wasser verdünnen. Bis kurz vor den Siedepunkt erhitzen und vom Herd nehmen.

Kokosnuß aufsägen, das weiße Fleisch herausbrechen und mit dem Kokosmilch-Wasser-Gemisch im Mixer zerkleinern. Einen halben Liter guten weißen Rum (von den Antillen oder Réunion) und einen halben Liter Zuckerrohrsirup oder ein großes Glas braunen Zucker zugeben. Mit der abgeriebenen Schale einer Zitrone, ein wenig frisch geriebenem Muskat, Zimt und natürlich einem Stückchen Vanille parfümieren. Mixen, in eine Flasche abfüllen und vier Wochen hermetisch verschlossen ziehen lassen.

Meinen Respekt, wenn Sie es geschafft haben, sich dreißig Tage zu beherrschen! Jetzt muß das Getränk durch ein sauberes, feines Seihtuch filtriert und schließlich ausgedrückt werden.

Wenn Sie jetzt ein kleines Glas Milch dazugeben, erhalten Sie ein milchigweißes Rumgetränk. Vor dem Servieren mit einem Eiswürfel schütteln.

Getränke für eine heiße Nacht

Kardamomtee oder -kaffee

Ein heißes Getränk in einer ebenso heißen Nacht wirkt sehr belebend. Den richtigen Pfiff bekommt es durch den Kardamom. Für den Kaffee spezial wird eine Kardamomkapsel aufgebrochen. Man mischt die Samen unter das Kaffeemehl.

Einen ganz speziellen Tee bereitet man aus einem halben Liter Wasser, zwei Teelöffeln hochwertigem schwarzen Tee, einem großen Glas heißer Milch und den Samen einer Kardamomkapsel. Mit Zucker süßen. Aufkochen und dann zugedeckt bei geringer Hitze fünfundvierzig Minuten ziehen lassen. Durch ein Sieb gießen.

Kaffee »Diabolo«

40 ml Cognac
20 ml Cointreau
abgeriebene Schale einer Orange
abgeriebene Schale einer Zitrone
2 Gewürznelken

Zutaten in einer Pfanne erhitzen, kurz vor dem Sieden flambieren und sofort in Tassen gießen, die zu drei Vierteln mit heißem schwarzen Kaffee gefüllt sind.

Glühendheißer Cocktail

1 EL Puderzucker
1 ganz frisches Eigelb
Schale einer Limette

1 Schuß flüssige Vanille
1 Glas weißer Rum
Muskatnuß, Zimt
Zutaten nacheinander in ein großes Glas geben und gründlich durchrühren. Mit heißer Milch aufgießen, erneut rühren. Mit frisch gemahlener Muskatnuß und einer Prise Zimt bestreuen.

Der Super-Liebestrank

Mit diesem Cocktail kann nichts mehr schiefgehen. Er zählt zu den Urahnen der modernen heißen Mixgetränke. So wird er zubereitet:

Ein volles Glas Portwein mit einem Schuß Curaçao in einer Kasserolle erhitzen. Bevor es kocht, vom Herd nehmen. In ein Glas schütten und etwas geriebene Muskatnuß darüberstreuen. Nach Belieben mit einer Zitronenscheibe garnieren.

II
Bewährte Naturheilmittel, andere magische Hilfsmittel und Lebenselixiere

Bewährte Naturheilmittel

Die folgenden Mittel haben zu einem großen Teil eine nachprüfbare medizinische Wirkung. Andere wirken wahrscheinlich auf dem Wege der Suggestion.

Der Trick mit dem Kopfkissen

Das folgende Mittel gegen Schlaflosigkeit ist sehr alt. Man füllt ein kleines Kopfkissen mit getrockneten Hopfenfrüchten (aus der Apotheke). Es genügt, dieses Kissen unter den Kopf zu legen, damit der Schlaf sich bald einstellt. Sobald man wieder normal einschläft, kann man das übliche Kopfkissen benutzen.

Der Hopfen, aus dem unser Bier gebraut wird, ist dem indischen Hanf verwandt, der das Haschisch liefert. Damit erklärt sich die betäubende Wirkung.

Wer die Hopfenfrüchte eigenhändig pflücken will, muß wissen, daß diese Pflanze zweihäusig ist, das heißt, es gibt rein männliche und rein weibliche Pflanzen. Nur die Früchte der weiblichen Pflanzen, die Ende August geerntet werden, enthalten den beruhigend wirkenden Bitterstofff Lupulin in nennenswerten Mengen. Wenn man die Früchte in einem Dörrgerät trocknet, darf die Temperatur nicht mehr als 40 Grad Celsius betragen.

Wie gerade erwähnt, wirkt Hopfen beruhigend. Er beseitigt zwar Ängste, dämpft aber auch den sexuellen Appetit. DON JUAN war kein Biertrinker!

Alpträume

Ein Alptraum ist ein bedrückender Traum, der einen sehr unruhigen Schlaf bewirkt. Wenn Sie an periodischen Alpträumen leiden, sollten Sie abends nur leichtes Essen zu sich nehmen und auf scharfe Gewürze, Kaffee, Tee und Wein verzichten. Essen Sie so früh, daß das Essen halbwegs verdaut ist, bevor Sie schlafen gehen. Auch ein warmes (nicht heißes) Bad wirkt oft schlaffördernd.

Ratsam ist es auch, jeden Abend eine Tasse Kräutertee nach folgendem Rezept zu trinken:

30 g Lindenblüten
20 g Veilchenblüten
10 g Baldrianwurzel, fein zerkleinert

Drogen mit einem Liter kochendem Wasser übergießen und ziehen lassen. Vor dem Genuß pro Tasse mit einem Teelöffel Orangenblütenwasser verfeinern.

Gegen Schlaflosigkeit

Klatschmohntee

Vier Messerspitzen Klatschmohnblüten mit einem Liter kochenden Wasser übergießen und eine Viertelstunde ziehen lassen. Durch ein Sieb schütten.

Zweimal täglich eine Tasse trinken, die erste nachmittags, die zweite abends nach dem Essen.

Majorantee

Vier gehäufte Eßlöffel Majoranblüten mit einem Liter kochenden Wasser übergießen und fünfzehn Minuten ziehen lassen. Abseihen.

Nach dem Mittag- und Abendessen eine Tasse trinken, eine weitere vor dem Schlafengehen.

Majoranwein

Fünfzig Gramm frisches, blühendes Kraut vom echten Majoran mit einem Dreiviertelliter Bordeauxwein ansetzen und eine Woche ziehen lassen, dabei ab und zu schütteln. Nach der Mazeration durch ein feines Leinentuch filtrieren, in einer Flasche verkorkt aufbewahren.

Täglich ein Gläschen vor dem Schlafengehen trinken.

Der Echte Majoran *(Majorana hortensis)* hat ähnliche Indikationen und gehört zu den Lippenblütlern wie der Wilde Majoran oder Dost *(Origanum vulgare)*. Origanum hat die stärkere Würzkraft und ist das klassische Pizzagewürz.

Schluckauf

Wenn Sie anfallsartig von einem Schluckauf geplagt werden, können Sie sich helfen, indem Sie ein Löffelchen starken Weinessig schlucken oder ein paar Estragonblättchen kauen.

Warzen

Warzen niemals ausreißen oder abpolken! Statt dessen mehrmals täglich mit dem frischen Saft von Schellkraut (Warzenkraut) betupfen.

Wenn das nicht hilft, die Warze häufig mit einem Stückchen Knoblauch abreiben.

ALBERTUS MAGNUS wiederum empfiehlt das Betupfen mit Schafsgalle, die mit Weinessig angerührt wurde.

Es geht aber auch einfacher. Fixieren Sie die Stelle, wo die Warze sitzt, ganz fest mit den Augen und denken Sie sie sich einfach weg. Mit anderen Worten, lassen Sie die Warze durch Ihre Imagination verschwinden. Wiederholen Sie diese Konzentrationsübung immer wieder. Sehr bald wird Sie das Ergebnis verblüffen. Das Merkwürdigste an dieser Methode ist, daß man damit nicht nur die eigenen, sondern auch anderer Leute Warzen vertreiben kann. Und wenn gar nichts hilft: Warzen besprechen lassen!

Hilfe bei Kopfschmerzen

Angelikatee

Eine Handvoll feinzerschnittene Wurzel von Echter Engelwurz oder Angelika mit einem Liter Wasser zum Kochen bringen und ziehen lassen. Täglich zwei bis drei Tassen Tee trinken.

Bei chronischen Kopfschmerzen, die durch schlechte Verdauung bedingt sind.

Lavendelblütentee

Fünfzig Gramm getrocknete Lavendelblüten mit einem Liter kochendem Wasser übergießen und ziehen lassen. Abseihen. Mit Honig gesüßt trinken.

Bei Spannungskopfschmerz infolge überreizter Nerven.

Basilikumwein

In einer Flasche Muskatwein eine Handvoll Basilikumblätter eine Woche lang mazerieren. Filtrieren. Vor jeder Mahlzeit ein Gläschen davon schlürfen.

Basilikumtee

Acht gehäufte Teelöffel getrocknetes Basilikum mit einem Liter kochendem Wasser übergießen, fünf Minuten ziehen lassen, abseihen. Mit etwas Honig gesüßt heiß trinken.

In der Antike galt Basilikum als heilige Pflanze, und die Ärzte behaupteten, daß es die Atemwege befreie und übermäßigen Blutandrang zum Gehirn beseitige.

Basilikum kann bei Kopfschmerzen infolge Verdauungsstörungen helfen.

Lavendelöl

Eine Handvoll frische Lavendelblüten mit einem Liter Olivenöl aus erster Pressung in eine durchsichtige Glasflasche füllen und drei Tage in der prallen Sonne mazerieren lassen. Durch ein feines Leinentuch filtrieren und ausdrücken.

Wieder eine Handvoll Lavendelblüten in das Öl geben, an die Sonne stellen, filtrieren und ausdrücken. Diese Prozedur wiederholen Sie noch einige Male, bis ein intensiv duftendes Öl entstanden ist. Nehmen Sie davon täglich fünf Tropfen auf einem Stück Würfelzucker.

Wenn Sie keine Gelegenheit haben, dieses Lavendelöl herzustellen, können Sie sich helfen, indem Sie ätherisches Lavendelöl in der Apotheke kaufen. Es ist von höchster Reinheit. Sie können es auch sparsam als Badeessenz verwenden.

Schon die alten Römer pflegten übrigens Lavendelbäder zu nehmen. Sie versetzten das Badewasser mit frischen Lavendelblüten. Lavendel wirkt entspannend und beruhigend und kann daher streßbedingte Kopfschmerzen lindern.

Kaffee mit Zitrone

Eine dicke Zitronenscheibe über einer Tasse sehr starkem Kaffee ausdrücken. Umrühren, heiß trinken. Hilft oft sehr gut, wenn die Kopfschmerzen durch Gefäßkrämpfe verursacht sind.

Nasenbluten

Um Nasenbluten zu stoppen, reibt man dem aufrecht sitzenden Patienten die Region zwischen den Schulterblättern mit einem Eiswürfel ab. Ist kein Eis zur Hand, kann man sich mit einem kalten Gegenstand, etwa einem Schlüssel, behelfen. Eine weitere, sehr wirksame Maßnahme besteht darin, eine kalte Kompresse in den Nacken zu legen.

Man kann außerdem das Nasenloch vorsichtig durch einen mit frisch gepreßtem Zitronensaft getränkten Wattebausch tamponieren. Auch kann man ein sehr kleines Kataplasma aus zerstampften Immergrünblättern in das Nasenloch schieben. Die Franzosen nennen diese Pflanze übrigens »Hexenveilchen«, und sie stillt tatsächlich auf mysteriöse Art Blutungen. Im siebzehnten Jahrhundert wurde Immergrün entsprechend auch bei Schwindsucht und anderen Lungenkrankheiten angewandt.

Seit dem klassischen Altertum aber glauben die Menschen an die magische Schutzwirkung des Immergrüns vor dem Tod. Vielleicht hat man in der Pflanze, weil ihre Blätter das ganze Jahr über grün bleiben, sehr bald ein Symbol der Ewigkeit gesehen, somit den Sieg über den Tod, was das höchste Ziel aller esoterischen oder alchimistischen Bestrebungen ist.

Man warf Immergrün auf glühende Kohlen und beschwor in dem entstehenden Rauch das Bildnis Verstorbener, deren Rat man suchte.

Schönheitssalbe

Zum Schluß noch das merkwürdige Rezept einer Schönheitssalbe, die man vor einigen hundert Jahren gegen Falten und andere Spuren des Alters als Maske auftrug.

Nehmen Sie gleiche Mengen folgender Zutaten:

Galle von kleinen Eidechsen
Sepia
Weinstein
gepulvertes Hirschhorn
weiße Koralle
Reismehl

Die vermischten Zutaten zu Pulver zerreiben und eine Nacht lang in Flüssigkeit einweichen, die aus gleichen Mengen

Mandeln
Nacktschnecken
Blüten von Königskerzen

destilliert wurde.

Mit der gleichen Menge weißem Honig verrühren. Schönheitssalbe in einem Glastiegel kühl aufbewahren.

Andere magische Hilfsmittel

Gegen Haarausfall

Kresse im Mörser zerstampfen, im Mixer pürieren oder in einen Entsafter geben. Den gewonnenen Kressesaft mit der gleichen Menge weißem Rum mischen.

Jeden Morgen die Kopfhaut mit diesem Haarwasser massieren.

Wundern Sie sich nicht, wenn Ihre Haare bald nicht mehr ausfallen, sondern schöner als zuvor wieder nachwachsen.

Richtiger Zeitpunkt für den Haarschnitt

Wenn die Haare nachgewachsen sind, muß man sie von Zeit zu Zeit wieder schneiden lassen. Wie viele Lebensvorgänge unterliegt auch das gesunde Haarwachstum dem Einfluß der Mondphasen. Lassen Sie sich deswegen die Haare nur zwischen Neumond und Vollmond schneiden, das ist immerhin ein Zeitraum von vierzehn Tagen. Wenn jeder um diesen Zusammenhang wüßte, würden sich die Friseure während der Zeit des abnehmenden Mondes die Haare raufen.

In Nordafrika schneidet man den kleinen Kindern bei zunehmendem Mond die Wimpern, weil diese dann besonders dicht und seidig nachwachsen.

Gegen die Folgen des Alkoholkonsums

Alkoholismus ist eine der Geißeln unserer Zeit. Er führt zu manchmal irreversiblen physiologischen Störungen, insbesondere zu Gedächtnisverlust, Willenlosigkeit und Verblödung.

Das folgende Rezept hilft, diesem gefährlichen Laster vorzubeugen:

Einen Strauß Petersilie in einem Liter Wasser aufkochen. Die Schale einer Mandarine, einer grünen Apfelsine und einer Grapefruit eine Zeitlang mitköcheln, bis die Flüssigkeit zur Hälfte verdampft ist. Zehn Gramm Zucker zufügen. Abseihen und Petersilie und Fruchtschalen gut ausdrücken. Jeden Morgen nach dem Aufstehen einen Teelöffel von diesem Elixier einnehmen.

Im erfreulichen Fall eines üppigen Essens, bei dem reichlich Wein, Aperitifs und Digestifs genossen wurden, sollten Sie zum Ausgleich Kohl essen. Und zwar sollte man im Verlauf eines ausgiebigen Mahls mindestens eine, besser aber zwei Portionen Kohl essen, denn dieses bei richtiger Zubereitung sehr leckere Gemüse vermag die Folgen reichlichen Alkoholgenusses zu verzögern.

Wenn Ihnen aber das Trinken von Alkohol zur lieben, schädlichen Gewohnheit geworden ist und Sie eines Tages merken, daß Ihr Magen oder überhaupt Ihr Verdauungsapparat verrückt spielt, oder wenn Sie gar eine Leberzirrhose haben, dann dürfen Sie nicht mehr zögern: Sie müssen eine Kohlkur machen!

Essen Sie zwei bis drei Wochen lang täglich etwa vierhundert Gramm Kohl, die eine Hälfte gekocht, die andere roh. Die heilende Wirkung des Kohls beruht auf seinem Gehalt an einem kürzlich entdeckten Anti-Ulkus-Faktor, dem sogenannten Vitamin U.

Gegen Bezauberung

In Ihrer Küche sollten Sie gegen böse Einflüsse unbedingt rohen Knoblauch einsetzen. Nehmen Sie den Knoblauch kurmäßig in Fischsuppen und Knoblauchmayonnaise (zum Beispiel Bourride und Aïoli) zu sich, würzen Sie den Salat mit einer Knoblauchvinaigrette – dann können böse Geister Sie nicht mehr riechen. Jeder weiß, daß man bloß eine einzige Knoblauchzehe braucht, um Vampire in die Flucht zu schlagen. Es empfiehlt sich deswegen, auch wenn man im Keller keinen Blutsauger beherbergt, in der Küche vorsorglich einen Knoblauchzopf an die Wand zu hängen, der natürlich eine ungerade Zahl von Zwiebeln enthalten muß. Falls weit und breit kein Dracula in Sicht ist, hält der Knoblauch anderes Übel von der eigenen Behausung fern, und seien es nur Stechmücken, die winzigen Blutsauger.

Bei den alten Griechen hieß der Knoblauch »Stinkrose«, und wer davon gegessen hatte, durfte den Tempel der Göttermutter KYBELE nicht betreten.

Die Ägypter wiederum verteilten beim Bau der Pyramiden regelmäßig Knoblauch an die Sklaven, um sie zu stärken.

Tatsächlich ist die berühmte Knolle ein ausgesprochenes Stärkungsmittel, das schon der alttestamentarische BOAS benutzte, wenn Epidemien wüteten. Die moderne Medizin weiß heute, daß die Inhaltsstoffe des Knoblauchs antibiotisch wirken und krankhaften Veränderungen der Blutgefäße vorbeugen.

Der Prophet und Mediziner NOSTRADAMUS nutzte den Knoblauch im Kampf gegen die Pest.

Und im *Talmud* steht geschrieben, daß der Knoblauch den männlichen Samen kräftiger fließen läßt.

Ein großer Nachteil des Knoblauchs ist freilich, daß er nicht nur die bösen Geister, sondern auch und sehr nachdrücklich die Mitmenschen, insbesondere die Vertreter des anderen Geschlechtes, von einem fernhält.

Falls Sie aber vom Knoblauch als Heilmittel gegen die Liebe keinen Gebrauch machen wollen, können Sie ihn oft erfolgreich durch Basilikum ersetzen, das umgekehrt die Küche in angenehmen Duft hüllt und ebenfalls gegen allerlei Zauber hilft.

Gegenmittel gegen Schlangenbisse und Vergiftungen

König MITHRIDATES im antiken Kleinasien hat der Nachwelt ein handschriftliches Rezept des Gegengiftes hinterlassen, mit dem er sich gegen Giftanschläge und gegen Schlangenbisse schützte. Um dauerhaft gefeit zu sein, nahm er es jeden Morgen nüchtern ein. Damals mußte man sich nicht nur vor gefährlichem Getier in acht nehmen, sondern viel mehr noch, vergiftet zu werden, was schon in der Antike eine bewährte und enorm wirksame Methode war, Gegner auszuschalten.
Man nehme also *vermischt und gut zerstampft:*
zwei getrocknete Walnüsse
zwei Feigen
zwanzig Rautenblätter
ein Körnchen Salz
Die Ägypter pflegten eine noch einfachere Methode zu benutzen, um sich gegen den tödlichen Biß einer Giftschlange zu schützen. Sie aßen nämlich eine Zitrone. Natürlich setzte das voraus, daß man die Möglichkeit eines solchen Unfalls einkalkulierte.

Schmerz bekämpfen

Von HERMES, dem Götterboten, ist uns das Geheimnis entdeckt worden, wie man unempfindlich gegen Schmerz wird, sei er durch eine Verbrennung verursacht oder durch etwas anderes ausgelöst. Man bereitet eine einfache Salbe aus dem Stein namens Memphites (siehe Seite 87), der zerbrochen und fein zerrieben mit ein wenig Wasser angerührt wird.

Angst vertreiben

Brennesseln
Schafgarbe
Je eine Pflanze der genannten Arten zusammen in einer Hand gehalten, genügt, jegliches Schrecknis zu vertreiben.

Sollten Sie zu einem Festival des Horrorfilms eingeladen sein, ist es besser, Sie gehen ohne diese Pflanzen hin.

Wie man andere überzeugt

Wenn Sie eine einflußreiche Person dazu bewegen wollen, sich höheren Ortes für Sie zu verwenden, dann tragen Sie, wenn Sie hingehen, ein Stückchen Fingerkraut in Ihrer Tasche. Es heißt sogar, daß einem dann nicht einmal Könige verweigern, was man begehrt. Dieses Mittel soll schon ALEXANDER DER GROSSE angewandt haben, aber vielleicht verstand dieser Eroberer sich auch auf die Kunst der Suggestion.

Wie man einen Prozeß gewinnt

Tragen Sie das Herz eines Maulwurfs und Schöllkraut bei sich. Falls Sie ein Rechtsanwalt vertritt, wird er sich womöglich nicht dazu bewegen lassen, dieses Abwehrmittel zu benutzen.

Ich kann nicht beurteilen, ob es gegen hochnotpeinliche Finanzbeamte hilft. Man sollte es immerhin versuchen. Falls es sich als wirkungslos erweist, liegt das vielleicht daran, daß der Beamte selbst ein Maulwurfherz besitzt.

Gegen Ungeziefer

Spicken Sie eine Orange mit Gewürznelken, der Duft vertreibt lästige Insekten. Dieser Trick ist recht nützlich, wenn im Freien gegessen oder ein Gartenfest gefeiert wird.

Auf einem Tisch oder einem Buffet sind die mit Nelken gespickten Orangen überaus nützlich, um unerwünschte Besucher fernzuhalten.

Vier-Diebe-Essig

In den Akten des Toulouser Parlaments aus dem siebzehnten Jahrhundert finden wir unter anderem den folgenden Bericht:

»Vier Diebe wurden überführt, daß sie während der letzten großen Pestepidemie bei den Pestkranken eingedrungen waren, sie im Bett erwürgt und dann ihre Wohnungen ausgeraubt hatten. Sie wurden dafür zum Tode auf dem Scheiterhaufen verurteilt. Um dieser schrecklichen Todesart zu entgehen, entdeckten sie dem Gericht das Geheimnis, das sie gegen die Pest gefeit hatte. Daraufhin wurden sie gehenkt.«

Und hier ist das Geheimrezept, von dem mehrere Versionen kursieren und mit dem sich die vier Leichenfledderer die mildere Todesart erkauften:

1½ l starker Weißweinessig
je eine Handvoll Echter Wermut, Spierstrauchblätter, Wacholderbeeren, Wilder Majoran und Salbei
50 Gewürznelken
64 g Alantwurzel
64 g Engelwurz
64 g Rosmarin
64 g Andorn
3 g Kampfer.

Glückbringende Mistel

Nach einem alten Ritual der Druiden bringt es Glück im neuen Jahr, wenn sich Verwandte und Freunde in den Weihnachtstagen und an Silvester unter einem Mistelzweig küssen, der von der Zimmerdecke herabhängt.

Um wirklich Glück zu bringen, muß der Mistelzweig unbedingt von einer Eiche stammen und am sechsten Tag nach dem ersten Viertel des Novembermondes gepflückt worden sein.

Die Eiche ist nicht der einzige Baum, auf dem Misteln gedeihen. Sie sollten niemals ohne Not Misteln schneiden, denn sie schützen den Baum vor Krankheiten. Daran sieht man, wie heilsam die Mistel ist.

Schaltjahre

Nur in Schaltjahren gibt es einen 29. Februar. Dieser Tag ist für jeden Neubeginn, was es auch sei, besonders günstig.

Spinnen als Prophetinnen

Ein altes Sprichwort lautet: »Spinne am Morgen bringt Kummer und Sorgen«. Die Volksweisheit hat recht: Wenn man vor Mittag einer Spinne begegnet, ist dies kein gutes Zeichen.

Sieht man später am Tage eine Spinne, hat dies eine gute Bedeutung, vor allem, wenn sich die Spinne am Ende ihres Fadens herabläßt; dann ist nämlich eine größere Summe Geldes zu erwarten: »Spinne am Mittag bringt Glück am Drittag.«

Die abendliche Spinne bedeutet Hoffnung: »Spinne am Abend, erquickend und labend.«

Finanzielle Probleme bannen

Sehen Sie nach, ob Sie unter Ihrem Hartgeld eine verbogene Münze finden. Falls nicht, achten Sie von nun an auf das Wechselgeld, das man Ihnen herausgibt. Irgendwann wird eine verbogene Münze dabei sein. Die ziehen Sie dann aus dem Verkehr und tragen sie immer bei sich. Es ist völlig zwecklos, selbst eine Münze verbiegen zu wollen, sie muß zufällig verbogen worden sein und zufällig in Ihren Besitz gelangen.

Wenn Sie im Freien (*nicht* in einem Gebäude) einen Geldschein finden und nicht wissen, wem er gehört, verwahren Sie das Geld und erliegen Sie nicht der Versuchung, es auszugeben. Dann wird es nämlich zum Talisman, der Geld anzieht.

Ein alter Glaube besagt, man werde ein Jahr lang keine finanziellen Probleme haben, wenn man am 2. Februar, dem Fest Mariä Lichtmeß, Pfannkuchen bäckt und sie zum Wenden in die Luft wirft, während man in der Hand, mit der man den Pfannenstiel faßt, gleichzeitig ein Goldstück hält. Dies gilt aber nur, wenn man den Pfannkuchen auch wieder auffängt.

Falls Sie ungeschickt sind, stimmen Sie das Schicksal gnädig, indem Sie Ihren Nachbarn Pfannkuchen anbieten, sogar und vor allem, wenn Sie sich nicht so gut mit ihnen stehen.

Auf Holz klopfen

Eine altbekannte Regel besagt, daß man auf Holz klopfen soll, um ein schlimmes Los oder die Erfüllung einer schlechten Prophezeiung abzuwenden.

Angenommen zum Beispiel, jemand erwähnt, daß er noch nie einen Autounfall hatte, dann bekräftigt er dies auch gleich für die Zukunft, indem er beschwörend »Toi, toi, toi« sagt und dabei dreimal auf Holz klopft.

Es geht freilich nicht an, irgendein beliebiges gebeiztes oder lackiertes Holz zu berühren, sondern es muß schon massives, möglichst unbearbeitetes Holz sein, am besten der Stamm oder Ast eines Baumes, ein Pfosten oder ein Pfahl. Entscheidend ist, daß das Holz unmittelbaren Kontakt mit der Erde hat. Dann nämlich wirkt es wie ein Blitzableiter und befreit Sie von einem schädlichen Fluidum.

Andere Schadenabwehr

Wer an der Küste lebt, weiß, daß es einen ganzen Tag Glück bringt, wenn man die Bommel an der Mütze eines Seemanns berührt. Am besten ist es, sich auf jeden Seemann zu stürzen, der einem begegnet; denn je mehr Mützen man berührt, desto mehr glückliche Tage stehen einem unmittelbar vor. Es wäre allerdings übertrieben, für einen andauernden Schutz gleich ein ganzes Marinekorps passieren zu wollen.

Der letzte Tropfen

Wer unverheiratet ist und die letzten Tropfen aus einer Flasche zu trinken bekommt, wird noch im selben Jahr heiraten – sagt man.

Handelt es sich um einen alten Menschen, dann ist es eine günstige Voraussage, daß der Betreffende noch lange genug leben wird, um mindestens eine weitere Flasche in derselben geselligen Runde zu leeren.

Geschenk in Aussicht

Wenn Sie zufällig zwei Löcher im Socken oder im Strumpf haben oder ein Kleidungsstück verkehrt herum tragen, bedeutet dies, daß Sie bald ein Geschenk erhalten werden. Es muß kein großes Geschenk sein.

Schwarze Katzen

Man sagt, daß schwarze Katzen Unglück bringen. Das stimmt aber nicht in jedem Fall.

Natürlich ist es ein Zeichen, daß Ihnen an einem Tag, an dem Ihnen eine schwarze Katze entgegenläuft und Ihren Weg kreuzt, das Glück nicht gewogen ist.

Wenn sie von der Seite kommt und Ihnen praktisch den Weg abschneidet, um auf die andere Seite zu laufen, sollten Sie sich den ganzen Tag über vorsehen, denn es könnte Ihnen allerlei Unangenehmes widerfahren.

Läuft die Katze aber in die gleiche Richtung wie Sie und überholt sie Sie gar, dann ist dies ein besonders günstiges Zeichen, und Sie sollten an diesem Tag viel unternehmen.

Falls Sie eine Katze als Hausgenossin haben, um so besser, wenn sie ein schwarzes Fell hat, sofern sie ins Freie geht! Dann ist sie der beste Schutz für Ihre Behausung, weil ihre Farbe alles Unheil bindet und hinausbefördert.

Das Schlüsselorakel

Angenommen, Sie verirren sich während einer Wanderung und wissen nicht, in welche Richtung Sie sich wenden sollen. Falls Sie glücklicherweise einen Schlüsselbund bei sich tragen, kann er Ihnen weiterhelfen, indem Sie ihn mit der rechten Hand über die linke Schulter werfen. Der längste Ihrer Schlüssel fällt nämlich genau in die Richtung, die Sie nehmen müssen, um an Ihr Ziel zu gelangen.

Glückskäfer

Seit alters her sind die Marienkäfer Glücksboten. Wenn ein solches Käferchen auf Sie fliegt und, vor allem, sich auf Ihrem Handrücken niederläßt, dann lacht Ihnen das Glück.

Der Einfluß des Mondes

Die Anziehungskraft des Mondes wirkt sich auf der Erde in verschiedenen Bereichen aus, besonders auf die Meere; zum Beispiel sind Ebbe und Flut an die Mondphasen gebunden.

Entsprechend beeinflußt der Mond auch die Körpersäfte, ohne die tierische Organismen zum Tode verurteilt sind, und kann etwa das Blut plötzlich in Wallung bringen.

Somit wirken sich Vollmond und Neumond sehr stark auf die Stimmung des Menschen aus und können Ausbrüche von Jähzorn und Wut ebenso hervorrufen wie eine Springflut.

Der Planet der Finsternis kann einem Menschen so schlimm zusetzen, daß er einen Aufruhr anzettelt, ein Verbrechen begeht, eine Revolution oder einen Krieg beginnt.

Sobald um den Neumond die magnetische Ruhe des Mondes wiedergekehrt ist, begreift man nicht mehr die Gründe, welche die Menschheit zu Wahnsinnstaten veranlaßten.

Sie werden beobachten, daß manche Menschen bei Vollmond in einem besonderen Zorn verleitet werden, Dinge zu sagen oder Taten zu begehen, die sie bald danach bereuen. In Vollmondphasen geschehen statistisch viel mehr Verbrechen, Attentate und Unfälle als während der anderen Mondphasen. Große Konflikte werden vermehrt bei Vollmond ausgelöst.

Dieser Tatsache sollte man sich bewußt sein und manch eigenes Urteil revidieren, sobald das Gewitter vorübergezogen ist. Auf diese Weise lassen sich viele Fehler vermeiden.

Verkehrte Welt

Wenn man Blütenköpfe der Kornblume mit dem Blut eines Wiedehopfweibchens vermischt, erhält man Brennstoff für eine Öllampe.

Zündet man eine entsprechend zugerichtete Lampe in einem finsteren Zimmer an, dann erscheinen alle Anwesenden plötzlich mit den Köpfen am Boden und den Füßen in der Luft. Dieser Zauber ist übrigens ungefährlich und dauert nur einen kurzen Augenblick.

Ich habe in diesem Buch aber auf viele andere Möglichkeiten hingewiesen, wie man sich »in die Lüfte erheben« kann.

Im Dunkeln sehen können

Die alten Philosophen empfahlen, daß man sich, um nachts sehen und lesen zu können, das Gesicht mit Fledermausblut einreiben solle. Ob das wohl eine Art Infrarotlicht ergab?

Gegen schlechtes Gedächtnis

Für den Fall, daß Ihr Gedächtnis nachläßt, gibt es einen ganz ausgezeichneten Heilkräutertee, der die Wirkung zweier Pflanzen kombiniert, die bereits, jede für sich, bei dieser Indikation helfen.

Die erste Pflanze können Sie nicht mehr vergessen, nachdem Sie sie erst einmal versucht haben. Manchmal nennt man sie auch Pferdeschwanz, aber richtig heißt sie, der Name läuft mir auf der Zunge herum, also botanisch ist es *Equisetum arvense,* die Heilpflanze, die das Einschlafen erleichtert, nein!, die einem das gute Gedächtnis wiederbringt, es ist der Ackerschachtelhalm. Und die zweite Pflanze, jetzt weiß ich es wieder, es ist der Ehrenpreis.

Aber jetzt Scherz beiseite!

Nimm je einen Eßlöffel getrockneten Schachtelhalm und Ehrenpreis, schütte einen Viertelliter kochendes Wasser über die Drogen. Nach zehn Minuten durchseihen und trinken.

Lebenselixiere

Ewige Jugend

Der Patriarch HENOCH, METHUSALEMS Vater, wurde 365 Jahre alt. MOSES wandelte 120 Jahre über die Erde.

Ein derart langes Leben ist eigentlich nicht ungewöhnlich.

Unter der bäuerlichen Bevölkerung in Kalabrien und im Kaukasus gibt es zahlreiche Menschen, die in völliger Frische noch älter werden, manche bis zu 150 Jahre.

Doktor PIERCE, ein berühmter amerikanischer Altersforscher, behauptet, das Herz eines jeden Menschen sei so angelegt, daß es vier Milliarden Mal schlagen könne. Legt man eine Herzfrequenz von 72 Schlägen in der Minute zugrunde, dann können Sie es sich selbst ausrechnen und kommen auf eine Lebenserwartung von 120 Jahren.

Mit anderen Worten, unser Organismus ist eigentlich von Geburt an programmiert, länger als ein Jahrhundert auf einer Erde zu leben, die ursprünglich bestens dafür eingerichtet war. Die vom Menschen geschaffenen Lebensbedingungen sind es, die seine Lebenserwartung beträchtlich verringern, zum Beispiel:

Umweltverschmutzung im weitesten Sinne
Fehl-, Mangel- und Überernährung
seelische Depressionen
Streß und Hektik
Krankheiten
Alkoholismus und andere Suchtkrankheiten
Verkehrs-, Betriebs- und andere Unfälle
Krieg

Einst gab es wirklich einmal ein Paradies auf Erden. Allmählich aber beißt der Mensch in die verbotene Frucht, verstrickt sich in Unrecht und zerstört seinen Garten Eden, indem er ihn nach und nach in einen höllischen Planeten verwandelt.

Wir alle sind dafür verantwortlich.

Gewiß, die wissenschaftlichen Fortschritte auf dem Gebiet der Medizin führten dazu, daß manche Geißeln der Menschheit,

Krankheiten und Epidemien, die ganze Völkerscharen dezimierten, ausgerottet wurden. Wenn wir die jüngste und kürzeste Periode der Menschheitsgeschichte betrachten, dann hat die Lebenserwartung deutlich zugenommen. Doch gehen wir lieber nicht zu weit in die Vergangenheit zurück, sonst riskieren wir, auf den sprichwörtlich gewordenen Methusalem zu stoßen, der immerhin das stolze Alter von 969 Jahren erreicht haben soll.

Kalabrisches Lebenselixier

Im vierzehnten Jahrhundert entdeckte ein 132jähriger kalabrischer Bauer einem General der Seestreitmacht KARLS V. von Frankreich das folgende Geheimnis. Die Nachbarn dieses munteren über Hundertjährigen erklärten, sie seien ebenso alt, obwohl sie wie dreißig aussahen.

Ihr Lebenselixier, erklärten diese Leute, habe die Gräfin von Brandenburg, die seit neun Jahren gelähmt war, wieder auf die Beine gebracht und die Herzogin von Freiburg geheilt, die von einer langen Krankheit ermattet war.

Ich zitiere jetzt das Rezept für diesen Wundersirup, der das Leben verlängert und die Gesundheit wiederherstellt. Es ist zwar nicht leicht zu realisieren, aber die Mühe lohnt sich ...

»1. Schneide vier Unzen Enzianwurzel in dünne Scheiben und lasse sie in drei Glas Weißwein einen Tag und eine Nacht über heißer Asche durchziehen. Gieße das Gebräu durch ein Tuch, das du nicht ausdrücken, sondern nur kräftig schütteln sollst.

2. Vermische den Sud von acht Pfund getrocknetem Bingelkraut (das frische Kraut ist giftig!), zwei Pfund Saft aus Blättern und Stengeln von Borretsch und zwölf Pfund Honig, am besten von Narbonne oder ersatzweise hochwertigen anderen Honig. Zutaten aufkochen, abschäumen und klären.

3. Nun gieße die beiden Flüssigkeiten zusammen und laß sie sirupartig einkochen. Kühl aufbewahren. Nach Angabe des Rezeptes soll man einen Löffel dieses Elixiers schlucken, und es wird versichert, der Sirup bewirke, daß im Körper weder Zersetzungen stattfinden noch sich schlechte Säfte bilden könnten, weil er nämlich alle Übel sanft abtreibe.«

Für ein hundertjähriges Leben

Der Erfinder hat wahrscheinlich nicht so lange gelebt wie der kalabrische Bauer, aber hundert Jahre sind ja auch schon ein ganz nettes Alter. Das folgende Rezept ist sehr alt:
20 g Kleeblätter, es müssen keine vierblättrigen sein
25 g Brennesselwurzel
35 g Wacholderbeeren
5 g Löwenmäulchenblüten
15 g Weidenkätzchen
Werfen Sie die Drogen in einen Liter Wasser und rühren Sie sieben bis acht Minuten um. Lassen Sie diesen Ansatz bei gelindem Feuer etwa zehn Minuten köcheln. Dann nehmen Sie den Topf vom Herd und lassen den Sud noch an die zwölf Minuten ziehen. Danach fügen Sie den Saft von drei Orangen und ebensoviel Zitronen zu und rühren zum Süßen sechzig Gramm naturreinen Honig ein.

Am zweiten Tag schütten Sie die filtrierte Flüssigkeit in eine Flasche, die Sie sofort verkorken und im Dunkeln aufbewahren. Nun müssen Sie sieben Tage warten. Von da an schlürfen Sie jeden Morgen nüchtern ein Likörgläschen von diesem Elixier.

Lebenselixier auf Chininbasis

Verdünnen Sie einen halben Liter Qualitätsbranntwein mit einem halben Liter klarem Wasser.
Im Mörser zerreiben Sie:
85 g Chinarinde
15 g Bitterorangenschale
5 Gewürznelken
5 g Zimt
Diese pulverisierten Zutaten lassen Sie zwei volle Wochen lang in dem verdünnten Alkohol ziehen, und filtrieren Sie dann die Flüssigkeit durch ein feines Tuch.

Die kurmäßige Anwendung besteht darin, daß man dieses Elixier jeden Morgen wie einen Aperitif vor dem Frühstück zu sich nimmt.

Die Kunst, gesund zu bleiben

Der Mensch ist ein Mikrokosmos in einem riesigen Universum, das strengen magnetischen Gesetzen gehorcht. Die Erde, die Planeten des Sonnensystems, die Gesamtheit der unzähligen Galaxien, alles dreht sich nach dem gleichen Prinzip wie die Elektronen um die Zellkerne in unserem Körper.

Wenn die modernen Architekten unsere Behausungen planen, denken sie leider nicht mehr daran, daß der Körpermagnetismus mit dem universalen Magnetismus im Einklang stehen muß.

Zunächst können wir Abhilfe schaffen, indem wir im Schlafzimmer die Möbel anders stellen. Und natürlich wäre zu wünschen, daß diejenigen, die unsere Wohnungen entwerfen, sich im Hinblick auf die Zukunft an der Vergangenheit orientieren.

Zu allen Zeiten haben die Großen dieser Welt ihre Behausungen so erbauen lassen, daß sie während des Schlafs mit dem Kopf nach Norden und folglich mit den Füßen nach Süden hin lagen. Dies geschah gewiß nicht ohne triftigen Grund. Um es zu begreifen, muß man wissen, daß die magnetischen Schwingungen sämtlich von Norden ausgehen.

Die Orientierung des Körpers mit dem Kopf nach Norden und den Füßen nach Süden ermöglicht dem Menschen, die magnetischen Schwingungen, welche die Erneuerung der Körperzellen unterhalten, unter günstigen Bedingungen aufzufangen, und dies regt die Drüsenfunktion an und aktiviert dadurch den Stoffwechsel, der für die jugendliche Elastizität der Haut verantwortlich ist.

Strigmenta

Strigmenta ist das Produkt eines inzwischen vergessenen Handels. Man verkaufte es in den römischen Amphitheatern, vor allem im Kolosseum, so wie heute Schallplatten von Schlagerstars in Musikhallen verkauft werden.

Bevor die Gladiatoren in die Arena traten, rieben sie sich am ganzen Körper mit Olivenöl ein, um die Muskeln geschmeidig zu machen. Außerdem konnte man sie dadurch nicht mit der bloßen Hand festhalten, denn sie entglitten den Armen des Gegners wie ein Aal.

Nach dem Kampf schabten sie den Belag aus Öl und Schweiß, der sich auf der Haut gebildet hatte, mit einem Bronzespatel sorgfältig ab, damit bloß nichts davon verlorenginge. Bei den Eingeweihten hieß es, diese sogenannte Strigmenta verzehnfache die Kräfte und garantiere ein langes Leben.

Nach PLINIUS DEM ÄLTEREN soll ein beliebter Gladiator durchschnittlich etwa achtzigtausend Sesterzen im Jahr an seiner Strigmenta verdient haben.

Eine Pflanze namens Laserpitium

Die alten Griechen und Römer glaubten, diese Pflanze könne Greise verjüngen. Angesichts der Tatsache, daß sie im antiken Rom dem Staatsschatz zugerechnet wurde, kann man ermessen, welch enormen Wert man dieser Pflanze beimaß, wenn man bedenkt, daß JULIUS CAESAR 111 Pfund dieser kostbaren Pflanze verkaufte, um den Bürgerkrieg zu finanzieren.

Bei diesem Preis kann man nicht zweifeln, daß die Wirkungen des Laserpitium echt waren.

Leider wurde diese im Altertum hochgeschätzte Pflanze wahrscheinlich durch Raubbau schon vor mehr als zweitausend Jahren ausgerottet. Daß sie tatsächlich existiert hat, belegen zahlreiche historische Zeugnisse. Vielleicht ist sie heute das eifersüchtig gehütete Geheimnis irgendeines hundertjährigen Botanikers. Im Wörterbuch der magischen Pflanzen am Ende dieses Buches finden Sie noch ein paar Hinweise zu Laserpitium, beispielsweise das Herkunftsland. Und wer weiß schon, ob diese Pflanze nicht eines schönen Tages doch irgendwo wieder plötzlich auftaucht, wie ja auch manche Urformen von Tieren wieder dem nassen Element entstiegen?

Schwedenkräuter

Der schwedische Arzt Doktor SAMST war Rektor der Schwedischen Akademie der Medizin. Er starb im hohen Alter von 104 Jahren im Vollbesitz seiner geistigen und körperlichen Kräfte; nur hatte ihn leider ein Reitunfall dahingerafft...

Es ist beiläufig interessant festzustellen, daß bereits die Ahnen des berühmten Mediziners steinalt geworden waren. Welches Geheimnis ließ diese skandinavische Familie alle Rekorde der Langlebigkeit schlagen? Samst, der Arzt, nahm sein Geheimnis nicht mit ins Grab, sondern er hinterließ ein handgeschriebenes Rezept für einen »Likör aus Schwedenkräutern«. Dabei fand sich auch ein *uraltes Manuskript*, in dem die außergewöhnlichen Heilwirkungen dieses Elixiers in sechsundvierzig Punkten aufgelistet waren.

Dieser Rezeptteil soll keine paramedizinische Abhandlung werden. Vielmehr möchte ich nur auf Tricks, Formeln und Kombinationen aufmerksam machen, die uns ein gesünderes und leichteres Leben ermöglichen. Jeder Mensch hat ein Recht auf Glück, und die Natur schenkt uns die dafür nötigen Mittel. Schon der alte Pfarrer Sebastian Kneipp sagte: »Gegen jede Krankheit ist ein Kräutlein gewachsen.«

Mit diesem medizinischen Elixier habe ich eine Ausnahme gemacht; denn es fügt sich in den Rahmen der Themen, die ich hier behandle: lange und glücklich und gesund leben; ruhig und tief schlafen, solange man will; bei Bedarf nüchtern werden . . . Dieses Elixier gestattet aber noch mehr. Im folgenden werden Sie mehr über die Qualitäten nachlesen können, wie ich sie vom Urheber übernommen habe.

Schwedenkräuterelixier

Sie benötigen eine fest verschließbare Zweiliterflasche mit weitem Hals. In diese Flasche füllen Sie die nachstehenden Drogen in den genannten Mengen:

17 g Kap-Aloe
10 g Süßholzsaft, getrocknet
6 g Rhabarber
5 g Angelikawurzel
5 g Pomeranzenschale
5 g Sennesfrüchte
4 g Fenchel
4 g Zitwerwurzel
2 g Enzianwurzel
2 g Galgantwurzel

2 g Lärchenschwamm
1 g Myrrhe
37 g Kandiszucker

Darüber gießt man einen halben Liter vierzigprozentigen Alkohol. Die Flasche wird fest verschlossen zwei Wochen an die Sonne oder bei schlechtem Wetter neben einen zwanzig Grad warmen Heizkörper gestellt. Flasche täglich einmal kräftig schütteln.

Nach zweiwöchiger Mazeration ist das Elixier reif zum Trinken. Es wird aber um so besser, je länger man es reifen läßt. Übrigens wird das Elixier komplett mit den Arzneidrogen aufbewahrt. Für die tägliche Einnahme filtriert man zweckmäßigerweise eine kleinere Menge von dem Elixier in ein gut verschließbares Fläschchen ab, das man im Kühlschrank aufbewahrt. Die große Ansatzflasche sollte vor jeder Entnahme von Elixier kräftig geschüttelt werden.

Die Wirkungen des Elixiers

In der folgenden Liste sind die heilkräftigen Wirkungen der Schwedenkräuter, wie sie sinngemäß in der alten Handschrift überliefert wurden, zusammengestellt:

1. Wenn Sie kurzatmig sind, bestreichen Sie sich das Hinterhaupt mit dem Elixier, oder legen Sie sich eine Kompresse, die damit getränkt ist, auf den Kopf. Dies vertreibt Beschwerden und Schwindelgefühl, stärkt das Gedächtnis und die anderen Gehirnfunktionen.

2. Das Elixier beseitigt Sehstörungen, hilft bei rotunterlaufenen Augen und jeglichen Schmerzen, selbst wenn die Augen entzündet sind und das Sehvermögen verringert ist. Auch Katarakte und Trachome bilden sich zurück, wenn man zur rechten Zeit die Augenwinkel mit dem Elixier befeuchtet oder damit getränkte Kompressen auf die geschlossenen Augen legt.

3. Kuhpocken sowie Hautausschläge aller Art, sogar Borkenbildung in der Nase oder Schrunden auf der Haut, heilen rasch, wenn man sie oft und ausgiebig mit dem Elixier abtupft.

4. Zahnschmerzen werden gelindert, wenn man einen Eßlöffel Schwedenelixier mit ein wenig Wasser in den Mund nimmt. Man läßt die Flüssigkeit eine Weile im Mund einwirken oder man beißt mit dem kranken Zahn auf ein elixiergetränktes Läppchen. Der Schmerz vergeht, oberflächliche Infektionen heilen ab.

5. Aphthen und andere Erkrankungen der Mundschleimhaut heilen rasch, wenn man sie oft genug örtlich mit dem Elixier behandelt.

6. Ist der Rachen so entzündet oder gereizt, daß man an Schluckbeschwerden leidet, soll man morgens, mittags und abends ganz langsam einen Löffel von dem Elixier schlucken, das lindert die Entzündung und heilt den wunden Hals.

7. Wenn Sie Magenkrämpfe haben, nehmen Sie gleich zu Anfang einen Eßlöffel Schwedenelixier.

8. Koliken gehen bald vorüber, wenn man langsam drei Eßlöffel Elixier einnimmt. Man fühlt sich schon kurz danach wieder wohler.

9. Das Elixier beseitigt Blähungen, beruhigt eine überlastete Leber, vertreibt Magen- und Leibschmerzen und beseitigt Verstopfung.

10. Es ist ein hervorragendes Mittel für einen Magen, der schlecht verdaut und das Essen nicht bei sich behält.

11. Gallenblasenschmerzen verschwinden, wenn Sie morgens und abends eine Dosis von dem Elixier nehmen und abends noch einen Leberwickel machen.

12. Nützlich ist es auch bei Wassersucht. Man nimmt dann morgens und abends einen Eßlöffel Elixier auf ein Gläschen Weißwein.

13. Ohrensausen und Ohrenweh verschwinden, wenn man einen Wattebausch, der mit dem Elixier getränkt ist, in den Gehörgang steckt. Auf diese Weise kann es auch bei Schwerhörigkeit helfen.

14. Wenn eine Frau ihre Niederkunft erwartet, gebe man ihr drei Tage hintereinander einen Eßlöffel Elixier in Rotwein und lasse sie danach eine halbe Stunde umhergehen. Anschließend darf sie frühstücken, soll dazu aber keine Milch trinken (das Elixier verträgt sich nicht mit Milch).

15. Die Entbindung wird erleichtert, wenn die Schwangere in den letzten vierzehn Tagen davor morgens und abends einen Eßlöffel Elixier nimmt. Damit die Nachgeburt leichter herauskommt, gibt man der Wöchnerin alle zwei Stunden einen Eßlöffel Elixier, bis die Nachgeburt restlos und ohne Schmerzen ausgetrieben ist.

16. Wenn sich beim Einschießen der Milch die Brüste entzünden, helfen mit dem Elixier getränkte feuchte Umschläge.

17. Bei Kindern heilt das Elixier die Windpocken. Sobald die Blasen anfangen zu trocknen, bestreicht man sie mit dem Elixier. Dann gibt es keine häßlichen Narben.

18. Das Elixier treibt bei Kindern und bei Erwachsenen Würmer aus, sogar Bandwürmer. Bei Kindern muß man nur die Dosis dem Alter anpassen. Man legt eine mit dem Elixier getränkte Kompresse auf den Nabel und befestigt sie mit einer Binde. Die Kompresse wird bei Bedarf wieder angefeuchtet.

19. Schmerzen und Beschwerden bei Gelbsucht werden alsbald gelindert, wenn der Kranke täglich drei Eßlöffel Elixier nimmt (in alten Zeiten vertrugen Leberkranke den Alkohol wohl besser) und feuchtwarme Umschläge auf die Leber macht.

20. Das Elixier kuriert Hämorrhoiden, pflegt die Nieren, treibt ohne jede zusätzliche Behandlung die hypochondrischen Säfte aus dem Körper, vertreibt Melancholie und Depressionen, wirkt appetitanregend und verdauungsfördernd.

21. Hämorrhoiden heilt das Elixier vor allem, wenn man sie sehr frühzeitig mit dem Elixier bestreicht und wenn man es allabendlich vor dem Schlafengehen einnimmt. Für die äußerliche Behandlung nimmt man einen Wattebausch, der mit der Arznei getränkt ist, und steckt ihn in den After. Dies bewirkt, daß das Blut aus den erweiterten Venen abfließt, und lindert das Brennen und Jucken.

22. Wenn einer bewußtlos wird, wischen Sie ihm den Mund mit dem Elixier aus. Er wird dann bald wieder zu sich kommen.

23. Krampfartige Schmerzen werden gelindert, wenn man das Elixier trinkt, und verschwinden mit der Zeit vollständig.

24. Bei Schwindsucht nimmt man es kurmäßig morgens, und zwar sechs Wochen lang.

25. Wenn eine Frau ihre monatliche Blutung gar nicht oder zu reichlich bekommt, soll sie das Elixier drei Tage nacheinander nehmen, einen Tag warten und dann wieder von vorne beginnen. Bei einer kurmäßigen Behandlung von zwanzigmal wird die starke Blutung normalisiert, und die fehlende Blutung tritt ein.

26. Das Elixier heilt auch Ausfluß.

27. Wenn jemand epileptische Anfälle bekommt, soll man es ihm sogleich verabreichen. Und der Kranke muß es auch weiterhin nehmen; denn das Elixier stärkt die geschüttelten Nerven ebenso wie den Körper und hält alle Krankheiten fern.

28. Das Elixier heilt Lähmungen, beseitigt Schwindel und Unwohlsein.

29. Das Elixier kuriert auch Pocken und Erysipel.

30. Wer unter brennendem oder kaltem Fieber oder an großer Erschöpfung leidet, dem soll man einen Eßlöffel des Elixiers verab-

reichen, und wenn der Kranke seinen Körper nicht mit anderen Medikamenten belastet hat, wird er bald genesen, sein Puls wird sich normalisieren, und selbst wenn er sehr hohes Fieber hatte, wird es ihm bald viel besser gehen.

31. Auch bösartige Geschwülste, alte Kuhpocken, Warzen und rissige Hände heilt das Elixier. Wenn eine Wunde alt ist, eitert oder wildes Fleisch zeigt, soll man sie mit Weißwein waschen und dann mit einer Kompresse bedecken, die mit dem Elixier getränkt ist. Das Elixier beseitigt Geschwülste und Schmerzen, verhindert Wucherungen und fördert die Wundheilung.

32. Ohne Risiko heilt das Elixier alle Wunden, seien es Prellungen oder offene Wunden, wenn man sie recht oft damit benetzt. Man nimmt ein Stück Leinen, tränkt es mit dem Elixier und deckt es über die Wunde. Dies bewirkt eine rasche Schmerzlinderung, verhindert Entzündung und Infektion und heilt auch alte tiefe Wunden, die durch Feuerwaffen verursacht wurden. Man muß das Elixier in die Wunde hineinträufeln, und dann muß sie nicht unbedingt zuvor gereinigt worden sein. Sofern man die feuchte Kompresse oft genug erneuert, erfolgt eine Vernarbung in sehr kurzer Zeit.

33. Das Elixier glättet alle Narben, auch wenn sie schon alt sind, seien es Schnitte oder andere Verletzungen, sofern man sie mindestens vierzigmal damit bestreicht. Alle Verletzungen, die mit diesem Elixier behandelt wurden, heilen ohne Narben.

34. Das Elixier heilt ganz und gar Fisteln, auch wenn sie für unheilbar galten, und unabhängig davon, wie lange sie bestehen.

35. Das Elixier heilt sämtliche Verbrennungen, seien sie durch Feuer, kochendes Wasser oder siedendes Fett verursacht, vorausgesetzt, man benetzt sie recht häufig damit. Es bilden sich keine Blasen, die Entzündung wird beseitigt, und sogar verspätet behandelte infizierte Blasen werden geheilt.

36. Auch Beulen und blaue Flecken, ob sie von Schlägen oder Stößen herrühren, werden günstig beeinflußt.

37. Wenn einer an Appetitlosigkeit leidet, wird er durch das Elixier wieder Lust zu essen bekommen.

38. Die frische Gesichtsfarbe, die einer Bleichsucht zum Opfer fiel, kehrt zurück, wenn der Erkrankte eine Zeitlang das Elixier morgens einnimmt. Das Elixier reinigt das Blut, es wirkt blutbildend und regt den Kreislauf an.

39. Rheumatische Gliederschmerzen verschwinden, wenn man das Elixier morgens und abends einnimmt und damit Umschläge auf die schmerzenden Stellen macht.

40. Frostbeulen an Händen und Füßen werden geheilt, selbst wenn sie aufgebrochen sind. Sie werden möglichst oft mit Kompressen behandelt, insbesondere nachts.

41. Auf schmerzende Hühneraugen legt man einen kleinen Wattebausch, der mit dem Elixier getränkt ist und feucht gehalten werden soll. Entweder fallen die Hühneraugen nach drei Tagen ab oder man kann sie schmerzlos abheben.

42. Das Elixier heilt auch, wenn man es trinkt, Bisse von tollwütigen Hunden und anderen Tieren, denn es macht Gifte unwirksam. Die jeweilige Wunde soll man außerdem mit einer in Elixier getauchten Kompresse bedecken.

43. Bei Pest und anderen ansteckenden Krankheiten soll man es immer wieder einnehmen, denn es heilt Pestbeulen und Geschwüre, sogar wenn sie bereits den Hals erfaßt haben.

44. Wer schlecht schläft, soll es vor dem Schlafengehen nehmen. Nervöse Schlaflosigkeit behandelt man mit Kompressen, die man in Wasser taucht, mit dem Elixier befeuchtet und über das Herz legt.

45. Wenn man einen Betrunkenen zwei Eßlöffel davon trinken läßt, wird er sofort wieder nüchtern.

46. Wer das Elixier morgens und abends nimmt, braucht keine andere Medizin, denn es stärkt den Körper, erfrischt Nerven und Blut und behebt das Zittern der Hände und Füße. Kurzum, das schwedische Kräuterelixier widersetzt sich allen Krankheiten, der Körper bleibt kräftig und das Gesicht jung und hübsch.

Anwendung des Schwedenkräuterelixiers

Die oben angegebenen Dosen, die ich der Kopie der alten Handschrift entnommen habe, sollten vorsichtshalber mit Kräutertee oder mit Wasser verdünnt werden. Bei innerlicher Anwendung beträgt die Normaldosis morgens und abends einen Teelöffel Elixier in Kräutertee oder Wasser gelöst.

Für die äußerliche Anwendung soll man die zu behandelnde Region mit Ringelblumensalbe bestreichen und darauf ein Stück Watte legen, das mit dem Elixier getränkt ist. Im allgemeinen soll die Kompresse nach ungefähr drei Stunden erneuert werden.

Und jetzt vertiefen Sie sich noch einmal in Punkt 46, und merken Sie ihn sich gut!

III
Magische Pflanzen und ihre Wirkungen

Aloe (Aloe vera)

Verrührt man den eingedickten Saft der Blätter verschiedener Aloe-Arten mit Weinessig, dann erhält man eine Lotion gegen Haarausfall.

Aloetinktur ist in alten Pharmakopöen auch als Lebenselixier ausgewiesen. Heute ist Aloe noch in vielen Abführmitteln enthalten. Sie sollte nicht im Übermaß angewandt werden, da sie zu Nierenschäden führen könnte.

Amaranth (Fuchsschwanz)

Amaranthblüten sind ein Symbol der Unsterblichkeit und ziehen Ruhm auf den, der sich mit ihnen schmückt.

Apfel (Malus)

Wenn ein Verliebter im Traum in einen herrlich knackigen Apfel beißt, bedeutet dies, daß seine Sehnsucht bald erfüllt wird.

Apfelsine (Citrus sinensis)

Die Apfelsine ist die Frucht für die Gesundheit. Wer regelmäßig Apfelsinen ißt, bleibt viel länger jung.

Die spanischen Zigeuner kurieren schwere Erkältungen, indem sie jede Viertelstunde ein Glas frisch ausgepreßten Orangensaft trinken, das sind immerhin etwa vier Liter an einem Tag.

Artischocke (Cynara)

Die Artischocke gilt nicht nur als Aphrodisiakum, sondern sie fördert auch die Leber- und Gallenfunktion und wirkt womöglich vorbeugend gegen Diabetes.

Baldrian (Valeriana)

Einer der volkstümlichen Namen des Baldrians lautet »Katzenkraut« und soll nicht nur darauf beruhen, daß der Duft der Droge Katzen unwiderstehlich anlockt. Eine andere Version besagt nämlich, daß die alten Magier behaupteten, man brauche diese Pflanze einem in Hypnose versetzten Menschen nur zu zeigen, damit dieser miauend und scharrend auf allen vieren herumkrieche.

Heute dient der Baldrian als Schlaf- und Beruhigungsmittel. Schon PLINIUS empfahl ihn zur Heilung von Nervenzuckungen, und viele Ärzte verwendeten ihn bei Hysterie und bei Veitstanz.

Bärlapp (Lycopodium)

Die Abkochung von Bärlappkraut fördert das Haarwachstum. »Hexenmehl« oder Bärlappsporen wirken harntreibend und sind äußerlich als Puder bei Entzündungen der Haut hilfreich.

Basilikum (Ocimum basilicum)

Die Zauberer verwendeten dieses Küchengewürz mit dem herrlichen Aroma früher dazu, schlecht riechende Monatsblutungen auszulösen. Der Duft des Basilienkrautes hält die Mücken fern.

Beifuß (Artemisia vulgaris)

Die Pflanze, volkstümlich auch Wilder Wermut genannt, hält böse Geister fern. In der Volksmedizin gilt der Beifuß als wirksames Mittel bei Epilepsie. Im übrigen verwendet man Beifußkraut als Tee bei Magen- und Darmstörungen, Hämorrhoiden und Blasenleiden.

Beinwell (Symphytum officinale)

Früher schichteten die Leute Beinwellkraut unter die Betten, weil es die Wanzen anlockt. Heutzutage gibt es keine verwanzten Betten mehr, aber man sollte das Schicksal besser nicht herausfordern!

Ansonsten wird Beinwellwurzel als Teeaufguß für die Wundbehandlung in Form feuchter Umschläge verwendet. Die innerliche Anwendung der Wurzel und des Krautes ist gefährlich, da die Pflanze mehrere Alkaloide enthält.

Betonienziest (Betonia officinalis)

Die Pflanze schützt gegen Bezauberung und Verhexung.

In der Volksmedizin verwendet man Tee aus Betonienkraut gegen Durchfall und Darmbeschwerden sowie bei Entzündungen im Mund- und Rachenraum.

Bibernelle (Pimpernella)

Um den Hals gehängt, hält die Wurzel der Pflanze böse Zauber und Unglück aller Art fern.

Medizinisch gebraucht man Bibernellwurzel bei Asthma und Bronchitis. Bei Halsentzündungen gurgelt man mit dem Tee und schluckt ihn anschließend herunter.

Bilsenkraut (Hyoscyamus)

Diese giftige Pflanze war schon im Altertum bekannt und gehörte zum okkultistischen Arsenal. Die Babylonier setzten es als Halluzinogen ein. Die Druiden gebrauchten es bei ihren Riten, um den Verstand der Teilnehmer zu verwirren. Viel hübscher ist eine Zeremonie, mit der in Zeiten der Trockenheit Regen herbeigezaubert werden sollte: Eine Jungfrau wurde von anderen Jungfrauen in Bilsenkrauttee gebadet.

Bilsenkraut wird homöopathisch gegen Schlaflosigkeit, Erregungszustände und bei Durchfällen verwendet, Bilsenkrautöl zum Einreiben bei rheumatischen Schmerzen.

Binse (Juncus)

Die schöne Zauberin MELUSINE befestigte Binsen an den Fensterpfosten, um Unheil abzuwehren und das Böse zu hindern, ins Haus zu gelangen. Die Binsen müssen am fünften Tag des fünften Monats geschnitten worden sein.

Birke (Betula)

Dieser Baum hat magische Bedeutung. Schon im Mittelalter fertigten die Hexen aus Birkenzweigen die Besen, auf denen sie zum Hexensabbat durch die Lüfte ritten.

Der Saft aus Birkenblättern verhindert, daß Käse von Würmern befallen wird. Medizinisch verwendet man Birkenblättertee gerne zum Entwässern.

Bittermandel (Amygdalus var. amara)

Die Samen des Bittermandelstrauchs sind ein beliebtes Mittel gegen männliche Impotenz. Wenn ein Mann zu einem üppigen Essen eingeladen ist, bei dem auch reichlich gezecht wird, sollte er vorsorglich morgens nüchtern fünf Bittermandeln kauen, dann bleiben ihm peinliche Niederlagen bei der Dame seines Herzens erspart.

Bohnenkraut (Satureja hortensis)

Dieses kleinwüchsige Gewürzkraut, das manche auch als Pfefferkraut kennen, wird gern bei Wildrezepten verwendet. Es hat antiseptische Eigenschaften, fördert nach schweren Mahlzeiten die Verdauung und ist nützlich, um den Appetit anzuregen. Es hilft auch gegen Blähungen und Durchfall. Die Bevölkerung der Mittelmeerländer rühmt die aphrodisierende Wirkung des Bohnenkrauts.

Brennessel (Urtica)

Vor nicht allzulanger Zeit pflegten sich die Leute mit Brennesselbündeln zu peitschen, um rheumatische Schmerzen zu lindern. Von dieser rabiaten Methode macht man heute weniger Gebrauch. Brennesselsaft und Brennesseltee werden zur Aktivierung des Stoffwechsels und bei Prostatabeschwerden gebraucht. Der Saft gilt als Haarwuchsmittel.

Diptam (Dictamnus)

In der Antike umnebelten sich die Priesterinnen mit dem Rauch des verbrannten Krautes, um leichter wahrsagen zu können.

Medizinisch gilt Diptam als magenstärkendes Mittel, als Wurmmittel und als Frauenmittel.

Efeu (Hedera helix)

Die giftige Kletterpflanze schmückt alte Mauern und Ruinen. Schon die alten Griechen verwendeten den Efeu, und der Kranz, den der Gott BACCHUS trägt, ist aus Efeublättern gewunden. Sie sind gut gegen Trunkenheit. Efeu, der vom Kopf einer Statue gepflückt wurde, ist besonders heilkräftig.

In der Volksmedizin wird Efeu gegen Katarrhe, homöopathisch gegen Husten, Schnupfen und Asthma gebraucht.

Eibisch (Althaea)

Die zu Pulver zerriebenen, mit etwas Wasser zu einer Paste gekneteten Samen der Pflanze ergeben ein gutes Abwehrmittel gegen Insekten.

Medizinisch verwendet man die Wurzel, die Blätter und die Blüten bei Husten, Asthma, Entzündungen von Mund und Rachen, äußerlich bei Furunkeln und Geschwüren.

Eiche (Quercus)

Bei den Druiden war die Eiche der Baum der Erkenntnis. Auf der Eiche wächst die Mistel, die den Galliern als heilige Pflanze galt. Alle religiösen Zeremonien unserer Ahnen spielten sich im Schatten der Königin der Wälder ab.

Eichen haben magnetische Eigenschaften. Der berühmte Wiener Arzt ANTON MESMER entwickelte im achtzehnten Jahrhundert die Theorie vom animalischen Magnetismus und behandelte viele Kranke, indem er sie an eine Eiche band.

Medizinisch wird noch heute Eichenrinde als Dermatikum verwendet.

Eisenkraut (Verbena officinalis)

Während Eisenkraut heute nur noch als Tee bei Verdauungsbeschwerden gebraucht wird, galt es unseren Vorfahren als Wunderpflanze. Bei den Griechen und Römern war sie der Aphrodite oder Venus geweiht und war Bestandteil eines unfehlbaren Liebestranks. Manche nennen die Pflanze auch Druidenkraut. Die Druiden glaubten, wer sich mit dem Saft von Verbenen einreibe, dem würden alle Wünsche erfüllt. In alter Zeit diente Eisenkraut auch dazu, ein böses Schicksal abzuwehren und wahrzusagen. Allerdings mußte eine besondere Zeremonie befolgt werden, wenn man die Pflanze pflücken wollte. Man brach sie, sobald das Zeichen des Sirius am Sternenhimmel auftauchte, wenn weder Sonne noch Mond schienen und nachdem man vorsorglich die Erde, die einer heiligen Pflanze beraubt werden sollte, mit dünnen Strahlen von Honig versöhnlich gestimmt hatte. Um die Pflanze wurde mit einem Eisenstab ein Kreis gezogen, und dann riß man sie mit der linken Hand aus dem Boden.

Alexander der Grosse behauptete, wer das Bild einer Verbene bei sich trage, auf seinem Grund und Boden oder im Weinberg vergrabe, werde großen Nutzen davon haben.

Erle (Alnus)

Aus diesem Baum werden Zauberstäbe gefertigt. Bei spirituellen Beschwörungen bedient man sich vielfach des kalzinierten Erlenholzes als Räucherwerk.

Farn (Dryopteris)

Der Wurmfarn ist eine alte Zauberpflanze. Wer ihn mittags am Tag vor Johanni pflückt und bei sich trägt, wird Glück im Spiel haben.

Der Name Wurmfarn weist darauf hin, daß die Pflanze eine Wirkung als Wurmmittel hat. In dieser Eigenschaft wird sie aber nicht mehr verwendet.

Feige (Ficus)

Feigenblätter werden als Orakel benutzt. Man pflückt ein Feigenblatt, schreibt seine Schicksalsfrage mit einer Feder darauf und wartet ab. Die Antwort ist positiv, wenn das Blatt trocknet, und andernfalls negativ.

Frische oder getrocknete Feigen und Feigensaft dienen als leichtes Abführmittel.

Fenchel (Foeniculum)

Tee aus Fenchelsamen löst die Monatsblutung aus – wenn es nicht zu spät ist.

Heute verwendet man Fencheltee als Karminativum und als Hustenmittel.

Fingerkraut (Potentilla)

Dem, der es bei sich trägt, bringt es Glück.

In der Volksmedizin nimmt man es gern als Tee bei Magenkrämpfen und bei Menstruationsbeschwerden.

Gewürznelke (Syzygium aromaticum)

Der immergrüne Gewürznelkenstrauch bringt Blütenknospen hervor, die getrocknet wie Nägelein aussehen. Diese Gewürznelken geben vielen Speisen ein besonderes Aroma und regen die Eßlust und die Verdauung an. Gewürznelken helfen auch bei Kopf- und Zahnschmerzen. Sie fördern außerdem die Empfängnisbereitschaft der Frau.

Im Mittelalter versuchten die Menschen, sich mit Gewürznelken gegen die Pest zu schützen, die Europa verwüstete. Nelken enthält demgemäß auch der Vier-Diebe-Essig, der bereits mehrfach erwähnt wurde (Seiten 203, 249). In Zeiten der Pest und der Cholera trugen die Ärzte Nelkenketten um den Hals.

Eine Gewürznelke im Mund ist übrigens ein sehr gutes Hilfsmittel für den Hypnotiseur.

Ginseng (Panax)

Die erstaunliche Pflanze aus dem Orient ist in mancher Beziehung mit unserer heimischen Alraune zu vergleichen. Beide Pflanzen haben menschenähnliche Gestalt, beide stehen in dem Ruf, Allheilmittel zu sein – die Alraune seit dem Mittelalter, die Ginsengwurzel seit mehr als viertausend Jahren.

Im klassischen Chinesisch bedeutet *»gin seng«* Menschenwurzel, als Anspielung auf die Gestalt, die manchmal sogar an ein koitierendes Paar erinnert. Die Wurzel schmeckt bittersüß und war im Mittelalter wertvoller als Gold. Der Wilde Ginseng ist nach wie vor selten und sehr teuer. Die Chinesen glauben, daß Ginseng lebensverlängernd wirkt. Jedenfalls wird das Leben durch die aphrodisierenden Eigenschaften der Wunderwurzel sehr angenehm. Mit ihr läßt sich die Sehnsucht des DOKTOR FAUSTUS verwirklichen, ewig jung und sexuell genußfähig zu bleiben. Teufel auch! Und ohne MEPHISTO seine Seele zu verkaufen ...

Inzwischen ist nachgewiesen, daß echte Ginsengwurzel als unspezifische Reizkörpertherapie die körpereigenen Abwehrkräfte steigert. Ginseng verbessert wahrscheinlich auch die Funktionen des Nervensystems.

Hahnenfuß (Ranunculus)

In der Antike bereitete man aus dem Saft des giftigen Hahnenfußes ein Elixier, das Heiterkeit erzeugte. Man könnte es als das Lachgas unserer Ahnen bezeichnen. Es löste spastische Muskelzuckungen im Bereich von Mund und Wangen aus, das *»sardonische Lachen«*.

Homöopathisch wird Hahnenfußkraut bei rheumatischen Schmerzen und Hautausschlägen angewandt. Die frische Pflanze ist sehr giftig!

Hainbuche (Carpinus)

Aus dem Holz der Hainbuche schnitzt man magische Stäbe, deren man sich beim Heilmagnetismus bedient.

Haselnußstrauch (Corylus)

Das Holz dieses Strauches ist stark magnetisch, und deshalb werden Ritualstäbe daraus geschnitzt, desgleichen die berühmte Haselrute oder Wünschelrute, mit der man unterirdische Wasseradern oder auch Schätze aufspüren kann.

Heidekraut (Calluna)

Die Pflanze erleichtert das Hellsehen.

In der Volksmedizin gilt Heidekraut als Blutreinigungs- und Entwässerungsmittel.

Hopfen (Humulus)

Hopfen ist eine Grundzutat für das Bierbrauen. Hopfenzapfen und Hopfendrüsen wirken beruhigend und einschläfernd und sind das Gegenteil eines Aphrodisiakums. Die Pflanze zählt zu den Hanfgewächsen.

Hundszunge (Cynoglossum)

Zögern Sie nicht, diese Pflanze bei sich zu tragen: Sie zieht Wohlwollen an und erstickt alle bösen Anwandlungen. Man müßte allen Politikern so ein Pflänzchen in die Tasche stecken . . .

Hundszungenkraut wird, ausschließlich äußerlich, wie Beinwell angewandt.

Ingwer (Zingiber)

Frage: Wissen Sie, warum Ingwer bei den Chinesen, Arabern und Afrikanern so beliebt ist?

Antwort: Sie haben es erraten, wegen seiner aphrodisierenden Wirkung.

Seit Urzeiten verwendet man Ingwerwurzel im Orient als Gewürz, aber auch kandiert als Naschwerk. Ingwer wirkt appetitanregend und verdauungsfördernd.

Johanniskraut (Hypericum perforatum)

Ihren Namen hat diese magische Pflanze aus alter Zeit, da die jungen Mädchen und die Jünglinge sich mit ihr schmückten und mit den »Johannisfeuern« die Sommersonnwende feierten. Die Pflanzen wurden zum Schluß verbrannt. Dieses Ritual schützte im Jahreslauf vor allen möglichen Krankheiten.

Eine andere Sitte gebietet, die Pflanze am Tag nach Johanni vor Sonnenaufgang zu pflücken. Wenn gerade Vollmondzeit ist, soll man die Pflanze an einen frisch geschnittenen Eichenast binden und in einen Acker stecken, dann wird dieser reiche Frucht tragen.

Wer das Johanniskraut unter seiner Türschwelle vergräbt, ist gegen böse Geister, Teufel und Zauberer gefeit, und kein Unheil kann ihm zu Hause zustoßen.

Medizinisch wirkt Johanniskraut verdauungsfördernd. Vor allem aber hilft es bei Depressionen.

Keuschlamm (Agnus castus)

Die Pflanze heißt auch Mönchspfeffer. Im antiken Griechenland legten Frauen, die von Bettnässen geplagt wurden, diese Pflanze in ihr Bett.

Die Früchte werden meist homöopathisch gegen Impotenz, Nervenschwäche und Depressionen eingesetzt.

Kiefer (Pinus sylvestris)

Mit Hilfe der Kiefer kann man die magische Zahl eines Menschen herausfinden, die bei bestimmten Ritualen benötigt wird. Dies geht folgendermaßen vor sich:

In aller Herrgottsfrühe begibt man sich frisch gewaschen in einen Kiefernwald. Sobald die Sonne am Horizont erscheint, geht man los und beschreibt einen möglichst großen Kreis, der aber geschlossen sein muß, sobald die Sonne voll sichtbar geworden ist. Während des Spaziergangs zählt man die Kiefernzapfen, die am Boden liegen; sie ergeben nämlich die gesuchte magische Zahl. Falls man nicht weiß, was man damit anfangen soll, hat man immerhin frische Morgenluft geschnappt.

Medizinisch gebraucht man Abkochungen der jungen Kieferntriebe bei Atemwegserkrankungen, Nervenschwäche und Hautausschlägen.

Kirsche (Cerasus)

Den köstlich schmeckenden Früchten des Kirschbaums schreibt man zu, daß sie die Folgen zu reichlichen Alkoholgenusses mildern. Man tut also gut daran, bei einer üppigen Mahlzeit, zu der viel Alkohol getrunken wird, Kirschen als Nachtisch zu essen.

Klee (Trifolium)

Vierblättriger Klee bringt Glück im Spiel. Wer gar ein fünfblättriges Kleeblatt findet, dem werden sich alle Hoffnungen erfüllen.

Klee hat auch eine meteorologische Bedeutung: Wenn er sich an den Boden duckt, gibt es schlechtes Wetter.

Mit Wiesenkleeblüten werden manchmal Vergiftungen behandelt. Ansonsten nutzt man Kleeblütentee gegen verschiedene Entzündungen, auch innerlich, und zur Wundbehandlung.

Knöterich (Polygonum)

Früher hieß es, man brauche nur ein paar Blätter der Pflanze auf eine Wunde zu legen, damit sie rasch wie durch ein Wunder heile. Unsere Vorfahren hatten recht, denn die Pflanze wirkt blutstillend.

Albertus Magnus rühmte die aphrodisierenden Eigenschaften der Pflanze. Die Abkochung der Wurzel stärkt die Manneskraft.

Kornblume (Centaurea cyanus)

Der botanische Name der Kornblume geht auf den Zentauren Chiron zurück, der Wunderheilungen vollbrachte. Damit die Pflanze ihre magischen Wirkungen entfalten kann, muß man beim Pflücken gewisse Beschwörungsformeln sprechen. Verbrennt man die Pflanze mit etwas Blut eines Wiedehopfweibchens in einer Öllampe, dann erzeugt sie bei allen Anwesenden Halluzinationen.

Plinius behauptet, die Pflanze schütze gegen Dämonen. Sie soll Mut, Kraft und Stärke verleihen.

Medizinisch verwendet man Kornblumenblüten in Blutreinigungstee und in Blasen- und Nierentee.

Kresse (Nasturtium)

DIOSKURIDES empfiehlt rohe Kresse als Aphrodisiakum.

Kresse aktiviert den Stoffwechsel, fördert die Verdauung und hilft bei Husten, Rheuma und Nervenschwäche.

Laserpitium

Diese Pflanze gehört zu den Doldengewächsen. Laserpitium hieß sie bei den Römern, Silphion bei den Griechen. Ihre ursprüngliche Heimat war Nordafrika. Silphion hieß auch das kostbare Harz, das die Pflanze lieferte und dem unzählige phantastische Eigenschaften zugeschrieben wurden, unter anderem die, daß sie Greise auf wundersame Art verjünge. Die Pflanze war wertvoller als Gold. Die Römer sollen sie aus lauter Gier nach Reichtum ausgerottet haben.

Lattich (Lactuca)

JUNO, die Göttin des Olymps, entdeckte die betäubende Wirkung einer Lattichart (Giftlattich = *Lactuca virosa*), als sie nach deren Genuß ohne Schmerzen niederkam. Diese Wirkung ist überdies schlaffördernd und angstlösend. Die beruhigende Komponente in Latticharten dämpft aber auch die sexuelle Leistungsfähigkeit, und das sollte man rechtzeitig bedenken.

Lilie (Lilium)

Lilienwurzel, um den Hals gehängt, zieht Liebe an.

Lorbeerbaum (Laurus nobilis)

Einer griechischen Sage zufolge soll sich die jungfräuliche Daphne den Nachstellungen APOLLOS dadurch entzogen haben, daß sie sich von Zeit zu Zeit in einen Lorbeerbaum verwandelte. Sagt man deshalb diesem Baum nach, daß er wie ein Blitzableiter wirkt? Das Kauen der Blätter hilft gegen Vergiftungen und Infektionen.

Die *Lorbeeresser* der Antike waren Wahrsager, die sich mit einem Lorbeerkranz schmückten und aus dem Rauch, der beim Verbrennen von Lorbeerzweigen entstand, die Zukunft lasen.

Früchte und Blätter des Lorbeers fördern den Appetit und die Verdauung.

Lotos (Nelumbo nucifera)

»So wie viele Lotosblumen sich nicht aus dem Wasser erheben, sondern in demselben wachsen, während es anderen gelingt, aus dem Wasser hervorzutreten, sie sich aber ihrer großen Feuchte wegen nicht öffnen können, wieder andere aber emporwachsen und verwelken, weil es ihnen an Feuchte mangelt, so sehe ich Geschöpfe, die blind von der Unreinheit ihres Begehrens sich selbst verhaftet bleiben, und andere, die sich zu befreien trachten und darum der Lehre zugänglich sind, und wieder andere, die sich vollständig der Sonne öffnen, um die ganze Lehre zu empfangen . . .«

Mit diesem Gleichnis drückte Buddha die Verschiedenartigkeit der Menschen aus.

Der Lotos ist in vielen Kulturen eine Symbolpflanze. In Südostasien wird er aber auch ganz profan als Gemüse verzehrt.

Melisse (Melissa officinalis)

Wenn Sie einem Ochsen Melissenblüten an den Hals hängen, wird er Ihnen willig folgen, wohin Sie ihn auch führen mögen. Das ist eine alte Volksweisheit. Wenn Sie selbst Melissenblüten um den Hals tragen, werden Sie besonders liebenswürdig mit Ihren Mitmenschen umgehen.

Tee aus Melissenblättern wirkt beruhigend und krampflösend und verbessert die körpereigenen Abwehrkräfte.

Mistel (Viscum)

Auch heute noch küssen sich die Menschen in der Silvesternacht unter dem Mistelzweig, dem Symbol für die Ewigkeit der Welt und die Unsterblichkeit der Seele. Die Druiden pflückten die Mistel stets am sechsten Tag des Mondes, wenn das keltische Jahr begann.

Schon Plinius empfahl die Mistel gegen Fallsucht und Schwindelanfälle. Heute verwendet man sie als Stärkungsmittel, versuchsweise bei Arthrosen und zur Krebsbekämpfung.

Muskatnußbaum (Myristica)

Muskatnußessenz wirkt stimulierend und verdauungsfördernd. Deswegen empfiehlt es sich, schwere und fette Speisen mit Muskat zu würzen. Schon kleine Mengen Muskat können manchmal Kopfweh lindern.

In großen Mengen erzeugt Muskatnuß Rauschzustände.

Myrrhe (Commiphora molmol)

Das getrocknete Gummiharz verschiedener Balsamstrauchgewächse besteht der Sage nach aus den erstarrten Tränen von MYRRA, der Mutter des ADONIS. Verdünnter Myrrhetinktur wird eine lebensverlängernde Wirkung zugeschrieben.

Noch heute ist Myrrhetinktur gegen Zahnfleischentzündungen zu empfehlen.

Myrte (Myrtus)

Seit dem Altertum gilt die Myrte als Symbol der Liebe und des Friedens. Inhaliert man einen Aufguß von Myrtenblättern durch den Mund, vergehen Kopfschmerzen. Diese Inhalation hilft auch gegen Bronchitis.

Narzisse (Narcissus)

Diese bezaubernde Blume ist nach dem Jüngling NARZISS genannt.

Aus der Mythologie wissen wir, daß Narziß sich in sein Spiegelbild verliebte und daran starb. Narzissen sind giftig und stehen unter Naturschutz.

Nieswurz (Helleborus)

Die Druiden behandelten Geisteskrankheiten mit Helleborus. Diese Giftpflanze zählte im Mittelalter wie viele andere Halluzinoge zu dem okkulten Arsenal der Hexen und Kräuterfrauen. Aus der Wurzel bereiteten sie einen Duftstoff, der bei magischen Ritualen gebraucht wurde.

Ölbaum (Olea)

Bei den alten Griechen gab es einen Kult um den Olivenbaum, ein Symbol des Friedens.

In der magischen Medizin beugt man den Folgen zu starken Alkoholgenusses mit Olivenöl vor. Wenn Sie Kopfschmerzen haben, schreiben Sie den Namen »Athene« auf ein Blatt des Olivenbaums, und drücken Sie es auf die schmerzende Stelle. Alsbald ist das Kopfweh verschwunden.

Die Früchte des Ölbaums liefern eines der aromatischsten und fruchtigsten Speiseöle. Massiert man das Zahnfleisch regelmäßig mit Olivenöl, dann bleibt es straff, und die Zähne lockern sich nicht. Verbrennungen behandelt man mit einer Mischung aus Olivenöl und Hühnereiweiß. Die Blätter senken den Blutdruck.

Osterluzei (Aristolochia)

Bei Apulejus steht geschrieben, daß der beim Verbrennen von Aristolochiasamen entstehende Rauch ernüchtert.

Wurzel und Blätter der Osterluzei steigern die körpereigenen Abwehrkräfte. Der Hauptwirkstoff der Pflanze, die Aristolochiasäure, wirkt leider auch karzinogen (krebserzeugend).

Pfingstrose (Paeonia)

Ein Pfingstrosenstrauß in der Wohnung wehrt Zauberei ab.

Die Blüten wurden früher als Tee gegen Darmbeschwerden, Gicht und Epilepsie angewandt.

Pfirsich (Persica)

Ein Glas Pfirsichblättersaft kuriert die Folgen der Trunkenheit. Die Blätter enthalten geringe Mengen herzwirksamer Substanzen.

Portulak (Portulaca oleracea)

Portulak im Bett vertreibt die Träume des Schläfers. Hellseherinnen sollen sich also in acht nehmen.

Die fleischigen Blätter des Portulaks als Salat oder in einer Suppe lindern die Folgen des Alkoholmißbrauchs.

Raute (Ruta)

Diese stark duftende Pflanze ist Bestandteil des Vier-Diebe-Essigs. Befestigt man ein Rautenzweiglein unter dem Flügel eines Huhns, dann wird weder Fuchs noch Katze sich ihm nähern.

Rotkohl (Brassica var. capitata cyan.)

Bei den alten Römern galt Rotkohl fast als Allheilmittel.

Tatsächlich enthält Kohlsaft einen Anti-Ulkus-Faktor, auch Vitamin U genannt, der ein rasches Abheilen von Magen- und Zwölffingerdarmgeschwüren bewirkt.

Bei übermäßigem Alkoholkonsum und bei Leberzirrhose sind zwei- bis dreiwöchige Kohlkuren ratsam.

Salbei (Salvia officinalis)

Der botanische Name der Pflanze hat lateinische Wurzeln (*salus* = Gesundheit, *salvus* = unverletzt, *salvare* = erretten). Sie ist die Pflanze der Erneuerung, die Leben schützende.

Die Ägypterinnen tranken Salbeitee, um ihre Fruchtbarkeit zu steigern. Die Römer, bei denen die heilige Pflanze nur unter Einhaltung bestimmter Zeremonien und mit Opfergaben geerntet wurde, sagten, der Salbei halte zurück, was empfangen wurde, und belebe es. Und darin täuschten sie sich nicht. Die Volksmedizin empfiehlt Salbei zum Abstillen, gegen Depressionen und allgemein als Kräftigungsmittel. Schon die Druiden behaupteten, der Salbei habe die Kraft, Tote zu erwecken.

Salbei wirkt im übrigen entzündungshemmend, appetitanregend und verdauungsfördernd, sollte aber wegen seines Gehaltes an Gerb- und Bitterstoffen nicht im Übermaß genossen werden.

Saubohne (Vicia faba)

Die Saubohne oder Ackerbohne ist eine sehr alte Kulturpflanze. PYTHAGORAS glaubte, sie enthalte dieselben Elemente wie der Mensch und könne durch die Transmigration zum Hort einer menschlichen Seele werden. Im alten Rom pflegten die einflußreichen Geschäftsleute Saubohnen unter das Volk zu verteilen, um es für sich einzunehmen.

Schellkraut (Chelidonium)

Pflückt man diese Pflanze zwischen den Steinen einer Ruine, kann sie magischen Zwecken dienen, etwa um den günstigen Ausgang eines Rechtsstreits herbeizuführen.

Homöopathisch wird Chelidoniumwurzel gegen Gallen- und Leberleiden sowie bei Atemwegserkrankungen angewandt.

Tee aus dem Kraut der Pflanze sollte wegen des *Gehalts an giftigen Alkaloiden* nur nach Rücksprache mit einem Arzt eingenommen werden.

Sonnenblume (Helianthus)

Eine alte Überlieferung sagt, daß ein Mensch, den man hypnotisiert, indem man vor seinen Augen eine Sonnenblume auf und ab bewegt, die reine Wahrheit sagt. Befragt man ihn über einen Diebstahl, so wird er die Diebe beschreiben.

Medizinisch wird eine Tinktur aus den Blütenblättern als Fiebermittel verwendet.

Spargel (Asparagus)

Dem Spargel sagt man aphrodisierende Eigenschaften nach. Er wirkt außerdem entwässernd und ist ein gutes Blutreinigungsmittel.

Stechpalme (Ilex)

»Reibt sich ein Fiebernder an dem ersten Ilexstrauch, dem er begegnet, dann wird er alsbald von seinem Fieber genesen«, ist in einem alten Arzneibuch zu lesen. Der fiebersenkende Wirkstoff Ilicin ist in den Blättern enthalten.

Aus den giftigen Blättern bereitet man mancherorts einen Tee, der gegen Grippe, Bronchitis und Rheuma genommen wird.

Tabak (Nicotiana)

Als Christoph Columbus 1492 Amerika entdeckte, wunderte er sich besonders über die Eingeborenen, die aus ihren Nasenlöchern Rauchschwaden ausstießen, welche sie mit Hilfe eines Röhrchens hervorbrachten, um das glimmende Tabakblätter gewickelt waren. Bald äfften die spanischen Seeleute die Eingeborenen nach, und es gab schließlich mehr Europäer, die sich an den Tabak gewöhnten, als Indianer, die zum Katholizismus bekehrt wurden.

Tabak, der nach einer bei Kuba gelegenen kleinen Insel benannt ist, wirkt beruhigend. Das wußten die präkolumbianischen Indianer, die das *Kalumet* (die Friedenspfeife) rauchten, lange bevor moderne Chemiker die dämpfende Wirkung am vegetativen Nervensystem nachwiesen.

Tabak ist eine heilige Pflanze, die schon immer bei Initiationsriten eine Rolle spielte; die Novizen trinken wiederholt Tabaksud, um sich der Begegnung mit den Göttern zu öffnen. In dieser Zubereitung hat Tabak durchaus eine halluzinogene Wirkung.

Mit Rindermark verrührt verwendet man Tabak gegen Haarausfall. Bläst man den Rauch mit einem Blasebalg in das Rektum eines Ertrunkenen, erweckt es ihn wieder zum Leben.

Wie die Prohibition beim Alkohol hat das Verbot des Rauchens im achtzehnten Jahrhundert den Tabak im ganzen Abendland populär gemacht. Im Kloster des heiligen Jakob von Compostela wurden 1692 fünf Mönche, die das Verbrechen begangen hatten, während eines Gottesdienstes zu rauchen, kurzerhand lebendig eingemauert. Auch im alten Rußland ging man mit den Tabakliebhabern nicht zimperlich um und schnitt ihnen, wenn sie zum ersten Mal erwischt wurden, die Nase ab. Wiederholungstäter wurden mit dem Tod bestraft. In Persien wurden die Raucher gepfählt. In England war man hingegen humaner und verbot das Rauchen einfach nur wegen des Gestanks.

Doch die Menschheit rauchte und schnupfte weiter. Die Regierungen unserer Zeit hingegen tolerieren den Konsum einer Droge, die immerhin reichlich Steuergelder einbringt, und weisen zugleich pflichtschuldigst auf ihre gesundheitsschädigende Wirkung hin.

Bedenkt man die Macht, die der Tabak über die Menschen hat, dann handelt es sich wahrhaftig um eine magische Pflanze. Woher kommt bloß diese unglaubliche Faszination?

Die erste Zigarette gilt manchen noch als Ritual des Erwachsenwerdens, sie begleitet die sexuellen Träume in der Pubertät und beschwichtigt Schuldgefühle wegen Masturbation.

Die Tabakspfeife gilt als Attribut gelassener Männlichkeit, und das Pfeifenrauchen wurde zu einem ähnlich kultivierten, sogar zeremoniellen Genuß ausgebaut wie das Teetrinken.

Teestrauch (Camellia sinensis)

Fast dreitausend Jahre vor Christi Geburt ließ in China der Kaiser CHENG-NONG, der den Chinesen auch die Akupunkturnadeln bescherte, im Schatten eines Strauches Wasser kochen, und der Zufall wollte es, daß einige Blätter in das kochende Wasser fielen und einen herrlichen Duft entwickelten. Es waren Blätter eines Teestrauchs. Der Kaiser kostete von dem duftenden Wasser, war begeistert von seinem Geschmack, seiner anregenden und stimmungshebenden Wirkung. Er entdeckte, daß Tee den Intellekt stimuliert und das Gedächtnis verbessert. In der Folge trat der Tee seinen Siegeszug von China über Indien und Japan in die ganze Welt an. Seine Wirkungen fördern die friedliche Meditation.

Die anregende Wirkung des Tees beruht auf seinem Gehalt an Koffein, früher als Theïn bezeichnet. Im Tee tritt wegen des gleichzeitigen Gerbstoffgehaltes die Koffeinwirkung langsamer ein. Deshalb eignet sich Kaffee besser zur Behandlung von Kopfschmerzen.

Thymian (Thymus)

Im antiken Griechenland diente Thymian als Räucherwerk bei Zeremonien. Die Ägypter verwendeten ihn, um ihre Toten einzubalsamieren. Die heilkundigen Zauberer schätzten den Thymian sehr wegen seiner antiseptischen Eigenschaften.

Inzwischen ist nachgewiesen, daß das ätherische Öl dieser Pflanze vier Prozent Thymol enthält, ein starkes Antiseptikum. Thymiantee wirkt appetitanregend, krampflösend und kräftigend. Als Haarwasser benutzt, regt er das Haarwachstum an.

Trüffeln (Tuberales)

Früher hielt man die bläulich-schwarzen, unterirdisch wachsenden Trüffeln für den Speichel von Hexen oder Ausscheidungen der Erde. Spezialisten im Auffinden des teuersten Pilzes sind, vor allem im französischen Périgord, die überaus wohlgestalteten Piétrain-Schweine.

Tüpfelfarn (Polypodium)

Als Räucherwerk verbrannt, vertreibt das Pulver aus der Wurzel von Tüpfelfarn oder Engelsüß Alpträume.

In der Volksmedizin ist Tee aus der Wurzel bei Bronchitis und als Blutreinigungsmittel gebräuchlich.

Wacholder (Juniperus)

Wacholderbeeren verjagen die Dämonen. Es heißt auch, daß ein Wacholderzweig Reptilien fernhält, weil er das Zeichen der heiligen Dreifaltigkeit trägt.

Die Beeren wirken harntreibend, fördern die Verdauung und sind ratsam bei rheumatischen Erkrankungen.

Wegwarte (Cichorium)

Bereits viertausend Jahre vor der Zeitenwende wird die Wegwarte oder Zichorie in ägyptischen Papyri erwähnt. Sie galt übrigens als Zauber gegen böse Geister.

In der modernen Phytotherapie werden Kraut und Wurzeln der Pflanze als Kräftigungsmittel, bei Völlegefühl und Kopfweh und bei rheumatischen Beschwerden verwendet.

Weinrebe (Vitis)

In Ägypten war OSIRIS der Gott des Korns und des Weines, bei den Griechen DIONYSOS der Gott des Rebensaftes. Die Römer tauften ihn zu BACCHUS um. In der Antike bestimmten die Priester jedes Jahr, an welchem Tag die Weinlese beginnen und der neue Wein zum ersten Mal getrunken werden durfte. Ähnliche Rituale um den Wein haben sich bis heute erhalten.

Von Anbeginn an ist die Herstellung des Weins mit magischen Vorstellungen verbunden. Bereits im Alten Testament steht geschrieben, daß NOAH, als er nach der Sintflut endlich die Arche verlassen konnte, als erstes einen Weinstock pflanzte. Dann tat er sich an Wein gütlich und wurde betrunken.

Im Neuen Testament erfahren wir, wie JESUS von Nazareth bei der Hochzeit zu Kanaa Wasser in Wein verwandelt. Und beim letzten Abendmahl, das Jesus mit seinen Jüngern feierte, hob er den Kelch und sprach unter anderem: »*Nehmet hin und trinket, denn dies ist mein Blut, das Blut des neuen Bundes... Wer von diesem Blute trinkt, dem wird ewiges Leben gegeben...*«

Wiesenkümmel (Carum carvi)

Als Räucherwerk verwendet, besitzt der Kümmel magische Wirkungen. Ansonsten ist Kümmel ein vorzügliches Mittel gegen Blähungen. Die Volksmedizin empfiehlt ihn auch als Hustenmittel und, bei Kleinkindern, als Beruhigungsmittel.

Zaunrübe (Bryonia)

Diese *äußerst giftige* Pflanze ist in der Schwarzen Magie unentbehrlich. Die Volksmedizin empfiehlt sie bei Gicht und Rheuma, bei Beschwerden der Verdauungsorgane und als drastisches Abführmittel.

Die Anwendung dieser Pflanze muß dem Arzt vorbehalten bleiben!

Zitrone (Citrus)

Diese an Vitamin C reiche Frucht mildert die Folgen starken Alkoholkonsums und beschleunigt den Abbau von Betäubungsmitteln. In schweren Fällen ist die kurmäßige Anwendung ratsam:

1. Tag – eine Zitrone
2. Tag – zwei Zitronen
3. Tag – drei Zitronen

und so weiter bis zum zehnten Tag. In den anschließenden zehn Tagen wird die Menge wiederum von zehn bis eins reduziert. Der Saft der Zitronen muß nicht pur getrunken werden, sondern darf mit Wasser verdünnt oder als Würze zu Speisen genommen werden.

Zwiebel (Allium cepa)

Aphrodisierend wirkt die Zwiebel nur, wenn man sie nicht mit Essig vereint. Die Araber trinken deshalb Zwiebelabkochungen. Ansonsten wirkt die Zwiebel bakteriostatisch, was bei Grippe wichtig ist, appetitanregend, verdauungsfördernd und wundheilend. Zwiebelsirup ist ein vorzügliches Hustenmittel.

IV
Magische Pflanzen: Indikationen auf einen Blick

Für die Gesichtspflege

Birke
Erdbeere
Gurke
Karotte
Kerbel
Kirsche
Klatschmohn
Kornblume
Kürbis
Lattich
Lilie
Löwenzahn
Petersilie
Rose
Rosmarin
Stockrose
Weißdorn
Zitrone

Für die Gewichtsabnahme

Andorn
Birke
Erdbeerbaum
Esche
Faulbaumrinde
Frauenhaarfarn
Glaskraut
Goldrute
Grasheide
Holunderrinde
Johannisbeerblätter
Kirschenstiele
Klette
Labkraut
Löwenzahn
Maisblütennarben
Meeresalgen
Minze
Origanum
Rote Weinrebe
Schlehen
Sellerie

Spargel
Spierstrauch
Wegwarte, Kraut
Zitrone

Für die Liebe

Artischocken
Basilikum
Bohnenkraut
Brennessel
Champignons
Curry
Estragon
Fenchel
Gelbwurz
Ginseng
Hanfnessel
Ingwer
Johanniskraut
Kamille
Minze
Muskatwein
Olivenöl
Pfeffer
Piment
Quendel
Rosmarin
Salbei
Sellerie
Thymian
Trüffeln
Zimt

Gegen Kopfschmerzen

Angelikawurz
Basilikum
Betonienziest
Efeu
Eier
Eisenkraut
Fenchel
Hauswurz
Kamille
Kirsche
Kürbis
Lavendel
Leinwurzel, gepulvert
Melisse
Minze
Mistel
Schlüsselblume
Steinklee
Veilchen
Zitrone

Gegen Schlafstörungen

Angelikawurz
Baldrian
Hopfen
Klatschmohn
Lavendel
Lindenblüten
Majoran
Melisse
Orangenblüten
Passionsblume

Quendel
Steinklee
Waldmeister
Weidenblüten

Bei Vergiftungen

Ammoniak
Eiweiß
Essig
Johannisbeerblätter
Kaffee mit Salz
Kalkwasser
Magnesium
Milch
Natriumkarbonat
Öl
Orangen
Schwarztee
Schwefel
Schwefelsulfat
Senf
Zitrone
Zitronensäure

Für die Verdauung

Angelikawurz
Anis, grün
Baldrian
Beifuß
Bohnenkraut
Eisenkraut
Enzian
Fenchel
Gelbwurz
Hopfen
Kalmus
Kamille
Klatschmohn
Koriander
Kornblume
Melisse
Minze
Orangenblüten
Quendel
Thymian
Weißwein
Zichorie

Gegen die Folgen reichlichen Alkoholkonsums

Artischockenstiele
Birkenblätter
Gnadenkraut
Grapefruit
Olivenöl
Orangen
Petersilie
Rotkohl
Schellkraut
Wacholderbeeren
Weißkohl
Zitrone

Für die Haarpflege

Apfelessig
Brennesseln
Buchsbaum
Eier
Kamille
Kapuzinerkresse
Klette
Kornblume
Kresse
Lavendel
Pfeffer
Rosmarin
Rum
Salbei
Thymian
Walnußblätter
Zwiebel

Gegen Verbrennungen

Eau de Javel
Johanniskraut
Lilie
Mangold
Olivenöl
Ringelblume
Süßmandelöl
Weißwein

Für ein langes Leben

Angelikawurz
Apfelsinen
Ginseng
Johannisblätter
Meeresalgen
Süßholz

Für gute Nerven

Andorn
Angelikawurz
Baldrian
Basilikum
Enzian
Glaskraut
Lindenblüten
Malven
Melisse
Muskatwein
Orangenblüten
Passionsblume
Rosmarin
Salbei
Schlüsselblume
Steinklee
Veilchen
Waldmeister
Weißdorn

Gegen Warzen

Feigenstiele
Heliotrop
Knoblauch
Ringelblume
Schellkraut
Wolfsmilch

Alles in allem

»Alles ist Gift und nichts ist Gift – allein die Dosis macht das Gift.« Dieser Satz stammt von PARACELSUS.

Wenn die Ingredienzen, von denen in dieser Sammlung die Rede ist, die erhofften Wirkungen im Körper hervorrufen, beweist dies, daß sie eine echte Wirkung haben. Dies sollten Sie sich immer vor Augen halten. Trotz ihrer Qualitäten sind Heilpflanzen keineswegs immer harmlos. Sie können heilen und können töten. Eine Heilpflanze kann neben heilkräftigen auch *gefährliche Wirkstoffe* enthalten!

Die Kirsche zum Beispiel ist gut gegen Verstopfung, aber das ätherische Öl ihres Kerns enthält die giftige Blausäure. Mit Pfirsich und Aprikose verhält es sich genauso. Baldrianwurzel ist ein wunderbares Mittel gegen nervöse Übererregbarkeit, in sehr hoher Dosierung freilich kann sie Krämpfe auslösen. Die Gewürznelke, dieses Gewürz, das Marinaden das gewisse Etwas und Soßen aphrodisierende Kraft verleiht, ist auch ein potentes Antiseptikum. Das mußten die Holländer im siebzehnten Jahrhundert erleben, nachdem sie auf den Molukken alle Gewürznelkenbäume gerodet hatten; denn sehr bald darauf breiteten sich in dieser Region Epidemien aus, die zuvor unbekannt gewesen waren. Geht man in der Küche jedoch allzu großzügig mit Nelken um, dann werden die Schleimhäute gereizt und der Geschmackssinn stark gedämpft. Kleine Mengen Muskatnuß können Kopfschmerzen lindern, eine hohe Dosis aber führt ins Delirium.

Seit Tausenden von Jahren wird ein großer Teil unserer wirksamsten Medikamente aus Pflanzen extrahiert. Viele Pflanzen, manchmal sind es dieselben, enthalten tödliche Gifte oder äußerst gefährliche Halluzinogene.

Um Sie zu überzeugen, werde ich nachstehend einige Pflanzen mit erschreckenden Eigenschaften erläutern, die zu unheimlichen Zauberritualen, vor allem aber in den sogenannten Flugsalben verwendet wurden. Diese Aufzählung erhebt übrigens keinen Anspruch auf Vollständigkeit. Aber Vorsicht, nicht jeder kehrte von dem Ausflug zum Sabbat wieder zurück!

Im Mittelalter galt die tödlich giftige Tollkirsche *(Atropa belladonna),* die Atropin und andere hochwirksame Alkaloide enthält, als Hexenkraut. Das drückt sich auch in den volkstümlichen Namen *Irrbeere, Schlafkirsche, Taumelstrauch* und *Teufelsbeere* aus. Wenn etwa Auszüge der Pflanze mit Honigwein verdünnt getrunken wurden, erzeugten sie hochgradige Erregungszustände, die in eine Erstarrung mündeten.

Wenn man die Schläfen mit einem Extrakt aus Stechapfel *(Datura stramonium)* massiert, bekommt man derart irrsinnige Halluzinationen, daß man glaubt, an einem Hexensabbat teilzunehmen. Dies bestätigen neuere experimentelle Untersuchungen. Man kann sich vorstellen, daß die starke Wirkung mancher magischer Salben bei den angeblichen Hexen Lachanfälle und Phasen der Bewußtlosigkeit auslöste, während der Scharfrichter sein entsetzliches Amt ausübte.

Und wenn die Inquisitoren feststellten, daß ihre Opfer die Folter mit solcher Heiterkeit quittierten und sogar dabei zu schlafen vermochten, konnten sie in dieser totalen Unempfindlichkeit nur den Beweis für einen Bund mit dem Satan sehen. Salben, die Akonitin, das tödlich wirkende Gift des Eisenhutes, enthielten, erzeugten Schwindelgefühl und veränderten den Geschmacks- und den Tastsinn. Wenn man jemandem das Kraut der Pflanze ins Essen mischte, starben ihm fast sofort nach dem Genuß die Gliedmaßen ab, er konnte nicht mehr atmen und lag da wie ein Toter, was ja auch bald wirklich zutraf.

Eine Salbe auf Schierlingsbasis *(Conium maculatum)* erzeugte Delirien, die mit furchtbaren Schreien und heftigen Muskelzuckungen einhergingen.

Der Weiße Germer *(Veratrum album)* führte zum totalen Zusammenbruch des Vergifteten mit extremem Schüttelfrost. Es wird berichtet, daß die unglücklichen Opfer meinten, sie seien in die allerkältesten Gegenden der Welt verbracht worden.

Der Genuß des Fliegenpilzes *(Amanita muscaria)* löst heftige Delirien voller Schreckensbilder aus. Hanf wiederum kann zu gewalttätigen, blutdürstigen Zuständen führen. Dämpfe von Bilsenkraut *(Hyoscyamus niger)*, einem anderen Nachtschattengewächs, führen in den Wahnsinn und, wenn der Schlaf eintritt, zu dämonischen Träumen.

Wer das Gift der Herbstzeitlose *(Colchicum autumnale)* zu sich nimmt, erlebt Schreckensvisionen.

Diese Drogen wirken gleichzeitig erregend und sensibilitätsmindernd und wurden darum auch eine Zeitlang versuchsweise in der Chirurgie eingesetzt, um die Patienten schmerzunempfindlich zu machen. Man mußte sie wieder aufgeben, da sich die starken Nebenwirkungen nicht steuern ließen und das Leben der Patienten gefährdeten.

Die genannten magischen Pflanzen wurden aber nicht ausschließlich von den Zauberern und Hexen im Mittelalter verwendet, sondern schon in der klassischen Antike bei den Eleusinischen Mysterien und wahrscheinlich auch bei der Befragung des Orakels von Delphi. Dort soll sich das Ritual folgendermaßen abgespielt haben:

Bevor man den Tempel des Apollo betreten durfte, mußte man sich mit dem Wasser der Kastalia am Parnaß reinigen. Danach wurden eine Ziege und ein Schaf geopfert, und die Pythia erbat von den Priestern die Erlaubnis, den Tempel betreten zu dürfen. Dort ließ sie sich vom Rauch eines Feuers aus Lorbeerblättern und Gerstenmehl, das auf dem Altar entzündet war, umnebeln. Die Priesterin kaute auch Lorbeerblätter und nahm einen Trank zu sich, der ihre Inspiration fördern sollte. Dann stieg sie in eine Krypta in das sogenannte Antrum hinab, wohin der Ratsuchende sie nicht begleiten durfte. Die Äußerungen der Pythia wurden von einem »Propheten« interpretiert, der die Aufgabe hatte, das Orakel in Form der unzusammenhängenden Schreie der Priesterin zu deuten. Dieses ganze Procedere läßt darauf schließen, daß die Trance der

Pythia durch eine Kombination der obenerwähnten Drogen zustande kam.

Auch heute spielen Drogen noch eine wesentliche Rolle bei den Initiationsriten zahlreicher afrikanischer Völker.

Ich bin hier auf die Gefahren nur weniger magischer Pflanzen eingegangen; denn das Thema kann in diesem Rahmen unmöglich erschöpfend behandelt werden. Gleichwohl weise ich darauf hin, daß dieses Buch viele Rezepte enthält, die Sie besser nicht versuchen sollten! Es handelt sich teilweise um Kuriosa, was Sie bemerkt haben werden. Dennoch dürfen wir denen, die uns dieses Wissen vererbt haben, unseren Respekt und unsere Bewunderung nicht versagen. Bedenken Sie auch, mit wie geringen Mitteln die Menschen des Mittelalters ihre doch sehr beachtlichen philosophischen und wissenschaftlichen Erkenntnisse gewannen und mit wie geringen sprachlichen Mitteln sie eben diese Erkenntnisse eindrucksvoll und wortgewaltig formulierten!

Literaturhinweise

ALBERTUS MAGNUS: *Daraus man alle Heimligkeit deß Weiblichen geschlechts erkennen kann...* (Faksimile-Ausgabe, hrsg. v. Dr. P. Amelung, Steingrüben Verlag, Stuttgart 1966). Ergänzte Neuauflage, Goverts im S. Fischer Verlag, Frankfurt 1977.

ALLGEIER, KURT: *Mit der Bibel heilen. Medizinisches Uraltwissen – neu entdeckt.* Ariston Verlag, Genf/München 1987.

BRUSIUS, HEDY: *Die Magie der Edelsteine. Ihre kosmische Bedeutung, Wirk- und Strahlkraft.* Ariston Verlag, Genf/München 1987.

CRAEMER-RUEGENBERG, INGRID: *Albertus Magnus.* Schwarze Reihe, Bd. 501, C. H. Beck, München 1980.

FRIES, ALBERT (Hrsg. u. Übersetzer): *Albertus Magnus.* Ausgewählte Texte (Lateinisch–Deutsch). Texte zur Forschung, Bd. 35, Wissenschaftliche Buchgesellschaft, Darmstadt 1981.

PAHLOW, MANNFRIED: *Das große Buch der Heilpflanzen. Gesund durch die Heilkräfte der Natur.* Gräfe und Unzer, München 1985.

RÜCKERT, ULRICH: Doktor Natur. Das Lexikon der sanften Medizin. Ariston Verlag, Genf/München 1986.

SCHEEBEN, HERIBERT CHRISTIAN: *Albertus Magnus. Ordensmann, Bischof, Gelehrter, Mann des Volkes.* Rheinau Verlag Dr. Helmut Müller, Köln 1980.

SENGER, GERTI: *Zigeunermedizin. Komm, ich mach dich gesund!* Ariston Verlag, Genf/München 1987.

SENGER, GERTI: *Rezepte aus dem Heilkräutergarten. Gesundheit aus der Natur.* Ariston Verlag, Genf/München 1987.

SERNOR-TCHOU (Hrsg.): *Hexen und Hexenmeister.* Die okkulte Praxis. Talismane. Der Teufel und die Magie. Hexensabbat. Lizenzausgabe der VMA – Vertriebsgesellschaft, Wiesbaden, nach der Ausgabe des Econ Verlags, Düsseldorf 1979.

SILVA, RAYMOND: *Magie in der Medizin – gestern und heute. Von ungewöhnlichen Heilwesen und Heilerfolgen.* Ariston Verlag, Genf/München 1988.